옮긴이 **황성원**
대학에서 영문학과 지리학을 공부했다. 책을 통해 사람을 만나고 세상을
배우는 게 좋아서 시작한 번역이 어느덧 업이 되었다. 옮긴 책으로 『빈 일기』
『살릴 수 있었던 여자들』 『유리천장 아래 여자들』 『디어 마이 네임』
『쫓겨난 사람들』 『캘리번과 마녀』 『혁명의 영점』 『백래시』 등이 있다.

해제 **정희진**
여성학 연구자이며 문학박사이다. 탈식민주의, 다학제적 관점에서 공부와
글쓰기에 관심을 가지고 있다. 『페미니즘의 도전』 『아주 친밀한 폭력』
『정희진처럼 읽기』 '정희진의 글쓰기' 시리즈(전 5권) 등의 저서와 『미투의
정치학』 『한국 여성인권운동사』 등의 편저서, 공저서 70여 권이 있다.

여성, 인종, 계급

여성, 인종, 계급

Women, Race & Class

앤절라 Y. 데이비스 지음, 황성원 옮김, 정희진 해제

arte

나의 어머니, 샐리 B. 데이비스에게

이 책에 도움을 준 분들에게 고마움을 전하고 싶다. 켄드라 알렉산더,
스테퍼니 앨런, 로절린 박산달, 힐튼 브레이스웨이트, 알바 북센바움, 파니아
데이비스, 킵 하비, 제임스 잭슨, 필립 맥기 샌프란시스코주립대학교
민속학대학 학장, 샐리 맥기, 빅토리아 메르카도, 샬린 미첼, 토니 모리슨,
아일린 애헌, 샌프란시스코주립대학교 여성학 프로그램.

차례

일러두기

— 책은 겹낫표(『 』), 정기간행물이나 한 편의 글과 논문 등은 홑낫표(「 」), 음악, 텔레비전 프로그램 등은 홑화살괄호(〈 〉)로 묶었다.

— 원문에서 이탤릭으로 강조한 부분은 고딕체로 표기했다.

— 원주는 미주로, 옮긴이 주는 각주로 처리했다.

— 'negro'는 원래 검은색을 뜻하는 라틴어 'niger'에서 온 단어로, 영어에서는 18세기부터 1960년대 후반까지 아프리카계 (강제) 이민자들을 지칭하는 보편적인 표현으로 사용되었다. 하지만 민권운동 이후 백인에게 복속된 흑인 노예를 연상시키는 단어로 지목되어 'black' 또는 최근 들어서는 'African American'으로 대체되고 이 단어의 사용을 완전히 금지하는 매체도 생기는 추세다. 본서에서는 저자가 거의 직접 인용문과 인용서에 한해 사용하고 있으므로 역사성을 고려하여 표현을 살려두었다. 이 밖에 현대에 사용을 삼가는 몇몇 표현도 시대와 맥락을 고려해 살려두었다.

— 'birth control'은 '산아제한'이나 '피임'으로 번역할 때가 많지만, 본서에서는 여성의 주체적인 의사결정에 따른 임신 예방과 중지를 강조하고 있어서 '출산통제'로 번역했다.

누가 여성인가?: 여성주의 이론의 고전

정희진(『페미니즘의 도전』 저자, 여성학 박사)

아무도 내 말을 믿지 않는다.
좀 더 정확히 말해, 그들이 내 말을 믿지 않는 건
내 말이 사실이기 때문이다.
― 제임스 볼드윈(James Baldwin)*

나는 쟁기질을 하고 심고 수확해서 헛간에 모아둬요.
어떤 남자도 나보다 잘하지 못해요! 그럼 나는 여자가
아닌가요? 나는 남자만큼이나 많이 일하고 많이 먹을
수 있어요. 나한테 주기만 한다면 말이에요. 그리고 똑
같이 채찍질도 견딜 수 있죠! 그럼 나는 여자가 아니냐
고요? 나는 자식을 열셋 낳았고 걔들이 거의 전부 노예
로 팔려가는 걸 봤어요. 내가 어머니로서 비탄으로 울
부짖을 때 예수님 말고는 아무도 내 소리를 듣지 못했
죠! 그럼 난 여자가 아닌가요?
― 소저너 트루스(Sojourner Truth)**

여성주의, 누가 여성인가

여성, 여성성, 여성주의자… 여기서 '여성'은 어떤 이들을 말
하는 것일까? 여성의 몸은 같지 않다. 출산(出産)은 여성의 공

통점이 아니다. 저출산 현상은 물론이려니와 인간의 몸 생김새가 각각 다르듯 본디 출산하지 않는 몸으로 태어난 여성도 있다. 흑인 여성과 백인 여성, 이성애자 여성과 퀴어 여성, 한국 여성과 미국 여성, 가난한 여성과 부자 여성, 정의로운 여성과 '정말 이기적인 여성', 성취욕이 강한 여성과 (현재 한국 사회의 일부 여성들처럼) 주류에 대한 욕망이 지나쳐서 '남성'보다 더 부패한 여성… 여성은 이렇게 다양하다. 여성이라고 해서 다 착하지도 않고, 언제나 피해자도 아니다.

인종과 계급, 지역처럼 구조적인 문제로 인한 차이나 개인의 성격에 따라 젠더나 '여성성(femininities)'을 실행(practice)하는 방식이 다른 여성들도 있다. 이 중 누구를 여성이라고 말할 수 있을까. 가부장제 사회에서 규범적 여성('젊고 예쁜 중산층 여성')은 남성이 정한다. 이에 반해 여성주의는 '아줌마, 할머니, 노예 여성, 트랜스젠더 여성'도 여성이라고 주장하며 여성의 범위를 확장한다. 페미니즘 이론과 운동의 목표는, 개별적인 인간인 여성(female)을 남성 공동체를 위한 성역할 노동자 집단으로 환원시킨 성차별 체제에 대한 도전이자 여성의 개인화와 인간화다. 페미니즘은 여성이 억압받는

---

* 미국의 저명한 흑인 소설가.

** 미국의 노예제 폐지 운동가, 여성운동가. 3장에 상세히 나와 있는 페미니즘 사상사에서 가장 유명한 연설 중 하나인 「나는 여자가 아닌가요?(Ain't I a Woman?)」의 일부다. 1851년 오하이오주 애크런에서 열린 여성대회에서의 즉흥 연설로, 벨 훅스(bell hooks)는 학교교육을 받지 못한 문맹인 소저너 트루스의 이 연설을 발굴, 해석하면서 유명해졌다.

존재라는 자각과 함께, 여성이라는 범주(category)를 만들어 낸 권력을 해체하자는 주장이다. 그래서 페미니즘은 여성의 같음과 다름을 동시에 주장한다.

성차별이나 인종주의는 지배 세력이 정한 규정이다. 서구인, 백인, 남성은 개인으로 간주되지만 그 외 나머지 사람들은 집단으로 다루어지고 그들 안의 차이는 무시된다. '백인 대 유색인종'이라지만, '유색인종'인 아시아인과 흑인의 피부색 차이는 아시아인과 백인의 피부색 차이보다 크다(또한 아시아인의 피부색은 하나인가? 흰색부터 갈색까지 다양하다). 이는 장애인 집단 내부의 개개인의 차이가 장애인과 비장애인의 차이보다 큰 것과 비슷한 이치다. 차이는 권력이 규정하는 임의적인 경계다.

이 문제를 당대 한국 사회를 뒤흔들며 대통령 선거 결과까지 결정지은 젠더 이슈에 적용해보자. 구조적 성차별을 '젠더 갈등'으로 만든 남성 문화의 역차별 주장, 여성가족부 폐지 논란, 20대 여성과 20대 남성 간의 '누가 더 약자인가' 식의 경쟁은, 남녀 집단 각각의 내부가 동일하다는 신화를 전제한다. '흙수저'의 기준도 남성이어서, 여성 중에는 흙수저가 없는 것처럼 현재 상황은 '중산층 여성과 가난한 남성'의 대립으로 재현된다. 물론 전혀 사실이 아니다. 여성 상위 시대라는 거짓을, 남성 내부의 차이와 여성 내부의 차이에도 불구하고 누가 남녀를 대표하는가를 통해 생각해보자. 50대 가난한 여성과 50대 중산층 남성 중 누가 기득권자일까. 장애 여성과 비장애 남성은? 서울 지역 남성과 '인구 소멸 위험 지역' 여성은? 이 집단이 20대 남녀 인구보다 훨씬 많다. 비교 대상의 사례를 바꾸면 성차별을 규명할 수 있다.

　　나는 여기서 한국 사회와 미국 사회의 차이를 느낀다. 최소한 미국 사회에서 "구조적 성차별은 없다"라는 말은 좌우를 막론, 공론장에서 나올 수 없는 발언이다. 미국인의 젠더의식이 높아서가 아니라 미국 사회는 '인종'이라는 사회적 모순이 엄연하고 이에 민감하기 때문이다. 인종은 여성들 간의 차이를 일상적으로 드러낸다. 백인 여성, 흑인 여성, (불법) 체류자 여성은 같지 않다. 젠더, 인종, 계급은 상호의존적으로 얽혀서 작동하기 때문에, 미국 사회에서 "인종 문제가 없다", "빈부 격차가 없다", "성차별이 없다"라는 공적인 언설은 가능하지 않다. 트럼프도 그렇게 말하지 않는다.

다중적 주체

누군가는 『여성, 인종, 계급』을 이렇게 요약할 수도 있을 것이다. 흑인 여성의 시각에서 본 미국사. 정확하다. 그런데 '흑인 여성'은 너무 단순한 범주다. 『여성, 인종, 계급』은 미국의 페미니스트 앤절라 이본 데이비스가 1981년에 발표한 여성학 이론의 고전이다. 앤절라 데이비스는 대표적인 흑인 페미니스트로 알려져 있지만, 데이비스만큼 평생을 다양한 정체성과 젠더를 넘나드는 광범위한 삶을 산 이도 드물 것이다. 앤절라 데이비스는 흑인, 여성, 레즈비언이자 공산주의자, 저술가, 교수, 감옥 폐지 운동가, 팔레스타인 국제연대 활동가, 미국 공산당 대통령 후보였던 거스 홀(Gus Hall)과 함께 1980년과

1984년에 부통령 후보에 두 번 출마했다가 낙선한 직업 정치인이자, 한때 FBI가 지명한 10대 수배자이기도 했다.

　이러한 이력 중 무엇으로 앤절라 데이비스를 정의할 것인가. 한 가지 분명한 사실은 최소한 '흑인', '레즈비언'으로서 데이비스는 가부장제 사회에서의 '여성' 개념과 갈등적이다. 여성이라는 범주, 즉 특정 사회에서 누가 여성으로 간주되며 그 기준은 누가 정하는가는 영원한 질문이다. 페미니즘은 그 자체로 모순적인 사상이다. 그러나 이는 페미니즘의 한계가 아니라 어느 사상보다도 복잡하고 깊은 사유를 요구하는 여성주의만의 자원이다. 여성이라는 개념은 매우 유동적이기에 페미니즘은 언제나 '복합적 젠더(multiple gender)'를 의미한다. 페미니즘이 다루는 젠더는 여성과 남성 간의 차이가 아니다. 페미니즘은 여성과 남성의 개념을 규정하는 권력을 질문하고 추적한다.

　남성과 여성의 차이는, 남성과 남성의 차이 그리고 여성과 여성 간의 차이에 의해 구성된다. 뚜렷이 두 개의 성(젠더, 섹스 모두)으로 구분되는 '순수한' 남성과 여성은 존재하지 않는다. 남성이기만 한 남성, 여성이기만 한 여성은 없다. 즉 성별만으로 작동하는 문제는 단언컨대, 없다. 동시에 젠더를 고려하지 않은 인종, 계급 개념도 불가능하다. 8시간 노동제 주장이나 순혈주의, 단일민족 등의 개념은 모두 젠더의 작동을 전제한다(더 나아가 인류 문명은 거의 젠더 메타포로 이루어져 있다).

　여성들 간의 차이는 상황에 따라 달라지기 때문에 언제

나, 영원히 지속되는 논쟁거리다. 이 차이에 대한 페미니즘의 고민은 후기구조주의, 포스트모더니즘, 탈식민주의 등 현대사상에 큰 영향을 미쳤다. 여성주의 사상은 현대철학에서 '차이'가 인식론의 키워드가 되는 데에 결정적 역할을 했다.

"태어나는 것이 아니라 만들어진다"라는 말은 여성(성), 남성(성)은 실재가 아니라 그 사회를 통치하는 정치경제적, 문화적, 심리적 규범(norm)이라는 의미다. 물론 그 규범은 특정 사회의 지배 원리에 따라 다르다. 규범을 어긴 이들에겐 사회적, 문화적, 법적 처벌이 따른다.

젠더는 특정한 시공간에서 계급과 인종, 지역, 종교, 연령, 성정체성 등 다른 사회적 모순과 결합되고 교직(交織)된다. 여성주의자는 이 과정에서 젠더를 가시화하기도 하고, 젠더가 어떻게 다른 사회적 모순을 은폐하는 부정의한 현실에 동원되는지를 밝혀내기도 한다. 그래서 젠더 권력관계는 유동적이고 페미니즘은 그 사회를 구성하고 있는 복합적 권력의 성격을 매 순간 고민해야 하는 상황적 지식(situated knowledge)이다. 페미니즘은 이론을 현실에 적용하지 않는다. 아니, 그것은 불가능하다. 세상은 계급으로도, 젠더로도 환원되지 않는 모순과 우연(messy, random, contingency)의 연속적 텍스트이고, 여성주의는 그 콘텍스트를 밝혀낸다.

제국주의와 흑인의 탄생

그렇다면 앤절라 데이비스는 누구인가. 여성인가 흑인인가. 아니면 1944년생인 노인인가. 지식인인가. 여성이라면 백인 여성과의 권력 관계는 어떻게 작동하고, 흑인이라면 흑인 남성과의 관계는 어떠할까. 그런데 데이비스는 레즈비언이므로 남성과의 관계를 전제로 하는 이성애 제도 밖에 존재한다. 동시에 앤절라 데이비스는 공산주의자로서 강한 정체성을 갖고 있다. 이 책이 출간된 지 40년이 넘었다는 사실을 감안해야겠지만, 데이비스의 페미니즘은 계급환원적이기도 하다. 그렇기에 이 책은—부정적인 의미가 아니라—'일관성'이 없고, 주장도 간단하다. "평등".

『여성, 인종, 계급』은 흑인 페미니스트 벨 훅스가 2000년도에 출간한 『모두를 위한 페미니즘(Feminism is for Everybody)』과 대조를 이룬다. 훅스의 책은 결코 모두를 위한 페미니즘 책이 아니다. 책 내용은 당파적이고 정치적 올바름(political correctness)을 지향하는데, 제목만 '모두를 위한 페미니즘'이다. 모두를 위한 페미니즘은 불가능하다. 훅스의 책은 제목과 내용이 모순적인데, 상업적 고려였든 아니든 간에 어차피 현실은 모순적이므로 모순이 아니다. 남성까지 설득, 만족시킬 수 있는 페미니즘은 불가능하고 페미니즘은 모든 여성을 해방시킬 수도 없다.

여성들 간의 차이는 개별 인구수만큼이나 다양하고, 이 다양성은 단지 '다름'이 아니라 억압과 피억압 관계에 있다. 방위산업체에 근무하는 미국 여성과, 미국의 패권주의와 군사주의에 착취당하는 대다수 국가 여성의 이해관계는 다르다(변동이 잦긴 하지만 미국은 항상 140개국 이상에 주둔하고 있다). 성산업에 종사하는 여성과 중산층 이성애자 전업주부의 이해관계는 다르며, 연령에 따른 외모로 인한 여성들 간의 실천도 다르다. 한국 사회에서 젊은 여성들의 외모주의 반대, 탈코르셋 운동은 가난한 중년 여성들에게 곧바로 적용하기 어렵다. 수많은 정체성과 직업을 바탕으로 다양한 활동을 해 온 앤절라 데이비스의 삶과 사상이 우리에게 페미니즘의 '정수'를 보여주기에 부족함이 없는 이유다.

영화 〈노예 12년(12 Years a Slave)〉이나 〈그린 북(Green Book)〉*을 본 관객들은—두 영화의 시대적 배경과 흑인에게 가해진 폭력의 내용은 다르지만—대개 정말 저런 일이 있었을까, 과장이 아닐까, 먼 옛날의 이야기가 아닐까 의문을 갖게 된다. 나 역시 〈그린 북〉을 보고 1960년대에'도' 이런 일이 있었다는 데에 놀랐고 영화에 묘사된 사건들이 믿기지 않았다. 하지만 우리는 현실을 직면해야 한다. 〈그린 북〉 시대로부터 60년이 지난 지금도 여전히 백인 경찰에게 목숨을 잃은 수많은 조지 플로이드(George Floyd)가 있고, 사람들은 "블랙 라이브스 매터(Black Lives Matter, 흑인의 목숨도 소중하다)"를 외치고 있다.

지금 미국은 페미니즘을 비롯한 전 세계 학문의 메카다. 나는 특히 인문학의 경우 인종 문제의 존재가 미국 대학과 학문을 가장 아카데믹하게 만들었다고 생각한다. 베스트팔렌조

* 흑인 우편배달부였던 빅터 휴고 그린(Victor Hugo Green)의 『그린 북(The Negro Motorist Green Book)』을 원작으로 한 영화로, '그린 북'은 흑인들이 이용할 수 있는 식당, 숙박 시설 등을 표기한 흑인 여행자를 위한 가이드북이다. 흑백 분리의 인종차별을 상징한다.

약 이후 상상한 근대국가의 기준에서 볼 때도 미국은 전 세계
에서 가장 '특이'하고 가장 '비정상'적인 국가다. 이는 '정상
(正常, 頂上) 국가'로 여겨지는 미국 건국사의 특징 때문이다.
미국은 조직적으로 다른 대륙 사람들을 노예로 삼아 대량으
로 데려온 인류 역사상 최초의 국가이다. 미국 사회는 중산층
백인 남성이 흑인 여성, 흑인 남성, 백인 여성을 지배해왔다.
이 같은 인종과 젠더의 역할은 페미니즘 이론 발달에 큰 영향
을 주었다. 그래서 미국의 사회과학, 사회의 기본 분석 단위는
좌우를 떠나 계급(class), 인종(race), 젠더(gender)가 된다.

　이 차이에 대한 고민이 미국이 전 세계 학계를 주도하는
동력이다. "팍스 로마나는 망해도 팍스 아메리카나는 영원할
것"이라는 말은 미국이 망하더라도 미국 사회에는 자국 문제
를 해결하기 위해 노력하는 '지식인'이 있고 미국인들이 이들
의 목소리를 소중하게 생각한다는 의미다. 게다가 미국은 전
세계에서 온 유학생들을 통해 저절로 지식을 수입하고 축적
한다. 아프리칸 아메리칸뿐 아니라 아시아계, 라틴계, 인종 간
결혼('mixed')까지 인간, 시민권의 개념을 설명할 때, 젠더(섹
슈얼리티)는 자동적으로 소환된다. '서구 이론 수입'이라는 비
판적 언설이 흔한데, 서구 이론은 그들의 역사적 배경을 이해
하는 방식으로 당연히 수입되어야 하고 그 과정에서 우리 자
신의 변화가 일어나야 한다.

　흑인 저널리스트 이저벨 윌커슨(Isabel Wilkerson)은 "아
프리카에는 흑인이 없다. 우리가 흑인이 된 것은 미국에 도착
한 날, 그때부터다"라고 썼다. 서구가 신대륙을 만드는 과정

에서 유럽인들은 백인으로, 아프리카인들은 흑인으로, 그 밖의 사람들은 노랗고 까무잡잡한 유색인으로 분류되었다는 뜻이다. 인종은 눈에 보이는 모습에 따라 사람들을 서열화하기 위한 새로운 개념이었을 뿐 "누구도 살색은 없다".*

한국의 근대가 식민주의와 함께 '실현'되었다면, 흑인에게 근대는 사람도 시민도 남성도 여성도 아닌 노예로부터 시작되었다.

흑인 여성과 페미니즘 이론의 발달

이 책의 요지는 여성이 흑인, 노예, 가난한 사람일 때 여성성의 기준과 페미니즘 이론은 완전히 달라진다는 것이다. 이제까지 보편성의 반대는 특수성이라고 설명되어왔다. 그러나 이는 보편의 기준을 바꾸지 못한 채 특수하고 예외적인 타자만을 생산하는 방식이다. 페미니즘은 기존의 방식을 비판하고 차이를 드러낸다. 남성중심적 보편성이든, 백인 여성 중심의 보편성이든 모든 보편성은 차이를 드러내야만 해체된다.

예를 들어 본디 모성은 여성과 자녀와의 관계가 아니라 여성과 남성과의 관계를 의미한다. 에이드리언 리치(Adrienne Rich)에 의하면 전자를 경험으로서의 모성, 후자를 제도로서의 모성이라고 한다. 자녀를 사랑하고 존중하는 부모나 그렇지 않은 부모나 모두 개별적인 특성에 따른 것이고,

* 이저벨 윌커슨, 『카스트—가장 민주적인 나라의 위선적 신분제(Caste)』, 이경남 옮김, 알에이치코리아, 2022.

모성은 학습해야 할 과제이지 생물학적 본능이 아니다. 그렇지 않다면 우리는 근친 성폭력 가해자나 아동 학대를 이해할 수 없다.

기존의 여성성은 노예 여성들의 삶과 경험을 설명할 수 없었다. 1993년 흑인 여성으로서 처음으로 노벨문학상을 수상한 토니 모리슨(Toni Morrison)의 대표작 『빌러비드(Beloved)』는 성폭력으로 낳은 아이를 살해한 흑인 여성의 이야기다. 토니 모리슨은, 남북전쟁 시기 딸을 노예로 만들지 않기 위해 딸을 살해해야 했던 흑인 여성의 비극을 묘사한 이 소설로 퓰리처상을 받았다[이 작품은 영화로도 만들어졌는데, 오프라 윈프리(Oprah Winfrey)가 주연을 맡아 큰 화제를 모았다]. 한국 사회에서도 가난한 여성들이 아이를 두고 가출하거나 유기하는 경우는 모성이 여성의 본성이 아니라 계급 문제임을 보여준다.

"여자로 태어났으면 페미니즘을 공부하지 않아도 페미니스트인가?" 우리는 기존의 '백인 중산층 이성애자 고학력 비장애인 젊은 여성'의 경험에 기반한 페미니즘을 공부해야 한다. 페미니즘뿐 아니라 중산층의 경험은 모든 지식의 기반이다. 삶이 지나치게 고달픈 이들이나 부자들은 언어를 생산할 여력이나 이유가 없다. 모든 언어, 지식은 중산층의 삶의 경험에 기반한다(마르크스, 엥겔스, 레닌, 마오쩌둥 등도 마찬가지다). 이는 기존의 페미니즘이 모두 틀렸다는 의미가 아니라 기존의 서구 페미니즘을 상대화하고, 내가 선 자리, 로컬에 맞는 지속적인 재해석과 새로운 언어가 필요하다는 의미다.

흑인 페미니즘의 의의는 여성이 (인종뿐 아니라) 어떤 집단에 속해 있는지에 따라 여성주의가 다른 모습이 될 수 있음을, 여성 간의 차이를 드러냄으로써 여성주의가 멈추지 않는 사유임을 보여준 데에 있다. 그 부분이 『여성, 인종, 계급』의 1장에 해당한다.

페미니스트들은 고대에도 있었지만, 페미니즘은 근대 자유주의 사상의 보편적 평등과 인권 개념에 여성을 포함시킬 것을 요구하는 데서부터 시작했기 때문에, 서구 페미니즘 이론을 다른 지역에 동일하게 적용할 수는 없다. 서구 사회 내부의 여성들 간에도 수많은 차이가 있다. '적용'이라는 말도 식민주의적인데, 서구는 이론이고 비서구는 그 이론을 적용하는 데이터가 아니기 때문이다. 페미니즘은 언제나 이론과 현실에 차이가 있다.

참정권 운동 과정과 여성주의 지식

한국은 해방 이후 1948년 정부 수립과 함께 여성참정권이 '저절로' 주어졌다. 그렇기에 한국 독자들에겐 200여 년간 진행된 서구의 여성참정권 투쟁—분신과 살해, 지지 서명을 받기 위한 가가호호 방문 노력, 투옥 등의 역사—이 '낯선' 측면이 있다. 이 책 2장에서 9장은 참정권 운동에서 인종과 성별의 연대와 배제 등 복잡하기 이를 데 없는 역사의 기록이다. 여성이 참정권을 획득했어도 그것이 실제 권리로 인정되는 데는 오랜 세월이 걸렸다. 1920년에 미국의 모든 여성에게 투표권을 보장하는 수정헌법 제19조가 비준되었음에도 불구하고,

당시 여성들은 투표소로 가는 길에 KKK단에게 공격받았고 선거관리인들은 흑인 여성에게 투표용지를 주지 않았다. 이런 일은 비일비재했다.

흑인 남성을 기준으로 한 흑인 참정권 투쟁과 백인 여성을 중심으로 한 여성참정권 투쟁에서 흑인 여성의 입장과 상황은 사회운동에 정교한 이론을 제공할 수밖에 없었다. 한국 사회에서도 반복되는, 사회적 약자의 권리 투쟁에서 '우선순위'를 둘러싼 갈등이다.

정치의 위계화와 더불어 흑백 남녀가 모두 참여한 참정권 투쟁에서 우리가 배워야 할 것 역시 현재진행형이다. 이를테면, 흑인 여성들은 '여성'인 힐러리에게 투표할 것인가, '흑인'인 오바마에게 투표할 것인가?(개인적으로 나는 오바마에게 했을 것이다.) 문제는 언제나 여성의 기준은 백인이라는 사실이고, 남성의 기준은 흑인이라는 사실이다.

흑인 남성은 백인 경찰에게 이유 없이 구타당한다. 흑인 여성은 그런 흑인 남성에게 가정에서 구타당하지만 백인 경찰에게 신고하기를 두려워한다. 이때 백인 여성은 흑인 여성을 구해주는 역할을 하는가? 백인 여성도 백인 남성에게 폭력을 당하고, 가난한 백인 여성도 너무 많다. 자매애나 연대는 쉽지 않다.

10장은 흑인 여성 공산주의자를 소개한다. 우리는 흑인 여성을 피해자이거나 여성주의자이거나 대중문화에서 성공한 이들로 기억한다. 사실 코뮤니즘(Communism)은 정체성의 정치이자 차이의 정치인 인종차별 철폐 운동과 거리가 있

다. 이 책은 우리의 선입견과 달리, 미국의 공산주의 운동에
대한 텍스트이기도 하다. 앤절라 데이비스는 국제주의자였다.
사실 많은 위인전의 주인공들이 사회주의자거나 공산주의자
였다. 헬렌 켈러(Helen Keller)나 알베르트 슈바이처(Albert
Schweitzer)가 대표적인데, 이들은 휴머니즘의 대명사로 불리
지만 사회주의자였기에 자기 커뮤니티나 조국에서 억압, 추방
당했다.

흑인 남성의 몸에 대한 비인간화

11장에서 13장에 이르는 내용은 흑인 여성의 몸, 섹슈얼리티
와 관련하여 매우 중요한 부분이다. 상품으로서 인간(노예)
외에는, 우생학적 측면에서 장애 여성이나 흑인 여성의 출산
을 제재해야 한다는 남성 공동체의 아이디어는 남성 인구학
의 핵심이다. 한국 사회도 고학력 여성의 출산을 장려하고 이
주여성의 출산에 우려를 표하지만 이미 포기한 듯하다. 다만
남성들 간의 계급 차이를 우려하여(농촌 남성의 '폭동') 이주
여성에 대한 동일화 정책을 시행하고 있다.

또한 여성을 가장 효과적으로 통제할 수 있는 수단으로
서 강간과 강간 문화는 가부장제 유지에 핵심적인 제도이다.
그러나 남성 지배 문화는 남성 간의 차이를 이용하여 이를 우
연적이고 일탈적인 사건으로 만든다. '강간범 신화'가 그것이
다. 강간범에는 낮은 계급 남성, '성욕이 넘치는 젊은 남성',
10대의 윤간(gang rape), 트랜스젠더 여성(male to female), 유
색인종, 이방인, 난민 등의 이미지가 있다. 심지어 이러한 사

고를 지지하는 페미니스트들도 있다(TERF). 물론, 전혀 그렇지 않다. 성폭력 가해자의 70% 이상이 아는 사람이고, 그중 30% 이상이 친족 성폭행이다.

　이민족이나 다른 인종에 의한 성폭력은 피해 여성에 대한 인권침해가 아니라 피해 여성을 소유한 남성 공동체 간의 정치로 환원되기 쉽다. 한국의 일본군 '위안부' 피해가 여성 인권침해가 아니라 한일 관계와 민족주의 의제로'만' 제기될 때 동원력을 갖는 현실은 이를 잘 보여준다. 강간은 성별 권력관계의 산물이지만, 민족주의와 인종주의는 이를 남성들 간의 힘의 대결로 만든다. 여성의 몸을 남성들의 대리 전쟁터(battle ground)로 만든다. 흑인 남성의 성욕을 둘러싼 강간범 신화는 너무도 강력하다. 지금도 미국에서 백인 여성과 흑인 남성이 데이트를 하면 일반 시민들이 성폭력이라고 신고할 정도다.

　백인 여성이 흑인 남성과 백인 남성의 몸을 비교한다는 신화, 백인 여성과 유색인 남성 모두에 대한 백인 남성의 비하와 공포는 근대에 만들어진 가부장제와 제국주의가 결합한 가장 비문명적 문화일 것이다. 시몬 드 보부아르(Simone de Beauvoir)는 백인 남성이 유색인종 남성을 '동물과 인간' 중간의 존재로, 여성을 '자연과 인간' 중간의 존재로 대상화해왔다고 말했다. 이것이 문명의 원동력이다. 근대 서구 문화는 자신들이 '데려온' 흑인 남성을 동물로 여겼고, 오리엔탈리즘의 젠더화에 의해 동양인 남성은 여성화시켰다.* 성욕을 주체할 수 없는 동물의 이미지를 흑인 남성에게 뒤집어씌웠다.

성폭력을 문제화한 급진주의 페미니스트, 자유주의 페미니스트들의 강간범에 대한 인종적 편견은 이미 수없이 많은 비판을 받아왔다. 데이비스의 비판은 당연하고 동시에 익숙하다. 오히려 내겐 다음과 같은 데이비스의 주장이 독특했다. "강간 반대 운동, 그리고 이 운동의 주요 활동들—정서적, 법적 지원에서부터 자기방어와 교육 캠페인에 이르기까지—은 독점자본주의의 궁극적 혁파를 염두에 둔 전략적 맥락 안에 자리 잡아야 할 것이다"(304쪽). 물론 지금 이렇게 생각하는 페미니스트는 없다. 강간은 문명의 역사와 함께해온 젠더 문제지 독점자본주의가 원인은 아니다(물론 성폭력을 문제화하는 과정에서 가해자와 피해자의 계급은 중요한 요소로 작용한다). 이 책의 전반적 '정서'가 흑인 페미니스트의 입장이라기보다 1980년대 마르크스주의 여성주의자의 입장이라는 느낌을 지울 수 없는 이유다.

앤절라 데이비스의 메시지는 단순 분명하다. 평등을 원한다면 그것을 위해 함께 싸워야 한다는 것이다. 하지만 평등, 정의, 공정함을 둘러싼 현실과 담론은 데이비스의 희망대로 '함께' 싸우기 어려운 의제다. 근대적 의미의 보편적 평등은 우리에게 "모든 인간은 평등하다"라는 정언을 주었을 뿐이다. 하지만 우리는 누구와의 평등을 지향하는가? 흑인 여성은 누구와의 평등을 지향하는가. 백인 여성, 흑인 남성, 백인 남성?

* 뮤지컬 〈미스 사이공(Miss Saigon)〉이나 영화화되기도 한 〈나비부인(M. Butterfly)〉이 대표적 재현물이다.

노숙자, 이주민, 미셸 오바마, 오프라 윈프리? 노숙자나 불법 이주민과 같아지기를 바라는 이들은 드물 것이다.

나는 누군가와 평등해지기보다는 난민과 가난한 이들과 내 경험을 공유하기 원한다. 40년이 지난 지금 포스트 마르크스주의자들은 "전 세계의 프롤레타리아여 연대하라"가 아니라 "전 세계의 불안하고 취약한(precarious) 이들이여 공감하라"라고 외친다.

이 책처럼 고전은 경전(canon)이 아니다. '먼저 투쟁한 이들의' 역사적 맥락에 대한 정확한 이해를 위해 공부가 필수적이고 그 과정에서 우리는 배운다. 어떻게? 시공간이 다른 로컬에서 나의 위치성을 자각하고 저자의 생각을 상대화, 재의미화(mapping)하는 공부여야 한다.

1장
노예제의 유산: 새로운 여성성의 기준

유력한 학자 울리히 B. 필립스(Ulrich B. Phillips)는 1918년 옛 남부의 노예제가 아프리카 미개인들과 본토 태생의 그 후손들에게 영광스러운 문명의 인장을 남겼다는 선언으로[1] 길고 뜨거운 논쟁의 물꼬를 텄다. 논쟁의 열기가 수그러들지 않은 상태로 수십 년이 흐르는 동안 역사학자 한 명 한 명이 그 '기이한 제도'의 진짜 의미를 해독해냈다고 자신 있게 공언했다. 하지만 이 모든 학문 활동이 전개되는 와중에도 **여성** 노예의 특수한 상황은 탐구되지 않고 그대로 남아 있었다. 여성 노예의 '성적인 난잡함'이나 '모계중심' 성향에 대한 끊임없는 주장은 노예제 시절 흑인 여성들의 상황을 조명하기는커녕 오히려 제대로 파악하기 힘들게 만들었다. 허버트 앱시커(Herbert Aptheker)는 여성 노예를 이해하기 위한 보다 현실적인 토대를 놓으려고 했던 몇 안 되는 역사학자 중 한 명으로 남아 있다.[2]

노예제 논쟁은 1970년대에 새로운 열기를 띠고 다시 등장했다. 유진 제노비스(Eugene Genovese)가 『요단강아 흘

러라: 노예들이 만든 세상(Roll, Jordan, Roll: The World the Slaves Made)』을 출간했고[3] 존 블라신게임(John Blassin-game)의 『노예 커뮤니티(The Slave Community)』[4], 착상이 형편없는 포겔(Fogel)과 잉거만(Engerman)의 『십자가 위의 시간(Time on the Cross)』[5], 허버트 거트먼(Herbert Gutman)의 역작 『노예제와 자유 속에서의 흑인 가정(Black Family in Slavery and Freedom)』[6]이 등장했다. 스탠리 엘킨스(Stanley Elkins)는 새롭게 활기를 띤 이 논쟁에 대응하여 1959년의 연구「노예제(Slavery)」를 확장판으로 출간할 때가 왔다는 결론을 내렸다.[7] 이렇게 출판물이 쏟아져 나오는 상황에서 노예 여성을 특별히 조명하는 책은 이상할 정도로 눈에 띄지 않는다. 지금까지 노예제 시절의 흑인 여성에 대한 진지한 연구를 애타게 기다려온 우리는 실망을 감추지 못했다. 흑인 여성이 문란한지 결혼생활을 지향하는지, 흑인 여성과 백인 남성의 성관계가 강제적인지 자발적인지를 놓고 논쟁하던 전통적인 문제들을 제외하면, 이런 최신 출판물의 저자들이 여성에 거의 관심을 두지 않았다는 점 역시 똑같이 실망스러웠다.

이 최근 연구서들 가운데 가장 큰 깨달음을 준 책은 흑인 가정에 대한 허버트 거트먼의 연구다. 거트먼은 흑인 가정의 활력이 인간성을 말살시키는 노예제의 가혹함보다 더 강력했음을 입증하는 문서를 증거로 제시하면서 대니얼 모이니핸(Daniel Moynihan) 등이 1965년에 확산시킨 흑인 모권사회 이론을 퇴출시켰다.[8] 하지만 노예 여성에 대한 거트먼의 고찰은 전반적으로 '아내다운 성향'을 공식화하기 위해 설계

되었고, 이로 인해 노예 여성들은 노예제라는 특수한 상황 때문에 가정 내에서의 꿈이 좌절되었다는 점 정도 외에는 백인 여성들과 크게 다르지 않다는 함의로 쉽게 연결된다. 거트먼에 따르면 제도화된 노예 규범들이 여성들에게 혼전성관계를 할 수 있는 자유를 크게 부여했음에도, 여성들은 결국 영구적인 결혼생활에 정착해 자신과 남편의 소득을 바탕으로 가정을 꾸렸다. 모권사회 이론과 대립하는 충분한 기록을 바탕으로 설득력을 갖춘 거트먼의 주장들은 엄청나게 소중하다. 하지만 거트먼이 가정 내에서, 그리고 전체 노예 공동체 내에서 흑인 여성들의 다차원적인 역할을 구체적으로 탐구했더라면 그의 책은 훨씬 더 강력해졌을 것이다.

흑인 여성 노예의 경험에 대한 오해를 바로잡는 역사학자가 있다면 그 사람이 수행한 작업의 가치는 이루 헤아릴 수 없을 것이다. 그런 연구가 이루어져야 하는 이유는 역사적 정확성만을 위해서가 아니다. 노예 시대로부터 흑인 여성, 그리고 모든 여성이 오늘날 벌이고 있는 해방투쟁에 서광을 비출 교훈을 얻을 수 있기 때문이다. 비전문가인 나는 노예제 시기 흑인 여성의 역사를 재검토하는 데 길잡이가 될 만한 몇 가지 잠정적인 아이디어를 제안할 수 있을 뿐이다.

백인 자매들과 비교하면 터무니없이 많은 흑인 여성들이 언제나 집 밖에서 노동을 했다.[9] 흑인 여성들의 삶에서 노동이 차지하는 막대한 자리는 오늘날에도 여전히 아주 초창기의 노예제 시절에 확립된 양상을 따른다. 노예로서의 강제 노동은 여성의 다른 모든 존재 상태에 그늘을 드리웠다. 그러므

로 흑인 여성 노예의 삶에 대한 일체의 탐구는 노동자로서의
역할에 대한 평가에서 출발해야 할 것이다.

노예 시스템은 흑인을 재산으로 정의했다. 남성 못지않
게 여성도 이윤을 얻을 수 있는 노동 단위로 인식되었기 때문
에, 소유주의 입장에서 노예 여성은 무성적인 존재나 마찬가
지였다. 한 학자의 말을 빌리면 "노예 여성은 일차적으로 소
유주의 전일제 노동자였고, 아내이자 어머니이자 주부일 때는
아주 일시적이었다".[10] 양육을 전담하는 어머니, 그리고 남편
을 위한 상냥한 동반자이자 살림꾼으로서의 역할을 강조했던
19세기의 진화 중인 여성성 이데올로기를 기준으로 판단했을
때 흑인 여성들은 사실 비정상이었다.

흑인 여성들은 여성성 이데올로기의 미심쩍은 혜택을 거
의 누리지 못했지만, 때로 전형적인 여성 노예는 집안일을 하
는 하녀—요리사든, 가정부든, '큰 집'에서 아이들을 돌보던
유모든—였다고 여겨지곤 한다. 톰 아저씨와 삼보는 항상 제
미마 아주머니(Aunt Jemima)*와 흑인 유모(Mammy)—이
는 노예제 시기 흑인 여성이 했던 역할의 정수를 포착한 전형
으로 여겨진다—라는 충직한 친구를 두었다. 흔히 그렇듯 사
실 현실은 신화와는 180도 반대다. 노예 여성들은 대다수 노
예 남성처럼 대부분의 경우 농장 노동자였다. 노예를 금지하
던 북부의 주들과 경계가 맞닿은 주에 있던 노예의 상당 비율

* 남부 백인 가정에서 일하는 흑인 여성의 상징 같은 존재로, 식품회사
인 퀘이커(Quaker)에서 브랜드로도 사용하다가 2020년 인종차별 논란으
로 퇴출되었다.

이 하녀였을 수는 있지만, 최남부지역—노예정치(slaveocra-cy)의 본거지—의 노예들은 압도적 다수가 농장 노동자였다. 19세기 중반 무렵에는 여자든 남자든 노예 8명 중 7명은 농장 노동자였다.[11]

　남자아이들이 뼈대가 굵어지면 농장에 보내지듯 여자아이들 역시 땅을 갈고, 목화를 따고, 사탕수수를 베고, 담배를 수확하는 일을 할당받았다. 1930년대에 인터뷰를 한 노년 여성, 제니 프록터(Jenny Proctor)는 어린 시절 앨라배마의 목화 플랜테이션 농장에서 일을 시작하게 된 과정을 이렇게 설명했다.

　　우린 막대기로 지어진 낡고 오래된 헛간에서 지냈어. 어떤 틈은 진흙하고 이끼로 메우기도 했는데 어떤 틈은 메우지도 않고. 좋은 침대 같은 건 없었어. 그냥 막대기로 벽에다 고정시킨 뼈대 같은 게 있고, 그 위에다가 오래되고 구질구질한 침구를 던져놨지. 그게 확실히 잠자기는 힘들었어. 그치만 몇 날 며칠을 농장에서 오래 힘들게 일하니까 피곤한 삭신에는 그마저도 기분이 좋았지. 난 계집애였을 땐 애들을 돌보고 올드 미스가 하라는 대로 집을 청소하려고 노력했어. 그러다가 열 살이 되자마자 올드 마스터가 그러는 거야, "여기 있는 검둥이한테 저 목화밭을 맡겨."[12]

　제니 프록터의 경험은 전형적이었다. 대부분의 여자아이와 성인 여성은 대부분의 남자아이와 성인 남성이 그렇듯 해가 뜰 때부터 질 때까지 농장에서 뼈 빠지게 일했다. 노동에 관한 한, 채찍의 위협을 받아 쥐어짜내는 체력과 생산성에 대한 고려가 성별에 대한 고려를 압도했다. 이런 의미에서 여성에 대한 억압은 남성에 대한 억압과 동일했다.

하지만 여성들은 성폭력과 그 외 여성에게만 가해질 수 있는 야만적인 학대로 인해 다른 방식으로도 고통받았다. 노예 소유주는 손익계산에 따라 여성 노예에 대한 태도를 바꿨다. 남자처럼 착취하는 게 이익일 때는 사실상 이들을 무성적인 존재로 간주했지만, 오직 여성에게만 합당한 방식으로 착취하고 체벌하고 억압할 수 있을 때는 배타적으로 여성만이 수행하는 역할에 이들을 가뒀다.

국제 노예무역이 폐지되면서 이제 막 청년기에 접어든 목화 재배 산업의 확대가 위태로워지자 노예 소유 계급은 국내 노예 인구를 보충하고 증대하는 가장 확실한 방법으로 어쩔 수 없이 자연적인 재생산에 의지해야 했다. 그러므로 노예 여성의 출산 능력에 가산점이 붙었다. 남북전쟁 이전 몇십 년간 흑인 여성들은 점점 출산 능력(또는 그 능력의 부재)에 따라 평가받게 되었다. 잠재적으로 열, 열둘, 열넷 또는 그 이상의 어머니가 될 수 있는 여성은 실제로 탐나는 보물이 되었다. 하지만 그렇다고 해서 여성으로서의 흑인 여성들이 노동자로서 누렸던 것보다 더 나은 지위를 누린 것은 아니었다. 모성에 대한 이데올로기적 칭송은 19세기에 한참 인기를 누렸음에도 노예에게까지 확장되지는 않았다. 사실 노예 소유주의 눈에 비친 노예 여성은 전혀 어머니가 아니었다. 이들은 그저 노예 노동력의 증대를 보장하는 도구일 뿐이었다. 이들은 그 수를 불리는 능력에 따라 정확하게 화폐가치로 환산되는 '번식용 동물'이었다.

노예 여성들이 '어머니'가 아닌 '번식용 동물'로 분류되었으므로, 이들의 아기도 마치 암소가 낳은 송아지처럼 빼앗아 판매할 수 있었다. 아프리카인들의 수입이 중단되고 나서 1년 뒤, 사우스캐롤라이나의 한 법원은 여성 노예에게는 자기 자녀에 대한 어떤 권한도 없다는 판결을 내렸다. 이 판결에 따르면 결과적으로 노예의 자식은 "다른 동물들과 동일한 발판 위에 서 있으므로" 몇 살이든 어머니에게서 떨어져 판매될 수 있다.[13]

노예 여성들은 여자라는 태생 때문에 온갖 형태의 성적 억압에 취약했다. 남성에게 가장 가혹한 처벌이 태형과 신체 훼손이었다면 여자들은 태형과 신체 훼손에 더해서 강간을 당했다. 사실 강간은 노예 소유주의 경제적 지배력과 노동자로서의 흑인 여성에 대한 감독관의 통제력을 적나라하게 표현하는 방식이었다.

여성에게 가해지는 특수한 학대는 그러므로 이들의 노동에 대한 가혹한 경제적 착취를 원활하게 했다. 이 착취를 위해 노예 소유주들은 억압을 할 목적이 아니고서는 자신들의 전통적인 성차별주의적 태도를 버렸다. 흑인 여성들이 인정된 의미에서의 '여자'가 아니었으므로 노예제는 흑인 남성들의 남성우월주의 역시 억눌렀다. 남편과 아내, 아버지와 딸이 똑같이 노예 소유주의 절대적인 권한에 복속되어 있는데 노예들 사이에서 남성우월주의가 힘을 얻는다면 명령 체계에 위험한 균열이 촉발될 수도 있었다. 게다가 노동자로서의 흑인 여성들은 '더 약한 성'이나 '주부'로 대우받을 수 없었으므로, 흑인 남성들은 '가장'이라는 인격의 후보일 수 없었고 '가족 부양자'는 확실히 아니었다. 결국 남자, 여자, 아이가 모두 비슷하게 노예 소유 계급의 '부양자'였기 때문이다.

목화, 담배, 옥수수, 사탕수수 농장에서 여성은 남성의 옆에서 같이 일했다. 과거 노예였던 이는 이렇게 회고했다.

새벽 4시에 종이 울리면 사람들이 30분 만에 준비를 해요. 남자랑 여자가 같이 출발하고, 여자들은 남자들만큼 꾸준히 일해야 하지. 남자들하고 똑같은 일을 하면서.[14]

대부분의 노예 소유주들은 자신에게 요구되는 평균생산성을 기준으로 노예의 수확량을 계산하는 시스템을 확립했다. 그러므로 아이들은 4분의 1명으로 평가되곤 했다. 여성은 '번식용'이나 '수유용'으로 특별히 구분되어 한 명보다 모자라는 존재로 계산되는 경우를 제외하면, 일반적으로는 완전한 한 명으로 계산되었다.[15]

노예 소유주들은 자연스럽게 '번식용'들이 생물학적으로 가능한 한 자주 아이를 출산하게 하려고 애썼다. 하지만 절대 임신하거나 출산한 여성들을 농장일에서 빼주지는 않았다. 많은 어머니들이 일하는 곳 근처의 땅바닥에 아기를 눕혀놓아야 했다. 하지만 일부는 아기를 돌보는 사람 없이 내버려두기를 거부하고 아기를 업고 정상 속도로 일하려 노력했다. 과거 노예였던 한 남자는 자신이 살았던 플랜테이션에서 있었던 사례를 이렇게 설명했다.

> 젊은 여자 하나가 다른 사람들처럼 아이를 줄 끝에 놔두지 않고 일종의 어설픈 배낭 같은 걸 생각해냈어요. 거친 리넨 천조각으로 만들어서 거기다 자기 아이를 넣고 등에다 동여맸지. 아주 어린애였어요. 이런 식으로 하루 종일 애를 업고 다녔어. 그러면서도 다른 사람들처럼 괭이질을 했어요.[16]

어떤 플랜테이션에서는 농장에서 힘든 노동을 수행할 수 없는 나이 든 노예나 어린 아이들에게 신생아를 맡기기도 했다. 아기에게 규칙적으로 젖을 먹일 수 없었던 아기 엄마들은 부풀어오른 젖가슴의 통증을 견뎌야 했다. 당시 가장 인기 있던 노예 서사 중 하나에서 모지스 그랜디(Moses Grandy)는 노예 어머니들이 겪은 곤경이 얼마나 비참했는지를 이렇게 설명했다.

> 내가 말하는 대농장에서는 아기한테 젖을 물리는 여자들이 젖이 점점 차오르는 가슴 때문에 많이 힘들어했어. 애기들은 다 집에 놓고 와가지고 말이야. 그래서 그런 애기 엄마들은 다른 사람들하고 속도를 맞출 수가 없었지. 감독관이 생가죽으로 그 사람들을 때리는 것도 봤어. 그래서 피랑 젖이 가슴에서 뒤범벅돼서 흘러내렸지.[17]

임신한 여성들은 정상적인 농장 노동을 해야 했을 뿐만 아니라 하루치 할당을 채우지 못하거나 '건방지게' 처우에 항의했다가는 일꾼들이 보통 받는 채찍질까지 당할 수 있었다.

밭에서 거슬리는 행동을 하는 여자가 있잖아. 임신을 해서 배는 남산만 하고. 그럼 이 여자 몸을 넣을 수 있는 구덩이를 판 다음에 거기에 억지로 누우라고 해. 그러고는 채찍으로 때리거나 구멍이 뚫린 회초리로 패는 거야. 그럼 한 대 칠 때마다 물집이 생겨. 내 자매 중에 한 명이 이런 식으로 너무 심하게 맞고 진통이 와서 애를 밭에서 낳았어. 브룩 씨라고 하던 감독이 메리라고 하는 여자애를 그런 식으로 죽였지. 걔 아버지랑 어머니도 그때 밭에 있었는데 말야.[18]

어떤 플랜테이션과 농장에서는 임신한 여성들이 더 관대한 대우를 받긴 했지만 인도주의적인 이유에서인 경우는 거의 없었다. 갓 태어난 송아지나 망아지의 가치를 높이 평가하는 것처럼 노예 소유주들이 살아서 태어난 노예 아기의 가치를 높이 평가했기 때문이었다.

남북전쟁 이전의 남부에서 차츰 산업화의 움직임이 일어나자 노예노동은 자유로운 노동을 보완했고 둘은 종종 경쟁 관계에 놓이기도 했다. 노예를 소유한 경영주들은 남자, 여자, 아이를 똑같이 이용했고, 자신의 노예를 외부에 대여해본 농장주들은 여자와 아이에 대한 수요가 남자만큼이나 많다는 사실을 알게 되었다.[19]

노예 여성과 아이들은 노예를 고용하는 대부분의 직물, 대마, 담배공장에서 노동력의 큰 비중을 차지했다. (…) 노예 여성과 아이들이 설탕 정제와 쌀 도정 같은 '힘든 분야'에서 일할 때도 있었다. (…) 수송과 벌목 같은 다른 중공업들도 노예 여성과 아이들을 상당히 많이 사용했다.[20]

여자들이 너무 '여성적'이라서 탄광이나 주물공장에서 일하거나 벌목을 하거나 도랑 파는 일을 하지 못한다고 여겨지는 경우는 없었다. 노스캐롤라이나에서 산티운하를 만들 때 노예 여성들은 전체 노동력의 50%를 차지했다.[21] 여자들은 루이지애나부두에서도 일했고, 지금도 사용되고 있는 남부의 많은 철도도 부분적으로는 여성 노예 노동자에 의해 건설되었다.[22]

남부의 광산에서 역축(役畜) 대신 노예 여성들에게 광차를 끌게 했던 것은[23] 카를 마르크스(Karl Marx)가 『자본론(Das Kapital)』에서 설명한 것처럼 잉글랜드에서 백인 여성의 노동력을 끔찍한 방식으로 활용했던 일을 연상시킨다.

잉글랜드에서 여자들은 아직도 말 대신 운하용 보트를 끄는 데 자주 사용된다. 말과 기계를 생산하는 데 필요한 노동은 정확하게 그 양이 알려져 있지만, 잉여 인구인 여자들을 유지하는 데 들어가는 노동은 계산할 필요조차 없는 일로 치부되기 때문이다.[24]

영국의 동지들처럼 남부의 경영주들은 자신이 사업에 여자들을 고용하는 이유를 전혀 쉬쉬하지 않았다. 여자 노예들은 자유로운 노동자나 남자 노예보다 훨씬 이익이 많이 남았다. 이들은 "활용하고 유지하는 비용이 팔팔한 남자들보다 적게" 들었다.[25]

흑인 여성들은 노동을 수행할 때 주인으로부터 남자들만큼 '남성적'이어야 한다는 요구를 받았고, 이런 노예제 시기의 경험이 이들에게 심대한 영향을 미쳤음이 틀림없다. 일부는 의심의 여지없이 부상을 당하고 목숨을 잃었지만 다수가 살아남았고, 그 과정에서 19세기 여성성 이데올로기가 금기로 간주한 자질을 획득했다. 이 시기에 미시시피에서 노예 무리가 밭에서 집으로 돌아가는 모습을 목격한 한 여행자는 그들을 이렇게 묘사했다.

> 그중에는 내가 이제껏 본 중에서 가장 크고 강인한 여성 마흔 명이 있었다. 이들은 모두 푸른빛이 도는 단순한 체크무늬 유니폼 원피스를 입고 맨다리와 맨발을 드러내고 있었다. 이들은 각자 어깨에 괭이를 우뚝 걸머지고서 행진하는 병사들처럼 자유롭고 씩씩하게 몸을 흔들며 걸었다.[26]

이 여성들이 채찍질의 위협 아래 노동을 수행하며 늘 자부심을 뽐냈을 가능성은 별로 없지만 그럼에도 불구하고 자신들의 막강한 권력, 생산하고 창조하는 능력을 의식하고 있었을 것임에는 틀림없다. 마르크스의 표현대로 "노동은 살아 있는, 형체를 결정하는 불꽃이고, 사물의 비영구성, 그 일시성을 상징하기" 때문이다.[27] 물론 이 여행자의 관찰이 가부장주의적 인종주의에 오염되었을 가능성도 있다. 그러나 만일 그렇지 않다면 어쩌면 이 여성들은 억압적인 삶 속에서, 인간성을 말살시키는 노예제의 일상적인 행태에 저항하는 데 필요한 강인함을 추출하는 법을 학습했을 수 있다. 고된 노동을 꾸준히 할 수 있는 스스로의 능력에 대한 자각은 이들에게 자기 자신을 위해, 가족과 민족을 위해 싸울 수 있는 능력에 대한 자신감을 선사했을지 모른다.

남북전쟁 이전에 일시적으로 공장 노동에 진출했던 많은 백인 여성들은 미국이 산업화를 공격적으로 포용하면서 생산적인 노동을 수행할 기회를 박탈당했다. 섬유공장이 들어서면서 이들의 물레는 구시대의 유물이 되었다. 이들의 양초 제작용품은 과거 가족의 생존에 필요한 물건을 만드는 데 사용됐던 다른 많은 도구들처럼 박물관행을 면치 못했다. 산업화의 부산물인 여성성 이데올로기가 새로 나온 여성지와 로맨스 소설을 통해 대중화되고 유포되었으므로, 백인 여성들은 생산적인 노동 영역에서 완전히 차단된 영역의 거주민으로 인식되어버렸다. 산업자본주의가 촉발한 가정과 공적 경제의 분열은 그 어느 때보다 여성의 열등함을 확고하게 굳혔다. 지배적인 선전물에서 '여자'는 '어머니'와 '주부'의 동의어가 되었고, '어머니'와 '주부' 모두에는 치명적인 열등함의 표시가 들어 있었다. 하지만 흑인 여성 노예들 사이에서 이 어휘는 어디서도 확인할 수 없었다. 노예제의 경제적 배열은 새로운 이데올로기 안에 포함된 위계적인 성역할을 부정했다. 그러므로 노예 공동체 내에서의 남녀 관계는 지배 이데올로기의 패턴에 부합하지 않았다.

흑인 가족이 모계중심의 생물학적 구성체라는 노예 소유주들의 정의에서 많은 것이 파생되었다. 많은 플랜테이션에서 출생 기록에 아버지의 이름을 생략하고 아이 어머니의 이름만 적었다. 그리고 남부 전역에서 주법안은 "partus sequitur ventrem", 즉 아이는 어머니의 지위를 따른다는 원칙을 채택했다. 이는 스스로가 적지 않은 노예 아이들의 아버지였던 노예 소유주들의 요구 사항이었다. 하지만 노예들도 이 규범에 따라 가정 내부의 관계를 정리했을까? 노예제 시기 흑인 가정에 대한 대부분의 역사학적, 사회학적 검토는 주인이 노예의 아버지임을 인정하지 않았으므로 노예들 스스로가 모계중심의 가정을 꾸렸다는 단순한 주장에 머물렀다.

'니그로 가정'에 대한 정부의 악명 높은 1965년 연구—대중적으로는 '모이니핸 보고서'라고 알려진—는 흑인 커뮤니티가 오늘날 겪고 있는 사회경제적 문제들을 흔히 말하는 모계중심의 가족 구조에 곧장 연결시켰다.

본질적으로 니그로 공동체는 모계중심의 구조로 갈 수밖에 없었다. 이것이 나머지 미국 사회와는 어긋나다 보니 이 집단 전체의 발전을 심각하게 저해하고 니그로 남성에게, 그리고 결과적으로는 대단히 많은 니그로 여성에게도 견디기 힘든 부담을 안기고 있다.[28]

이 보고서의 논지에 따르면 억압의 근원은 실업과 부실한 주택, 부족한 교육과 수준 미달의 의료서비스를 양산한 인종차별보다 더 근본적이었다. 억압의 뿌리는 흑인들 사이에 남성 권위자가 부재해서 빚어진 '뒤얽힌 병리 상태'로 묘사되었다! 모이니핸 보고서의 논란 많은 대미는 흑인 가정, 그리고 흑인 사회 일반에 남성 권위자를 세워야 한다는 요구로 장식되었다. (물론 이는 남성우월주의를 의미한다!)

모이니핸을 지지한 '자유주의자' 중 한명인 사회학자 리 레인워터(Lee Rainwater)는 이 보고서가 제시한 해법에 이의를 제기했다.[29] 대신 레인워터는 일자리, 임금인상, 그 외 경제개혁책들을 제안했다. 심지어는 민권운동과 시위를 지속해야 한다고 부추기기까지 했다. 하지만 대부분의 백인 사회학자—그리고 일부 흑인 사회학자—처럼 레인워터는 노예제가 흑인 가정을 사실상 파괴했다는 논지를 되뇌었다. 그 결과 흑인들은 "어머니와 자식 간의 우월적인 관계를 강조하고 남자와는 아주 보잘것없는 연결 고리만 있는 가정"을 꾸린다는 주장이 횡행했다.[30] 레인워터는 이렇게 말했다.

오늘날 남자들은 진짜 가정이 없을 때가 많다. 이들은 혈연이나 성적인 유대 관계가 있는 집을 여기저기 전전한다. 이들은 여인숙과 셋방에서 살아간다. 시설에서 시간을 보낸다. 이들은 자신이 가진 유일한 '가정'—어머니의 집, 여자친구의 집—에서 가족 구성원이 아니다.[31]

　　노예제 시절 흑인 가정의 내부가 곪아 있었다는 주장을 발명한 사람은 모이니핸도 레인워터도 아니었다. 이 논지를 지지하는 선구적인 연구를 수행한 사람은 1930년대의 저명한 흑인 사회학자 E. 프랭클린 프레이저(E. Franklin Frazier)였다. 프레이저는 1939년에 출간된 『니그로 가족(The Negro Family)』[32]에서 노예제가 흑인들에게 미친 끔찍한 영향을 극적으로 묘사했지만, 그 부정적인 영향이 스스로를 위해 구축한 사회생활 안으로 침투하지 않도록 저항할 수 있는 흑인들의 능력을 과소평가했다. 또한 프레이저는 흑인 여성들이 발전시킬 수밖에 없었던 독립성과 자립심을 오독했고, 그래서 "경제적 필연성도 전통도 (흑인 여성에게) 남성적 권위에 대한 복종심을 주입하지 못했다"라며 개탄했다.[33]

　　모이니핸 보고서의 출현으로 촉발된 논란과 프레이저의 이론에 대한 의구심에 고무된 허버트 거트먼은 노예 가족에 대한 연구에 착수했다. 약 10년 뒤인 1976년에 거트먼은 주목할 만한 연구서 『노예제와 자유 속에서의 흑인 가정』을 출간했다.[34] 거트먼의 연구는 노예제 시기에 가족이 순조롭게 번성했음을 보여주는 환상적인 증거를 제시했다. 그가 발견한 것은 악명 높은 모계중심의 가정이 아니라, 아내, 남편, 아이, 그리고 가끔은 그 외의 친척과 입양한 친족까지 아우르는 가정이었다.

　　거트먼은 노예제가 대부분의 가정을 온전하게 내버려두었다고 주장하는 포겔과 잉거만이 도달한 미심쩍은 계량경제학적 결론과 거리를 두고, 셀 수 없이 많은 노예 가정이 외압에 의해 붕괴되었다는 사실을 확인한다. 남편, 아내, 아이를 마구잡이로 판매해서 야기된 생이별은 북아메리카 노예제의 끔찍한 인장과도 같았다. 하지만 그의 지적처럼 사랑과 애착의 유대 관계, 가족 관계를 지배하는 문화적 규범, 그리고 같이 남아 있고자 하는 아주 강렬한 욕구는 노예제의 파멸적인 공격 속에서 목숨을 부지했다.[35]

거트먼은 어머니와 아버지를 모두 기록해 놓은 출생기록부 같은, 플랜테이션에서 찾아낸 편지와 문서를 근거로 노예들이 자신들의 가족 질서를 규율하는 엄격한 규범을 고수했을 뿐만 아니라, 이런 규범이 이들 주위의 백인 가정을 지배하는 규범과는 판이했음을 보여준다. 결혼 금기, 작명 관행, 성적 풍습—말이 나와서 하는 말이지만 혼전성관계는 허용되었다—은 노예들을 그 주인들과 구분 지었다.[36] 노예 남성과 여성들은 가정생활을 유지하려고 절박하게, 매일같이 애쓰면서도 최대한 손에 넣을 수 있는 자율성을 즐겼고, 그러면서 자신들을 인간 이하의 노동 단위로 전락시키기 위해 설계된 환경에 인간성을 불어넣는 데 감출 수 없는 재능을 드러냈다.

노예 남성과 여성이 내리는 매일의 선택—수년간 같은 배우자와 함께 지낼 것인지, 아이 아버지의 이름을 작명에 쓸지 안 쓸지, 이름 모를 아버지의 자식이 딸린 여자를 아내로 맞을지, 신생아에게 아버지의 이름을 줄지, 이모나 삼촌이나 조부모의 이름을 줄지, 유지 불가능한 결혼관계를 끝낼지 같은—은 수사적인 표현 방식이 아니라 행동을 통해 노예

를 영구적인 '아이'나 억압받는 '야만인'으로 보는 지배 이데
올로기를 반박했다. (…) 이들의 가정 내부 질서와 친족 네
트워크, 그리고 이 원초적인 유대에서 파생된 확대가족 형
태의 공동체는 그들의 자녀에게 노예는 '비남성'과 '비여성'
이 아님을 똑똑히 알려주었다.[37]

안타깝지만 거트먼은 노예 가정 내에서 여성의 실제적
인 지위를 확인하려는 시도를 하지는 않았다. 그는 남편과 아
내를 똑같이 아우르는 복잡한 가정생활의 존재를 보여주면서
모계중심 사회에 대한 주장이 기대고 있는 큰 기둥 하나를 제
거했다. 하지만 거트먼은 두 부모 가정에서 여성이 남성보다
더 높은 지위를 누렸다는 보완적인 주장에 크게 이의를 제기
하지 않았다. 게다가 거트먼 자신의 연구가 확인하고 있듯 노
예 거주 구역 내의 사회생활은 대체로 가족생활의 연장이었
다. 그러므로 가정에서의 여성의 역할이 전체 노예 공동체에
서의 이들의 사회적 지위를 크게 규정했음이 틀림없다.

대부분의 학술 연구에선 노예 가정은 어머니와 아버지가
모두 있는 경우에도 여자를 떠받들고 남자를 깎아내린다고
해석해왔다. 가령 스탠리 엘킨스는 이렇게 말했다.

어머니의 역할은 노예 아이에게 아버지의 역할보다 훨씬 크
게 다가왔다. 어머니는 노예 가정에 남겨진 몇 안 되는 활
동—살림 돌보기, 음식 준비, 자녀 양육—을 통제했다.[38]

엘킨스에 따르면 주인이 전반적으로 노예 남성을 '남자 애'라고 부른 것은 노예 남성들이 아버지로서의 책임을 지지 못하는 현실을 반영한 것이었다. 케네스 스탬프(Kenneth Stampp)는 이런 유의 추론을 엘킨스보다 훨씬 더 깊이 밀고 들어간다.

> 전형적인 노예 가정은 형태상 모계중심이었다. 어머니의 역할이 아버지보다 훨씬 중요했기 때문이다. 가정에 의미가 있다면, 그것은 집 청소, 음식 준비, 옷 짓기, 자녀 양육처럼 전통적으로 여성에게 속한 책임과 관련이 있었다. 남편은 기껏해야 아내의 보조자, 아내의 동반자, 아내의 섹스파트너였다. 남편은 그들이 살던 오두막이 그렇듯 ('메리의 톰'같이) 아내의 소유물로 치부될 때가 잦았다.[39]

실제로 가정생활은 노예의 사회생활에서 지나칠 정도로 큰 의미를 가졌다. 노예들에게 스스로를 인간으로 경험할 수 있는 유일한 공간을 제공했기 때문이다. 이런 이유로—그리고 흑인 여성들은 남성과 진배없는 노동자였기 때문에—흑인 여성들은 백인 여성들처럼 가정 내에서의 역할 때문에 폄하되지 않았다. 백인 여성들과는 달리 이들은 절대 단순한 '주부'로 치부될 수 없었다. 하지만 여기에서 더 나아가 그 결과 흑인 여성들이 흑인 남성들을 지배했다고 주장하는 것은 노예생활의 실상을 근본적으로 왜곡하는 것이다.

나는 1971년에—감방에서 내게 허용된 얼마 안 되는 자원을 이용해서—쓴 한 에세이[40]에서 노예 여성이 가정에서 수행하는 역할의 중요성을 이렇게 설명했다. "자기 주변의 남성과 아이들의 요구를 살펴야 하는 무한한 고난 속에서 (…) 노예 여성은 노예 공동체 안에서 그 압제자가 직접, 그리고 바로 그 자리에서 빼앗아갈 수 없는 **유일한** 노동을 수행했다. 들판에서 하는 노동에는 아무런 보상이 없었다. 노예들은 거기에서 그 어떤 유용한 목적도 찾을 수 없었다. 가사노동은 노예 공동체 전체에서 유일하게 유의미한 노동이었다.

(…) 사슬에 매인 흑인 여성들은 오랫동안 사회적 조건으로 정해진 여성의 열등함을 표출하는 핵심 수단이었던 가사노동이라는 노역을 수행함으로써 자신을 위해, 그리고 자신의 남자들을 위해, 어느 정도의 자율성을 위한 토대를 놓는 데 힘을 보탤 수 있었다. 노예 여성은 여성이라는 이유로 겪는 특유의 억압으로 신음할 때마저 노예 공동체의 중심에 던져졌다. 그러므로 노예 여성은 노예 공동체의 **생존**에 없어서는 안 되는 존재였다."

이 글을 쓴 이후로 나는 노예제 시기 가사노동의 특수성, 즉 속박된 이들에게서 가사노동이 갖는 중요성은 여성이 전적으로 수행하는 노동에만 한정되지 않는다는 점을 깨달았다. 노예 남성들도 가정에서 중요한 역할을 수행했고, 따라서—케네스 스탬프의 주장처럼—아내의 단순한 내조자가 아니었다. 예컨대, 여자들이 요리하고 바느질을 하는 동안 남자들은 텃밭일을 하고 사냥을 했다. (토끼와 주머니쥐 같은 야생동물뿐만 아니라 얌, 옥수수, 그 외 채소는 항상 단조로운 하루치

배급 식량에 풍미를 더해주었다.) 이런 가사노동의 성별 분업
이 위계적이었던 것 같지는 않다. 남자들의 일은 분명 여성들
이 수행하는 노동에 비해 우월하지도, 열등하지도 않았다. 두
가지 모두 똑같이 필요했다. 게다가 뭘로 봐도 노동의 성별 분
업은 항상 그렇게 엄밀하지 않았다. 남자들은 때로 움막에서
일하곤 했고 여자들도 텃밭을 돌보고 심지어는 사냥에 합류
했으니 말이다.[41]

　　노예 거주 구역의 가정생활에서 가장 눈에 띄는 주제는
성평등이다. 노예들이 주인의 권력 강화가 아니라 스스로를
위해 수행했던 노동은 평등하게 이루어졌다. 그러므로 흑인
들은 자신의 가정과 공동체생활의 울타리 안에서 찬란한 위
업을 힘들게 달성할 수 있었다. 이들은 노예로서 겪는 동등한
억압에서 파생된 소극적인 평등을 능동적인 특징으로 바꿔냈
다. 그것은 바로 이들의 사회관계를 특징짓는 평등주의이다.

　　유진 제노비스가 『요단강아 흘러라』에서 했던 (흑인들
이 노예제에 결부된 가부장제를 받아들였다는) 핵심 주장은
아무리 좋게 봐도 문제가 있긴 하지만, 제노비스는 노예 가정
을 압축적이지만 통찰력 있게 묘사한다.

　　아내로서의 노예 여성의 이야기는 간접적인 검토가 필요하
다. 남성이 집에서 손님이었다는 식의 가정에서 그것을 연역
하기는 어려울 것이다. 남성들이 남편이자 아버지로서 가졌
던 실제 지위를 살펴보면 여성의 지위가 통상적으로 생각하
는 것보다 훨씬 복잡함을 유추할 수 있다. 가사노동, 특히 요

리에 대한, 그리고 자신의 여성성에 대한 여성들의 태도는
그 자체로, 여성들이 집에서 자기주장을 내세우고, 아이들을
보호하고, 보통은 남성들이 맡는 책임들을 떠맡음으로써 자
기 남자들을 망가뜨리는 데 자기도 모르게 일조했다는 식의
통상적인 관념이 거짓임을 드러낸다.[42]

남성성과 여성성은 불변의 개념이라는 생각을 은연중에
깔고 있는 제노비스의 분석에는 남성우월주의의 영향이 있긴
하지만, 그는 아래의 인식을 분명하게 드러낸다.

일반적으로 소모적인 여성우월주의로 평가받아온 것은 사
실 건강한 성평등에 가깝고, 이는 백인이나 심지어는 어쩌
면 남북전쟁 이후의 흑인들보다 더 진일보한 형태였다.[43]

제노비스가 여기서 제기한 가장 매혹적인 주장—그것을
더 발전시키지는 않지만—은 바로 여성이 종종 남성들에게
수모를 안기려는 노예 시스템으로부터 남성들을 방어했다는
것이다. 제노비스는 대부분의 여성, 아마 상당수가 자기 남자
들이 수모를 당할 때마다 자신 역시 같은 신세가 된다는 사실
을 이해했다고 말한다. 나아가,

그들은 자기 아들들이 남자로 성장하기를 바랐고, 그러기
위해서는 이들 앞에 강인한 흑인 남자의 모범이 필요하다는
점을 완벽하게 잘 알았다.[44]

딸들에게 강인한 여성 모델이 필요한 것과 마찬가지로 아들들에게는 강인한 남성 모델이 필요했다.

흑인 여성들이 평등한 억압이라는 끔찍한 짐을 짊어졌고 가정에서도 남성들과 평등한 생활을 누렸다면, 이들은 노예제라는 비인도적인 제도에 맞설 때도 공세적으로 자신의 평등함을 내세웠다. 이들은 백인 남성의 성폭력에 저항했고, 자신의 가정을 보호했고, 조업 중단과 반란에 가담했다. 허버트 앱시커가 자신의 선구적인 저작 『미국 니그로 노예 반란(American Negro Slave Revolts)』에서 지적하듯[45] 여성들은 주인에게 독극물을 먹였고, 다양한 사보타주 행위를 자행했고, 남자들처럼 도망 노예 공동체에 들어갔고, 종종 자유를 찾아 북쪽으로 도망쳤다. 감독관들이 여성에게 가했던 잔혹한 탄압에 대한 숱한 설명에 비추어볼 때 노예로서 자신의 운명을 수동적으로 받아들인 흑인 여성은 드물었다.

프레더릭 더글러스(Frederick Douglass)는 어린 시절 노예제의 무자비한 폭력을 엿보게 된 일을 떠올리면서[46] 반항하던 많은 여성들이 매질과 고문을 당했다고 회상한다. 가령 그의 사촌은 감독관의 성폭력에 저항하다가 실패하고 무참하게 구타를 당했다.[47] 에스터 아줌마라고 하는 한 여성은 사랑하는 남자와 관계를 끊으라고 종용하는 주인의 말을 거슬렀다는 이유로 악랄하게 매를 맞았다.[48] 가차없는 처벌에 대한 프레더릭 더글러스의 가장 생생한 묘사 중 하나는 '뻔뻔하게' 행동했다는 이유로 채찍질을 당한 넬리라는 이름의 젊은 여자 노예에 대한 것이다.

그녀가 잠깐 그 짐승을 이기는 듯 보였지만 감독관은 결국 그녀를 완력으로 제압해 나무로 끌고가서 두 팔을 묶었다. 이제 피해자는 그의 무자비한 채찍질 앞에 속수무책이었다. (…) 이 무력한 여인이 참혹한 형벌을 당하며 내뱉는 비명 이 쉰 목으로 저주를 퍼붓는 감독관의 목소리와 혼비백산한 그녀의 아이들이 내지르는 맹렬한 울음소리와 뒤섞였다. 이 가련한 여인이 풀려났을 때 그녀의 등은 피범벅이었다. 그 녀는 채찍질을, 끔찍한 채찍질을 당했지만 기죽지 않고 끝 까지 감독관을 맹렬히 비난하면서 자신이 떠올릴 수 있는 온갖 험한 욕설을 퍼부었다.[49]

더글러스는 이 감독관이 다시 넬리에게 채찍질을 시도했 을지 의문스럽다고 덧붙인다.

수많은 여성들이 해리엇 터브먼(Harriet Tubman)＊처럼 노예제를 피해 북부로 도망쳤다. 많은 이들이 성공했지만, 그 보다 더 많은 이들이 붙잡히기도 했다. 가장 극적인 도주를 시 도한 인물 중 하나는 앤 우드(Ann Wood)라는 이름의 젊은 여 성―10대였을 수 있다―이었다. 앤 우드는 마차 한 대에 무 장한 소년과 소녀 들을 태우고 자유를 향해 달렸다. 이들은 1855년 크리스마스 이브에 출발했고 그 후 노예 추격꾼들과 총격전을 벌였다. 이 중 두 명이 목숨을 잃었지만, 모든 정황

＊ 노예로 태어나 북부로 탈출하여 '지하철도(Underground Railroad)'라 는 노예제 반대 운동가 네트워크 겸 아지트를 만들어 노예 구출 활동을 벌인 인권 운동가이자 노예제 폐지론자.

으로 미루어볼 때 나머지는 북부에 도달했다.[50] 노예제 폐지
론자 사라 그림케(Sarah Grimke)는 앤 우드처럼 저항에 성공
을 거두지는 못한 한 여성의 사례를 설명한다. 이 여성은 사우
스캐롤라이나에 있는 주인의 지배에서 벗어나려고 수차례 시
도하다 워낙 많은 매질을 당해서 "두 상처 사이에 손가락 하
나도 들어가지 못할" 정도였다.[51] 이 여성은 기회만 있으면 플
랜테이션에서 도망치려고 했기 때문에 결국은 무거운 무쇠
목걸이 족쇄가 채워졌다. 그리고 이 목걸이 족쇄를 부숴버릴
것을 대비해서 주인은 여성의 앞니를 식별용으로 뽑아버렸다.
그림케에 따르면 이 여성의 주인들은 자선을 베푸는 기독교
가족으로 알려져 있었음에도,

> 그 고초에 시달리던 노예는 그 가족의 침모(針母)였기 때문
> 에 늘 (가족들) 근처에서 방에 앉아 바느질을 하거나 (…) 다
> 른 집안일을 했다. 찢어져서 피가 흐르는 그녀의 등과 엉망
> 이 된 입, 무거운 무쇠 목걸이 족쇄는 아무런 동정심도 불러
> 일으키지 않는 듯 보였다.[52]

여성들은 기회만 있으면 노예제에 저항했고 거기에 맞서
는 도전을 옹호했다. 허버트 앱시커는 여성들에게 가해지던
부단한 탄압을 감안하면 "니그로 여성이 노예들의 모의를 채
근하는 일이 아주 빈번했던 게 전혀 놀랍지 않다"라고 말했
다.[53]

버지니아, 1812년. "그녀는 자신이 지금 있는 곳보다는 차라리 지옥이 더 낫기 때문에 봉기를 언제 해도 이르지 않다고 말했다." 미시시피, 1835년. "그녀는 하나님에게 다 끝내달라고, 자신은 하얀 사람들을 시중드는 게 이골이 난다고 기도했다." (…)

어쩌면 이제는 도망 노예였던 마거릿 가너(Margaret Garner)를 더 잘 이해할 수 있을지 모르겠다. 신시내티 인근에서 붙잡힌 가너는 자기 딸을 죽이고 자신 역시 목숨을 끊으려고 했다. 가너는 딸의 죽음을 크게 기뻐했고—"이제 그 애는 여자가 노예로서 겪게 되는 고초를 절대 알지 못하겠구나."—살인으로 재판을 받게 해달라고 애원했다. "노예제로 돌아가느니 노래를 흥얼거리며 교수대로 향하겠어요."[54]

도망 노예들과 그 후손들로 이루어진 도망 노예 공동체는 일찍이 1642년에도, 느지막이 1864년에도 남부 전역에서 발견할 수 있었다. 이 공동체들은 "인근 플랜테이션을 상대로 약탈 원정을 떠나기 위한 기지 역할을 하고 때로는 계획에 따라 진행되는 봉기에 지도자를 파견하기도 하는, 도망 노예들의 안식처"였다.[55] 1816년에는 번영을 구가하던 대규모 공동체가 발견되기도 했다. 남녀노소의 도망 노예 300명이 플로리다의 한 요새를 점거하고 있던 것이다. 이들이 항복을 거부하자 군대가 전투를 개시했고 이 전투는 열흘간 이어지면서 공동체 주민 250여 명의 목숨을 앗아갔다. 여성도 남성과 똑같은 조건에서 맞서 싸웠다.[56] 1827년 앨라배마의 모빌에서 벌어진 또 다른 대치 상황에서도 남성과 여성들이 똑같이, 지역신문들의 보도에 따르면 '스파르타인들처럼' 굴하지 않고 싸웠다.[57]

저항은 봉기나 도망, 사보타주보다 더 미세한 형태를 띨 때도 많았다. 예를 들어 저항 중에는 읽고 쓰는 능력을 은밀하게 습득하기, 그 지식을 다른 이들에게 전달하기 같은 것도 있었다. 루이지애나 나체즈에서는 한 노예 여성이 밤 11시부터 새벽 2시까지 '야학'을 운영하면서 같은 처지의 사람들을 가르쳐 수백 명을 '졸업'시키기도 했다.[58] 이 가운데 많은 수가 자신의 통행증을 직접 작성해서 자유를 향해 떠났음은 의심의 여지가 없다. 알렉스 헤일리(Alex Haley)가 자기 조상들의 삶을 다룬 소설 『뿌리(Roots)』[59]에서 쿤타 킨테의 아내 벨레는 읽고 쓰는 법을 힘들게 독학으로 익힌다. 벨레는 주인의 신문을 몰래 읽으면서 정치 현안을 익혀두고 이 지식을 자매와 형제 노예들에게 전했다.

'지하철도'를 통해 300여 명의 탈출을 도운 안내자 해리엇 터브먼에게 헌사를 바치지 않고서는, 노예제 저항 운동에서 여성들이 했던 역할에 대한 그 어떤 논의도 완벽해지지 못할 것이다.[60] 터브먼의 어린 시절은 대부분의 여자 노예들과 다르지 않은 방식으로 전개되었다. 메릴랜드에서 농장 일꾼으로 일했던 터브먼은 노동을 통해 자신의 여성으로서의 잠재력이 여느 남자들과 똑같다는 점을 깨치게 되었다. 터브먼의 아버지는 터브먼에게 나무를 패고 가로장을 쪼개는 법을 가르쳤고, 이들이 나란히 일하는 동안 아버지는 터브먼이 후에 열아홉 번에 걸쳐 남부를 왕복하는 데 꼭 필요한 것들을 알려주었다. 아버지는 딸에게 숲에서 소리를 내지 않고 걷는 법, 식물과 뿌리와 허브 사이에서 음식과 약재를 찾는 법을 가르쳤다. 터브먼이 단 한 번도 패배의 쓴맛을 보지 않은 것은 분명 아버지의 가르침 덕이 컸다. 남북전쟁이 진행되는 내내 해리엇 터브먼은 노예제에 대한 굴하지 않는 저항을 이어갔다. 오늘날까지 터브먼은 미국에서 전시에 군대를 이끌어본 유일한 여성이다.

흑인이든 백인이든, 남성이든 여성이든 어떤 기준으로 판단해도 해리엇 터브먼은 기실 비범한 인물이었다. 하지만 또 다른 관점에서 보았을 때 터브먼이 했던 일들은 터브먼과 인종이 같은 다른 많은 여성들이 획득한 강인함과 인내의 정신을 그저 자기 고유의 방식으로 드러낸 것뿐이었다. 이 점은 재차 강조해둘 만하다. 흑인 여성들은 흑인 남성들과 동등한 억압을 받았고, 노예 공동체 안에서 남성들과 사회적으로 동등한 존재였다. 그리고 이들은 남성과 동등한 열정을 품고 노예제에 저항했다. 이는 노예 시스템의 가장 큰 아이러니 중 하나였다. 상상할 수 있는 가장 야만적인 착취에, 성별을 구분하지 않는 착취에 여자들을 굴복시키는 과정에서, 흑인 여성들은 사회적 관계를 통해 평등을 부르짖을 수 있었을 뿐만 아니라, 이를 저항 행위를 통해 표출할 수 있는 토대가 마련된 것이다. 노예 소유주들이 여성들에게 특히 더 야만적인 억압을 가함으로써 이 평등의 사슬을 끊으려 했던 것으로 보아, 이는 노예 소유주들에게 소름 끼치는 깨달음이었음이 분명하다.

다시 한번 말하지만 여성에게 가해진 처벌은 강도 면에서 남성들이 시달린 처벌을 능가했다. 여성은 채찍질과 신체 훼손에 더해서 **강간**까지 당했기 때문이다.

노예제 시기에 진행된 제도화된 강간의 패턴을 백인 남성의 성적 충동의 표현으로 봐서는 곤란하다. 마치 순결한 백인의 여성성이라는 허상이 그것을 잠재울 수 있었으리라는 식으로 말이다. 이런 식의 설명은 지나치게 단순하다. 강간은 지배의 무기, 억압의 무기였고, 그 내밀한 목표는 노예 여성의 저항 의지를 억누르고, 그 과정에서 노예 남성들의 사기를 꺾는 것이었다. 베트남전 기간에 관찰된 이런 유의 강간의 역할은 노예제에도 마찬가지로 적용될 수 있다. "베트남에서 미군은 강간을 '사회적으로 용인 가능한 행위'로 만들었다. 실제로 그것은 문서화되지는 않았지만 분명한 정책이었다."[61] 미군들에게 베트남 여성과 소녀를 강간하라고 부추길 때 (그리고 이들은 때로 '페니스로' 여성들을 '수색'하라는 조언을 받기도 했다.[62]) 대대적인 정치적 테러의 무기가 마련되었다. 베트남 여성들이 자민족의 해방투쟁에 영웅적으로 기여했기 때문에 이들에게 특히 딱 맞는 군사적 보복은 강간이었다. 여성들은 남성에게 가해지는 폭력에서 거의 면제되지 않았을 뿐만 아니라, 전쟁은 전적으로 남자들의 일이라는 원칙에 지배당하는 성차별적인 군대에 의해 특별히 테러의 희생양으로 낙점되었다. 한 미군은 이렇게 말했다. "나는 한 여자가 저격수에게 총을 맞는 걸 본 적이 있다. 우리 쪽 저격수 중 하나에게."

우리가 그 여자에게 다가갔더니 그 여자가 물을 달라고 했어요. 중위가 그 여자를 죽이라고 그랬죠. 그래서 그가 여자의 옷을 찢었고, 그들이 여자의 두 가슴을 칼로 찌르고 사지를 벌리고 야전삽을 여자의 질에 박았어요. 그러고나서 그걸 빼내고 나뭇가지를 박고 그 여자를 사살했어요.[63]

강간이 베트남인들에게 자행된 공격 중에서도 여성들을 겁박하고 공포에 사로잡히게 하기 위해 고안된 제도화된 요소였던 것과 마찬가지로, 노예 소유주들은 흑인 여성들의 기를 꺾어놓기 위해 강간이라는 테러를 권장했다. 흑인 여성들이 자신이 강인하다는 깨달음과 강한 저항의 충동을 손에 넣었을 경우—노예 소유주들은 그런 식으로 이유를 갖다 붙였다—야만적인 성폭력은 이 여성들에게 자신이 여성이라는 사실은 본질적이고 어떻게 할 수 없다는 사실을 상기시키곤 했다. 이 시기의 남성우월주의적인 관점에 따르면 여성이 된다는 것은 수동성과 순종, 나약함을 뜻했다.

사실 19세기의 모든 노예 서사에는 노예 여성들이 주인과 감독관의 성폭력 피해자였다는 설명이 들어 있다.

헨리 빕의 주인은 한 노예 소녀를 강제로 자기 아들의 첩으로 만들었다. M. F. 제미슨의 감독관은 예쁜 노예 소녀를 강간했다. 그리고 솔로몬 노스럽의 주인은 '팻시'라고 하는 한 노예를 강제로 자신의 성적 파트너로 삼았다.[64]

강간과 성적 억압이 빈번했다는 노예들의 증언에도 불구하고 성적 학대라는 문제는 노예제에 관한 전통적인 문헌에서는 거의 얼버무려지다시피 했다. 심지어 때로는 노예 여성들이 백인 남성들의 성적 관심을 반기고 부추겼다고 넘겨짚기까지 한다. 그러므로 이들 사이에서 벌어진 일은 성적 착취가 아니라 '잡혼(miscegenation)'이었다는 것이다. 『요단강아흘러라』의 인종 간 성관계를 다룬 장에서 제노비스는 잡혼을 둘러싼 무자비한 금기를 고려하면 강간 문제는 애매해진다고 주장한다. 저자는 "노예 소녀를 상대로 성착취 행위를 벌인 많은 백인 남성들이 결국은 그녀와 그녀가 낳은 아이들을 사랑하게 되었다"라고 말한다.[65] 그러므로 '잡혼의 비극'은,

> 성욕과 성착취에 빠져들었다는 데에 있는 게 아니라, 저속한 시작에서 종종 발전되는 기쁨, 애착, 사랑을 거부해야만 한다는 끔찍한 압력에 있었다.[66]

제노비스의 전반적인 접근법은 가부장주의에 의지한다. 그에 따르면 노예들은 주인의 가부장주의적 태도를 어느 정도 수용했고, 주인들은 가부장주의 때문에 노예들의 인간성에 대한 요청을 인정하지 않을 수 없었다. 하지만 주인들이 보기에 노예들의 인간성은 기껏해야 애들 수준이었기 때문에 제노비스는 당연하게도 잡혼 속에서 그 인간성의 핵심을 발견할 수 있다고 믿었다. 그는 백인 남성들이 자신의 경제적 지위를 이용해서 흑인 여성의 신체에 무제한적으로 접근할 수 있는

한 '기쁨, 애착, 사랑'의 근거는 존재할 수 없다는 점을 이해하지 못했다. 백인 남성은 억압자로서—노예 소유주가 아닌 경우에는 지배의 대리자로서—흑인 여성의 신체에 접근했다. 제노비스는 여러 세대 여성들이 노예제 시기에 자행된 성범죄의 '증거를 보존하기' 위해 했던 시도를 시간순으로 기록한 젊은 흑인 여성 게일 존스(Gayl Jones)의 최신 소설 『코레기도라(Corregidora)』를 읽어보는 게 좋을 것 같다.[67]

E. 프랭클린 프레이저는 자신이 잡혼 속에서 노예제 시기 흑인들의 가장 중요한 문화적 성취를 발견했다고 생각했다.

저택의 주인과 인근 별채에서 지내는 그의 유색인종 여주인은 인류의 연대라는 가장 심오한 감정이 존재하는 가운데 궁극적으로 사회적 의례가 승리했음을 상징한다.[68]

하지만 동시에 프레이저는 절대 싸워보지도 않고 굴복부터 하지는 않았던 숱한 여성들을 완전히 외면하지도 못했다.

흑인 여성들을 확실히 굴복시키기 위해 때로 육체적 강압이 사용됐다는 사실은 역사적 증거가 뒷받침하며 이는 니그로 가족의 전통 속에도 보존되어 있다.[69]

프레이저는 자신의 신체에 상당한 상처를 남긴 몸싸움을 항상 열띤 어조로 설명하던 증조할머니 밑에서 자란 한 여성의 이야기를 인용한다. 여성의 할머니는 유독 한 상처에 대해서만은 고집스럽게 설명해주지 않았고, 질문을 받기만 하면 "백인 남자들은 개만도 못하단다, 아가. 백인 남자들을 멀리 하렴"이라고 말할 뿐이었다. 할머니가 돌아가신 뒤 결국 이 수수께끼가 풀렸다.

> 할머니는 주인의 막내아들 때문에 그 상처를 얻었다. 그 남자애가 18세 정도였을 때 할머니는 그들의 아이이자 나의 할머니인 엘렌을 임신했다.[70]

노예제 폐지 운동에 가담했던 백인 여성들은 흑인 여성에 대한 성폭력에 특히 분노했다. 여성 노예제 반대 협회의 운동가들은 백인 여성들에게 흑인 자매들을 지켜주자고 호소할 때 여자 노예들이 겪는 끔찍한 강간 이야기를 들려주곤 했다. 이 여성들이 노예제 반대 운동에 이루 헤아릴 수 없을 정도로 큰 기여를 하긴 했지만, 노예 여성의 복잡한 상황을 제대로 파악하지 못할 때도 많았다. 흑인 여성들은 기실 여성이었지만, 노예제 시기의 경험들—남자들과 함께 하는 고된 노동, 가정 내에서의 평등, 저항, 매질과 강간—은 이들을 대부분의 백인 여성들과 구분 짓는 어떤 성격상의 특징을 발전시키도록 부채질했다.

노예제 폐지 운동 계열의 문학 중에서 가장 인기 있는 작품은 해리엇 비처 스토(Harriet Beecher Stowe)의 『톰 아저씨의 오두막(Uncle Tom's Cabin)』이었다. 이 책은 엄청나게 많은 사람들 그리고 그 어느 때보다 많은 여성들을 노예제 반대의 기치 아래에 결집시켰다. 에이브러햄 링컨은 스토가 남북전쟁을 촉발시킨 여성이라고 가볍게 언급하기도 했다. 하지만 스토의 책이 막대한 영향력을 구가하긴 했어도 그걸로 노예의 삶을 완전히 왜곡한 실책을 덮을 수는 없다. 작품에 등장하는 핵심적인 여성 인물은 백인 사회에서부터 노예 공동체에 이르기까지 당대의 문화적 프로파간다가 예찬하는 어머니상을 순진하게 옮겨놓은 어설픈 흑인 여성이다. 엘리자는 검은 얼굴을 한 백인 모성의 화신이다. 아니 그보다 흑인의 피가 4분의 1 섞인 흑백혼혈이기 때문에 아주 조금 덜 하얀 얼굴이라고 하는 게 낫겠다.

스토는 자기 소설을 읽는 백인 여성 독자들이 엘리자에게서 자기 자신을 발견하기를 바랐을지도 모른다. 그들은 엘리자의 월등한 기독교적 도덕성을, 굴하지 않는 모성 본능을, 부드러움과 연약함을 숭배할 수도 있었다. 백인 여자라면 마땅히 길러야 한다고 배우는 바로 그런 자질들이기 때문이다. 엘리자가 백인성 때문에 모성의 본보기가 될 수 있듯, 역시 조상들이 주로 백인인 엘리자의 남편 조지는 이 책에 등장하는 다른 어떤 흑인 남성보다도 정통 남성우월주의에서 말하는 '남자'에 가깝다. 가정적이고 묵묵하고 아이 같은 톰 아저씨와는 달리 조지는 야망이 있고 똑똑하고 읽고 쓸 줄 알고 무엇보다 중요하게도 지칠 줄 모르는 열정으로 노예제를 혐오한다. 조지가 이 책의 아주 초반에 캐나다로 도망치기로 결심할 때 보호 속에 태평하게 살던 순수한 하녀 엘리자는 노예제에 대한 남편의 넘쳐흐르는 증오에 몹시 겁을 집어먹는다.

엘리자는 몸을 떨면서 말이 없었다. 그녀는 이제까지 한 번
도 이런 분위기의 남편을 본 적이 없었다. 그리고 그녀의 온
화한 윤리 체계가 이런 열정의 격랑 속에 마치 갈대처럼 휘
는 듯했다.[71]

엘리자는 사실상 노예제의 보편적인 부정의에 무지했다.
엘리자의 여성적인 유순함은 스스로를 노예로서의 운명에, 그
리고 자신의 선하고 친절한 주인 부부의 의지에 투항하게 만
들었다. 엘리자가 자리를 박차고 일어나 싸울 힘을 발견하는
것은 자신의 모성 지위가 위협받을 때뿐이다. 자기 자식이 밑
에 깔리면 자동차를 들 힘을 끌어낼 수 있는 어머니처럼, 엘리
자는 자기 아들이 곧 팔리게 될 거라는 사실을 알게 되자 모성
의 힘이 솟구치는 것을 경험한다. '친절한' 주인 나리가 재정
적 어려움 때문에 어쩔 수 없이 톰 아저씨와 엘리자의 아들인
해리를 팔아야만 하는 상황이 된 것이다. 물론 주인 마님이 동
정심과 모성을 빛내며 애원하는 가운데. 엘리자는 해리를 꼭
붙들고 본능적으로 도망친다. "그 무엇보다 강한 어머니의 사
랑은 끔찍한 위험이 가까이 다가오면 발작에 가까운 광분을
초래하기"[72] 때문이다. 엘리자가 어머니로서 보이는 용기는
가슴 절절하다. 도주 중에 노예 추격꾼들이 턱밑까지 따라오
고 얼음이 녹아 건널 수 없는 강에 도달했을 때 엘리자는 해리
에게 강을 건너라고 채근한다.

하나님이 절박한 자에게만 선물하는 그런 강인함을 가지고

대담해진 것이다. (…) 그녀는 강기슭 옆에서 소용돌이 치는 흐린 물을 훌쩍 뛰어넘어 그 위에 있는 얼음장에 올라섰다. (…) 그녀는 사납게 소리치며 젖 먹던 힘까지 쥐어짜 그다음 얼음으로, 또 그다음 얼음으로 건너뛰었다. 발을 헛디디고, 뛰어오르고, 미끄러지고, 다시 위로 훌쩍 뛰어오르고! 그녀의 신발이 사라지고 스타킹이 벗겨지면서 발을 디딜 때마다 핏자국이 남았지만 그녀는 아무것도 보지 못했고, 아무것도 느끼지 못했다. 꿈인 듯 희미하게 오하이오 쪽이, 그리고 그녀를 도와 그들을 제방 위로 끌어올리려는 한 남자가 눈에 들어오기 전까지는.[73]

엘리자의 멜로드라마적 성취가 개연성이 부족하다는 점은 스토에게 별로 중요하지 않다. 하나님은 상냥한 기독교도 어머니들에게 초인적인 능력을 선사하기 때문이다. 그보다 핵심은 스토가 19세기의 대대적인 모성 숭배를 받아들였기 때문에 노예제에 저항한 흑인 여성들의 실상과 진실을 포착하는 데 처절하게 실패하고 있다는 점이다. 노예 어머니들이 수행한 셀 수 없이 많은 영웅적인 행동들이 기록으로 남아 있다. 이 여성들은 엘리자와는 달리 노예제에 대한 극도의 혐오감을 원동력 삼아 자기 자식들을 지켰다. 이 어머니들의 강인함의 원천은 모성에 부착된 어떤 신비로운 힘이 아니라, 노예로서의 구체적인 경험이었다. 마거릿 가너 같은 일부는 자식들이 노예제라는 야만적인 환경에서 성인으로 커가는 모습을 지켜보느니 차라리 자기 손으로 자식들을 죽일 정도였다. 반면 엘리자는 노예제의 전반적인 비인도성에 대해 지극히 무심하다. 아들이 매매된다는 위협이 없었더라면 아마 엘리자는 주인 부부의 자애로운 감독 아래에서 계속 행복하게 살았을지 모른다.

엘리자 같은 인물들이 실제로 존재했다면 대다수 흑인 여성들 가운데 눈에 띄는 별종이었을 게 분명하다. 이들은 어떤 경우에도 주인의 채찍질을 감내하고 자기 가족을 위해 일하며 이들을 지키고 노예제에 맞서 싸웠던, 구타와 강간을 당하면서도 절대 굴복하지 않았던 모든 여성들의 축적된 경험을 대변하지 못한다. 명목상의 자유를 누리게 된 여자 후손들에게 고된 노동과 인내, 자립의 유산을, 끈기와 저항, 성평등에 대한 굳은 의지를, 요컨대 새로운 여성성의 표준을 제시하는 그런 유산을 남긴 것은 바로 이런 여성들이다.

2장
노예제 반대 운동과 여성 권익의 탄생

노예제 반대 운동의 참된 역사가 기록될 때 여성은 많은 지면을 차지할 것이다. 노예의 대의는 특히 여성의 대의이기도 했으므로.[1]

이 말은 19세기의 여성운동과 아주 긴밀한 관계를 맺다가 '여성 권익남'이라는 비웃음을 샀던 노예 출신의 남성이 한 말이다.[2] 미국에서 선도적인 흑인 노예제 폐지론자였던 프레더릭 더글러스는 당대에 여성해방을 지지한 제일 눈에 띄는 남성이기도 했다. 그는 수많은 논란을 일으킨 여성운동을 뚝심 있게 지지했기 때문에 종종 대중의 조롱을 샀다. 그 시대 대다수 남성들은 자신의 남자다움이 공격받으면 반사적으로 발끈하며 남성성을 싸고 돌았다. 하지만 프레더릭 더글러스는 감탄스러울 정도로 성차별에 반대하는 태도를 취했고, 자신은 '여성 권익남'이라는 꼬리표에서 별 모욕감을 느끼지 못한다고 주장했다. "나는 그런 지적을 받아도 한 번도 수치스러운 적이 없었다고 기쁘게 이야기할 수 있다."[3] 자신을 조롱하는 사람들을 향한 이런 태도는 어쩌면 백인 여성들이 노예제 반대 운동에서 손을 떼게 하려고 이들을 '검둥이 애호가'라고 불렀다는 사실을 알고 거기서 영감을 받았을 가능성이 높다. 그리고 그는 노예제 폐지 운동에는 반드시 여성이 있어야 한다는 사실을 알았다. 수적인 이유도 있었지만 "노예의 대의를 호소하는 데서 여성들이 보이는 효율성" 때문이었다.[4]

어째서 그렇게 많은 여성들이 노예제 반대 운동에 참여했을까? 다른 개혁 운동에는 없는 노예제 폐지 운동의 특별한 무언가가 19세기의 백인 여성들을 사로잡은 걸까? 해리엇 비처 스토 같은 선구적인 여성 노예제 폐지론자들에게 이런 질문을 한다면 아마 여성의 모성 본능이 노예제 반대에 공감하는 **자연적인** 근거를 제공했다고 주장할지 모른다. 최소한 이 입장은 수많은 여성이 노예제 폐지 주장에 화답하게 한 스토의 소설 『톰 아저씨의 오두막』의 함의인 것 같다.[5]

스토가 『톰 아저씨의 오두막』을 출간했을 때는 19세기의 모성 숭배가 전성기를 구가하던 때였다. 언론과 새로운 대중문학, 심지어는 법정에서도 완벽한 여성은 완벽한 어머니였다. 여성의 자리는 집이었고, 당연히 정치 영역은 아니었다. 스토의 소설에서 노예는 대부분 상냥하고, 사랑스럽고, 무방비한, 그리고 가끔은 짓궂은 어린아이처럼 묘사된다. 그래서 스토는 톰 아저씨의 '온화하고 가정적인 심성'이 '그가 속한 인종의 유별난 특징'이라고 말한다.[6] 『톰 아저씨의 오두막』 곳곳에는 흑인, 그리고 여성이 열등한 존재라는 가정이 스며 있다. 대다수 흑인들은 유순하고 가정적이고, 대다수 여성은 어머니이다. 아이러니해 보일 수도 있지만 당대에 가장 인기 있던 노예제 반대 소설은, 노예제와의 전투가 치러지던 정치 영역에서 여성의 배제를 정당화하는 성차별주의적 관념과 노예제를 정당화하는 인종주의적 사고를 고착화시켰다.

『톰 아저씨의 오두막』의 보수적인 내용과 진보적인 호소력 간의 확연한 모순은 저자 개인의 관점에 있는 결함 때문이라기보다는 19세기 여성의 지위에 내재한 모순적인 성질이 반영된 것이었다. 19세기 첫 몇십 년간 산업혁명으로 인해 미국 사회는 근본적인 변화를 겪었다. 이 과정에서 백인 여성들이 살아가는 환경이 크게 바뀌었다. 1830년대에 접어들어 여성의 전통적인 경제활동 가운데 많은 비중이 공장 시스템으로 넘어갔다. 여성들이 낡고 억압적인 일부 작업에서 해방된 것은 사실이다. 하지만 동시에 초기의 산업화는 가정에서 여성이 누리던 위세를, 그러니까 과거에는 **생산적이고** 절대적으로 필수적이던 가사노동에 바탕을 둔 위세를 잠식했다. 그에 따라 여성들의 사회적 지위도 나빠지기 시작했다. 산업자본주의의 이데올로기적 결과로 여성의 열등함이 더 융통성 없는 개념으로 굳어지게 되었다. 실제로 산업화의 영향으로 가정에서의 여성의 의무가 줄어들수록, '여성의 자리는 집'이라는 주장이 더 강경해진 것으로 보인다.[7]

사실 여성의 자리는 언제나 집이었지만, 산업화 이전 시기에는 경제 그 자체가 가정과 그 주변 농토 위주로 꾸려졌다. 남자들이 (종종 아내의 도움을 받아) 땅을 경작하는 동안 여자들은 직물과 옷과 양초와 비누와 사실상 그 외 모든 가내 생필품을 생산했다. 여성의 자리는 실제로 집이었지만, 단순히 여성이 아이를 낳고 양육하거나, 남편의 욕구를 보살피는 사람이었기 때문만은 아니었다. 이들은 가정경제 내의 생산 노동자였고, 이들의 노동은 남성의 노동만큼이나 존중받았다. 그러나 생필품의 제조가 집에서 공장으로 옮겨가면서 여성성 이데올로기가 아내와 어머니를 이상형으로 떠받들기 시작했다. 노동자로서의 여성은 최소한 경제적 평등을 만끽했지만, 아내로서의 여성은 남성의 부속물, 남편의 시종이 될 수밖에 없었다. 어머니로서의 여성은 인간을 보충하기 위한 수동적인 도구로 규정되었다. 백인 주부의 상황은 모순으로 가득했다. 저항이 일어나지 않을 수가 없었다.[8]

격동의 1830년대는 불타오르는 저항의 시기였다. 1830년대 초반에 일어난 냇 터너(Nat Turner)의 반란은, 흑인 남성과 여성은 노예로서 자신들의 운명에 엄청난 불만을 느끼고 그 어느 때보다 강한 저항 의지를 불태우겠노라고 분명하게 선언했다. 냇 터너의 반란이 일어난 해인 1831년에 체계화된 노예제 폐지 운동이 탄생했다. 1830년대 초에는 주로 젊은 여성과 아이들이 일하는 북동부의 섬유공장에서 비상소집과 파업이 일어났다. 같은 시기 즈음 상대적으로 여건이 좋았던 백인 여성들은 교육권과 집 밖에서 일할 권리를 위해 투쟁하기 시작했다.[9]

북부의 백인 여성들—젊은 '여공'뿐만 아니라 중간계급 주부—은 각각이 상대하는 억압을 적나라하게 표현하고자 할 때 노예제 비유를 자주 사용했다. 여건이 좋은 여성들은 결

혼을 일종의 노예제로 규정함으로써 불만스러운 가정생활을
비난하기 시작했다. 노동하는 여성들의 입장에서는 자신이
직장에서 겪는 경제적 억압이 노예제와 대단히 닮아 있었다.
매사추세츠 로웰의 여공들은 1836년 파업에 들어갔을 때 이
런 노래를 부르며 마을에서 행진을 벌였다.

오, 나는 노예가 될 수 없어,
나는 노예가 되지 않을 거야.
오, 나는 자유가 참말로 좋아,
나는 노예가 되지 않을 거야.[10]

노예에 비유한다면 잘사는 중간계급 가정 출신 여성들보
다는 여성 노동자들 쪽이 더 타당했다. 이들은 명목상으로는
자유로웠지만 노동 조건과 낮은 임금이 너무 착취적이어서
절로 노예제와 비교될 정도였다. 하지만 결혼의 억압적 성격
을 드러내고자 할 때 노예제 비유를 가장 그럴싸하게 구사한
것은 경제적 형편이 나쁘지 않은 여성들이었다.[11] 19세기 초
반만 해도 유구한 역사 속에 굳건하게 자리 잡은 결혼 제도가
억압적일 수 있다는 생각은 다소 낯설었다. 초기 페미니스트
들이 일종의 충격효과를 위해 결혼을 흑인들을 괴롭힌 '노예
제'로 묘사한 것은 어찌 보면 당연할 수 있다. 그렇지 않으면
자신들이 저항에 임하는 진지함이 무시당할지 모른다는 두려
움이 있었을 것이기 때문이다. 하지만 이들은 노예제와 결혼
제도를 동일시할 경우 사실 노예제가 결혼보다 더 나쁘지는

않았다는 암시를 줄 수 있다는 점을 간과했던 것 같다. 그럼에도 이 비유의 가장 중요한 함의는 백인 중간계급 여성들이 노예제 하면 채찍과 사슬을 떠올리는 흑인 여성과 남성들에게 어느 정도 친밀감을 느꼈다는 점이었다.

1830년대에는 백인 여성들이—주부든 노동자든—노예제 폐지 운동에 적극적으로 가담했다. 여공들이 얼마 안 되는 월급으로 돈을 보태고 바자회를 열어서 더 많은 기금을 모았다면, 중간계급 여성들은 노예제 반대 운동에서 선동가와 조직가가 되었다.[12] 1833년 필라델피아노예제반대여성협회(Philadelphia Female Anti-Slavery Society)가 미국노예제반대협회(American Anti-Slavery Society)의 창립대회에 이어 탄생했을 때, 충분히 많은 수의 백인 여성들이 흑인들의 대의에 공감을 표출하여 이 두 피억압 집단 간에 유대의 발판이 마련되었다.* 그해 대대적인 공개 행사에서 한 젊은 백인 여성이 여성의 용기와 반인종주의에 대한 투지의 극적인 모델로 부상했다. 교사였던 프루던스 크랜들(Prudence Crandall)은 자기 학교에 흑인 소녀를 받음으로써 코네티컷 캔터베리의 백인 주민들에게 도전장을 내밀었다.[13] 논란 전반의 과정에서 크랜들이 보여준 뚝심 있고 굴하지 않는 태도는, 흑인해방을 위한 기성의 투쟁과 여성 권익을 위한 초기적인 투쟁 사이에 강력한 동맹이 형성될 가능성을 상징했다.

* 최초의 노예제반대여성협회는 매사추세츠 세일럼에서 1832년에 흑인 여성들에 의해 결성되었다.

프루던스 크랜들의 학교에 다니는 백인 소녀들의 부모
는 흑인 학생의 등교에 한 몸처럼 반대 목소리를 높이며 폭넓
은 보이콧 운동을 조직했다. 하지만 크랜들은 이들의 인종주
의적 요구에 굴하지 않았다. 크랜들은 찰스 해리스 부인(크랜
들이 고용한 흑인 여성)의 조언에 따라 흑인 소녀들을 더 많이
모집하고, 필요하면 흑인 전용 학교를 운영하기로 결심했다.
노련한 노예제 폐지 운동가였던 해리스 부인은 노예제 반대
잡지 「리버레이터(Liberator)」에 이 학교 소식을 실은 윌리엄
로이드 개리슨(William Lloyd Garrison)에게 크랜들을 소개
했다. 캔터베리 주민들은 "모든 권리의 제도를 갖춘 나라, 미
국의 정부는 지금 그것을 소유하고 있는 백인에게 속한다"라
고 주장하며 크랜들의 계획에 반대하는 결의안을 통과시키는
방식으로 맞섰다.[14] 여기서 백인은 당연히 말 그대로 백인 **남
성**이라는 의미였다. 프루던스 크랜들이 인종분리라는 자신들
의 규범을 어겼을 뿐만 아니라 **백인 숙녀**의 행동에 관한 전통
적인 태도를 저버렸기 때문이다.

온갖 위협을 당하면서도 프루던스 크랜들은 학교를 열었다.
(⋯) 니그로 학생들이 그녀 옆에 용감히 섰다.

그 뒤 미국 역사상 가장 영웅적인─그리고 동시에 가
장 수치스러운─사건 중 하나가 일어났다. 상점 주인들이
크랜들 양에게 비품 판매를 거부했다. (⋯) 마을 의사는 아
픈 학생들을 돌보려 하지 않았다. 약사들은 약을 주지 않았
다. 이 중에서도 가장 극악무도한 비인간적 행위는 무뢰배

들이 학교 창문을 깨뜨리고, 우물에 분뇨를 투척하고, 건물에 여러 차례 방화를 시도한 것이었다.[15]

이 젊은 퀘이커교도 여성은 일상에서 숨통을 조여오는 위험천만한 상황 속에서 어떻게 비범한 강인함과 경이로운 인내심을 발휘할 수 있었을까? 아마 흑인들의 대의를 열렬히 지지하고 이들과 끈끈한 유대를 쌓았기 때문일 것이다. 크랜들의 학교는 코네티컷 당국이 크랜들에 대한 체포 명령을 내릴 때까지 계속 제 역할을 수행했다.[16] 체포되었을 즈음에 크랜들은 워낙 그 시대에 큰 획을 그어서, 겉으로는 명백히 패배한 상황임에도 승리의 상징으로 떠올랐다.

1833년 코네티컷 캔터베리의 이 사건은 새 시대가 막 시작하려고 할 때 터져 나왔다. 냇 터너의 반란이나, 개리슨의 「리버레이터」 창간, 최초의 전국적인 노예제 반대 조직의 결성 같은 사건들은 맹렬한 사회적 투쟁의 시대에 막이 올랐음을 선언했다. 흑인의 학습권을 흔들림 없이 옹호한 프루던스 크랜들은, 정치의식에 눈을 뜨며 그 산고에 신음하던 백인 여성들에게 극적인 모범, 그 어떤 상상보다도 강렬한 모범이었다. 크랜들의 행동은 백인 여성들이 집단적으로 흑인 자매들과 손을 잡는다면 엄청난 해방의 가능성이 결집할 수 있다는 사실을 명료하게, 그리고 웅변적으로 보여주었다.

남부의 압제자들이 떨게 하자. 북부의 옹호자들이 떨게 하자. 박해받는 흑인의 모든 적들이 떨게 하자. (…) 내가 지금

같은 대의에 온건함을 발휘하지 못하게 종용하라. 나는 신실하다. 나는 얼버무리지 않을 것이다. 변명하지 않을 것이다. 한 치도 물러서지 않을 것이다. **저들이 내 목소리를 듣게 만들 것이다.**[17]

타협을 용납하지 않는 이 선언은 「리버레이터」 창간호의 독자들을 상대로 윌리엄 로이드 개리슨이 쓴 개인적 진술이다. 2년 뒤인 1833년이 되자 이 선구적인 노예제 폐지 운동 잡지는 상당한 수의 독자를 모았는데 주로는 흑인 구독자들이었지만 백인의 수도 늘고 있었다. 프루던스 크랜들을 비롯한 사람들은 이 잡지의 열렬한 지지자였다. 하지만 백인 노동계급 여성들 역시 개리슨의 호전적인 노예제 반대 입장에 선뜻 동의했다. 사실 노예제 반대 운동이 한번 조직되자 여공들은 노예제 폐지의 대의에 과감한 지지를 보냈다. 하지만 노예제 반대 운동에서 가장 눈에 띄는 백인 여성들은 돈을 벌기 위해 일해야 할 필요가 없는 여성들이었다. 이들은 의사, 변호사, 판사, 상인, 공장주를 남편으로 둔 여성, 다시 말해서 중간계급과 신흥 부르주아 여성들이었다.

1833년에는 이런 많은 중간계급 여성들이 아무래도 자기 삶에서 뭔가가 끔찍하게 엉망이 되어버렸음을 깨닫기 시작했던 듯하다. 새로운 산업자본주의 시대를 맞아 이들은 가정 안에서의 경제적 영향력을 상실한 채 '주부'가 되었고, 여성의 사회적 지위는 그만큼 악화되었다. 하지만 이 과정에서 이들은 여가시간을 획득했고, 이 덕분에 사회개혁가가 될 수 있었다. 노예제 폐지 운동의 적극적인 조직자로 나선 것이다. 그리고 노예제 폐지 운동은 이 여성들에게 가정에서 강요된 피억압자 역할에 에둘러서 반기를 들 기회를 선사했다.

1833년에 열린 미국노예제반대협회 창립대회에 초대를 받은 여성은 단 네 명뿐이었다. 게다가 필라델피아에서 열린 이 모임을 조직한 남성들은 이들에게 당신들은 완전한 자격을 갖춘 참가자가 아니라 '청중이자 관중'이라고 쐐기를 박았다.[18] 하지만 이 네 여성 중 한 명이었던 루크리셔 모트 (Lucretia Mott)는 개의치 않고 대회에 모인 남성들을 향해 최소한 두 차례에 걸쳐 당당하게 일장 연설을 늘어놓았다. 개회식에서 모트는 발코니에 놓인 '청중이자 관중' 자리에서 대담하게 일어나 저명한 필라델피아 남성이 참석하지 않았다는 이유로 모임을 연기하려던 움직임에 일침을 놓았다.

올바른 원칙은 사람의 이름보다 강력하다. 우리의 원칙이 올바르다면 어째서 겁쟁이가 되어야 하는가? 어째서 노예의 양도 불가능한 권리를 지킬 용기를 한 번도 가져보지 못한 사람들을 기다려야 하는가?[19]

현직 퀘이커교 성직자였던 루크리셔 모트의 발언에 남성 일색인 청중은 분명 경악했을 것이다. 당시만 해도 여성은 절대 공적인 모임에서 발언하지 않았기 때문이다.[20] 대회 참가자들은 모트에게 갈채를 보내고 모트의 제안에 따라 행사를 진행했지만 모임을 마무리하는 순서에서 모트도, 다른 여성들도 「감정과 목적 선언문(Declaration of Sentiments and Pur-poses)」에 서명을 해달라는 요청을 받지 못했다. 여성의 서명을 드러내놓고 인정하지 않았든, 그냥 여성들에게 서명 요청을 해야 한다는 생각이 남성 지도자들의 머리에 떠오르지 않았든, 남자들은 극도로 근시안적이었다. 이 성차별적인 태도 때문에 이들은 여성이 노예제 반대 운동 속에서 발휘할 수 있는 막대한 잠재력을 제대로 이해하지 못했다. 그 정도로 근시안적이지는 않았던 루크리셔 모트는 남성들의 대회 직후에 필라델피아노예제반대여성협회 창립 모임을 조직했다.[21] 모트는 노예제 반대 운동을 진두지휘하는 공인이 될 운명이었다. 전체적인 용기와, 광분에 휩싸인 인종주의 집단 앞에서도 굴하지 않는 태도로 폭넓게 존경받는 여성이었기 때문이다.

1838년, 퀘이커교도 특유의 수수한 풀 먹인 옷을 입은 이 허약해 보이는 여성은 필라델피아 시장의 묵인하에 펜실베이니아 시청을 방화한, 노예제에 찬성하는 군중과 차분하게 대면했다.[22]

노예제 폐지 운동에 헌신하면서 모트는 다른 위험에도 노출되었다. 필라델피아에 있는 모트의 집이 많은 사람이 드나드는 '지하철도' 역사로 이용되어, 헨리 '박스' 브라운(Henry 'Box' Brown) 같은 유명한 도망 노예들이 북부로 향하는 길에 들르곤 했기 때문이다. 루크리셔 모트는 무장한 마차로 여자 도망 노예를 직접 보조하기도 했다.[23]

루크리셔 모트처럼 정치적 경험이 전무한 다른 많은 백인 여성들이 노예제 폐지 운동에 가담해서 말 그대로 포화의 세례를 받았다. 노예제에 찬성하는 무리가 마리아 채프먼 웨스턴(Maria Chapman Weston)이 의장을 맡아 진행하는 모임에 난입해서 연사인 윌리엄 로이드 개리슨을 질질 끌고 나가 보스턴 거리 여기저기를 돌아다녔다. 보스턴노예제반대여성협회(Boston Female Anti-Slavery Society)의 대표 웨스턴은 이 백인 무리가 아무래도 행사에 참석한 흑인 여성들을 고립시켜서 폭력적으로 공격하려 한다는 사실을 깨닫고, 백인 여성들에게 흑인 여성을 한 명씩 데리고 건물 밖으로 나가라고 요청했다.[24] 보스턴노예제반대여성협회는 루크리셔 모트가 필라델피아협회를 창립하고 난 직후 뉴잉글랜드에 우후죽순으로 생기던 숱한 여성 모임 중 하나였다. 그 뒤 인종주의자 무리에게 공격을 당하거나 아니면 다른 방식으로 목숨을 위협받은 여성의 수를 실제로 확인할 수 있다면 그 수는 경악스러울 정도로 많을 게 틀림없다.

백인 여성들은 노예제 반대 운동에 몸담으면서 인간 억압의 본성에 대해 배우게 되었고 그 과정에서 자기 자신의 예속 상태에 대한 중요한 교훈도 얻게 되었다. 이들은 노예제에 반대할 권리에 목청을 높이는 과정에서 때로는 대놓고, 때로는 암묵적으로 자신들이 정치 영역에서 배제되는 것에 저항했다. 집단적으로 자신들의 불만을 제기하는 법을 아직 알지 못했다 해도, 최소한 억압받는 다른 사람들의 목소리를 대변할 수는 있었던 것이다.

　　노예제 반대 운동은 중간계급 여성들에게 아내와 어머니라는 역할과는 무관한 기준으로 스스로의 가치를 입증할 기회를 선사했다. 이런 의미에서 노예제 폐지 운동은 여성들이 자신의 구체적인 **일**(works)로서 가치를 인정받을 수 있는 보금자리였다. 실제로 노예제 폐지를 위한 전투에서 여성들의 정치 참여가 그만큼 강렬하고 열정적이고 전면적일 수 있었던 것은 이들이 가정생활의 짜릿한 대안을 경험하고 있었기 때문일 수 있다. 여성들은 자신이 겪는 억압과 어느 정도 닮은 데가 있는 억압에 저항하고 있었다. 게다가 이들은 노예제 반대 운동에서 남성우월주의에 맞서는 법을 배웠다. 여성들은 정치 투쟁의 영역에서는, 결혼생활 내부에서는 꿈쩍도 하지 않을 것 같았던 성차별주의에 문제를 제기하고 싸움을 걸 수 있다는 것을 알게 되었다. 그렇다, 백인 여성들은 흑인해방투쟁을 하려면 **여성으로서** 자신의 권리를 열렬히 지켜야 한다는 인식에 눈을 뜨게 된다.

　　여성운동에 관한 엘리너 플렉스너(Eleanor Flexner)의 출중한 연구가 보여주듯, 여성들은 노예제 폐지 운동을 통해 값진 정치적 경험을 축적했고, 그 경험이 없었더라면 10여 년 뒤 여성 권익 운동을 효과적으로 조직할 수 없었을 것이다.[25] 여성들은 모금 기술을 발전시켰고, 문건을 배포하는 법과 회의를 소집하는 법을 배웠고, 일부는 위력적인 대중 연사가 되기도 했다. 무엇보다 중요한 것은 이들이 여성 권익 운동에서 중요한 전략적 무기가 될 탄원서를 효과적으로 활용할 수 있게 된 것이었다. 이들은 노예제에 반대하는 탄원 활동을 하면

서 동시에 여성이 정치활동에 참여할 권리를 부르짖지 않을
수 없었다. 전통적으로 정치활동에서 여성을 배제해온 관행
의 타당성에 공격적으로 문제 제기를 하지 않고서, 달리 어떻
게 정부가 투표권이 없는 여성들의 서명을 받아들이게 만들
수 있겠는가? 그리고 플렉스너의 주장처럼,

> 평범한 주부, 어머니, 딸이 조신함의 경계선을 넘고, 찌푸린
> 얼굴이나 야유나 남자들의 노골적인 명령을 무시하고 (…)
> 자기 인생 최초의 탄원서를 가지고 낯선 거리를 걸어 내려
> 가서 집집마다 문을 두드리며 별로 인기 없는 탄원에 서명
> 을 해달라고 부탁해야 했다. 그녀는 남편이나 남자 형제를
> 동반하지 않고 외출하기만 한 게 아니었다. 여성스럽지 못
> 한 행동에 대한 노골적인 모욕까지는 아니라 해도 적개심을
> 일상적으로 상대했다.[26]

노예제 폐지 운동에 앞장선 선구적인 여성들 중에서도 노
예제 문제를 여성 억압에 가장 일관성 있게 연결시킨 이들은
사우스캐롤라이나 출신의 자매 사라 그림케(Sarah Grimke)
와 앤젤리나 그림케(Angelina Grimke)였다. 소동을 피할 수
없었던 이들의 강연 활동의 초반부터 이들은 여성으로서 노예
제 폐지를 공개적으로 지지할 자신들의 권리를, 그리고 노예
제 반대 입장을 공공연하게 피력할 모든 여성의 권리를 에둘
러 옹호해야 했다.

사우스캐롤라이나의 노예가 있는 가정에서 태어난 그림

케 자매는 이 '기이한 제도'를 격렬하게 혐오하게 되었고, 성인이 되어서 북부로 이주하기로 결심했다. 1836년에 노예제 폐지 운동에 몸담게 된 이들은 뉴잉글랜드에서 자신들의 삶과 노예제의 이루 말할 수 없는 사악함과의 일상적인 조우에 대해 강연을 하기 시작했다. 이런 강연 모임의 후원자는 노예제반대여성협회들이었지만 갈수록 많은 남성들이 참여하기 시작했다. "신사들이 그들의 웅변 능력과 힘에 대한 이야기를 듣고 얼마 안 가 뒷자리에 소심하게 슬그머니 들어와 앉기 시작했다."[27] 이는 전례 없는 모임이었다. 이제까지 그 어떤 여성도 공공 연설은 오로지 남성의 활동이라고 생각하는 남성들의 경멸적인 고함과 불안을 조장하는 야유를 상대하지 않고서 그렇게 정기적으로 혼성의 청중에게 연설을 해본 적이 없기 때문이다.

그림케 자매의 모임에 참석한 남성들은 분명 이 여성들의 경험에서 배움을 얻으려는 의지가 강렬했지만 일부 남성들은 앙심을 품고 자매를 공격했다. 가장 충격적인 공격은 종교 집단의 공격이었다. 1837년 7월 28일, 매사추세츠 조합교회파 목사 의회는 하나님이 정해놓은 여성의 역할을 전복하는 행위에 가담했다는 이유로 자매를 신랄하게 몰아세우는 교서를 발행했다.

여성의 힘은 의존이며, 그것은 하나님이 그녀를 보호하기 위해 선사한 약함을 의식하는 데서 비롯된다.[28]

이 목사들에 따르면 자매의 행동은 "폭넓고 영구적인 명예훼손으로 여성적 성질을 목하 위태롭게 하는 위험"을 만들어냈다.[29] 게다가,

> 우리는 종교의 대의를 증진하고자 하는 여성들의 나직한 기도를 높이 평가한다. (…) 하지만 여성이 공공개혁가로서 남성의 자리와 어조를 차지해버릴 때 (…) 하나님이 그녀를 보호하기 위해 선사한 힘을 포기하게 되고, 그녀의 성질은 부자연스러워진다. 격자 울타리에 기대어 자신의 열매를 반쯤 숨기는 데에 그 힘과 아름다움이 있는 포도나무가, 느릅나무의 독립성과 그늘을 만드는 본성을 가지려 한다면 더 이상 열매를 맺지 못하게 될 뿐만 아니라 수치심과 불명예를 뒤집어쓰고 먼지로 스러질 것이다.[30]

매사추세츠 최대의 프로테스탄트 교파가 작성한 이 교서는 지대한 영향을 미쳤다. 만일 목사들이 옳다면 사라와 앤젤리나 그림케는 저지를 수 있는 최악의 죄를 저지르는 것이었다. 하나님의 의지에 도전하고 있었기 때문이다. 결국 그림케 자매가 강연 활동을 중단하겠다는 결정을 할 때까지 이 공격의 메아리는 사그라들 줄 몰랐다.

사라도, 앤젤리나도 처음부터 여성의 사회적 불평등에 문제를 제기하는 데에 관심이 있던 건 아니었다. 그들이 중요하게 생각한 것은 노예제도의 비인도적이고 부도덕한 요체와, 그것을 영속시키기 위해 여성들이 짊어져야 했던 특수한 책

임을 폭로하는 것이었다. 하지만 이들을 상대로 남성우월주의자들의 공격이 개시되자 이들은 여성으로서 스스로를, 그리고 여성 일반의 권리를 방어하지 않는다면 노예해방운동에 영원히 발을 들이지 못하게 되리라는 사실을 깨달았다. 둘 중에 좀 더 위력적인 연설가였던 앤젤리나 그림케는 자신의 연설에서 여성을 향한 이런 공격에 반기를 들었다. 이론에 비범한 재능이 있었던 사라는 '성평등과 여성의 조건'을 주제로 일련의 서한을 작성하기 시작했다.[31]

1838년에 완결된 사라 그림케의 「성평등에 대한 서한 (Letters on the Equality of the Sexes)」에는 미국에서 여성이 저술한, 여성의 지위에 대한 최초의 포괄적인 분석이 담겼다. 여성에 대한 마거릿 풀러(Margaret Fuller)의 유명한 논문이 출간되기 6년 전에 자신의 생각을 기록한 사라는 성불평등이 하나님의 명령이라는 가정을 논박했다. "남성과 여성은 동등하게 창조되었다. 둘 다 도덕적이고 책임감 있는 인간이다."[32] 사라는 사회개혁 운동을 주도하려는 여성들은 부자연스럽다는 목사들의 비난을 직접적으로 논박하면서, "남성에게 타당한 것은 그 무엇이든 여성에게도 타당하다"라고 주장했다.[33]

이 두 출중한 자매의 글쓰기와 강의는 여성 노예제 반대 운동에 적극적으로 가담하는 다른 많은 여성들에게 열렬한 갈채를 받았다. 하지만 노예제 폐지 운동의 일부 지도층 남성들은 여성 권익이라는 주제가 노예제 타파에만 관심 있는 사람들에게 혼란과 소외를 초래할 거라고 주장했다. 앤젤리나의 초기 대응은 여성의 권익과 노예제 폐지의 튼튼한 연결 고리에 대한 자매의 이해를 보여준다.

> 도로에서 걸림돌을 뽑아버리기 전에는 온 힘을 다해 노예제 폐지를 밀어붙일 수 없다. (⋯) 이 문제를 해결하려면 도로를 우회하면 된다고 생각할 수도 있다. (⋯) 그렇지 않다. 우리는 그것을 해결해야 한다. 지금 당장. (⋯) 나의 친애하는 형제들이여, 어째서 당신들은 강연자인 우리를 상대로 성직자들이 감쪽같이 꾸민 계략을 알아보지 못하는가? (⋯) 우리가 올해 공개적으로 발언할 권리를 내려놓고 항복한다면 내년에는 청원을 할 권리를, 그다음 해에는 글을 쓸 권리를 넘겨줘야 한다. 남성의 발밑에서 수치심 때문에 침묵하게 되면 여성은 노예를 위해 무엇을 할 수 있을까?[34]

남성우월주의 이데올로기에 대한 백인 여성들의 대대적인 항의가 조직적으로 표현되기 10년 전, 그림케 자매는 여성들에게 이 사회가 강요한 수동성과 의존이라는 운명에 저항할 것을 촉구했다. 정의와 인간의 권리를 손에 넣기 위한 투쟁에서 마땅한 자리를 차지하기 위해서. 1837년 앤젤리나는 「명목상 노예 자유주의 여성들에게 호소함(Appeal to the Women of the Nominally Free States)」에서 이 지점을 강력하게 주장한다.

> 어느 날 보나파르트가 정치 때문에 분주한 한 프랑스 여성

을 나무랐다. 그러자 그녀는 이렇게 대답했다. "폐하, **여성**이 사형에 처해지는 나라에서, **여성**이 그 이유를 알고자 하는 것은 지극히 당연한 일입니다." 그러므로 자매들이여, 여성을 비하하고 짐승 취급하는 나라에서, 그들 가운데 노출된 개인들이 채찍질에 피투성이가 되고, '니그로 브로커'의 도살장에서 판매되고, 소득이 생기면 강탈당하고, 강제로 남편과 찢어지고, 미덕과 자손을 강탈당하는 나라에서, 바로 그런 나라에서는 여성들이 '그 이유'를 알고자 하는 것은 지극히 당연한 일이다. 특히 피와 이름 없는 공포를 야기하는 이 잔혹 행위가 헌법의 원칙을 거스르며 자행될 때는 말이다. 그러므로 이것은 정치적인 주제이니 여성은 한가하게 팔짱을 끼고, 우리 땅에서 자행되는 '끔찍한 짓'에 눈과 귀를 닫고 있어야 한다는 입장을 우리는 용납하지 않고, 할 수도 없다. 행동해야 할 우리의 의무를 부정하는 것은 행동할 우리의 권리를 과감하게 부정하는 것이고, 우리에게 행동할 권리가 없으면 우리는 '북부의 하얀 노예'라는 말을 들어 마땅할 것이다. 예속된 우리의 동지들처럼 우리는 입을 봉하고 침묵과 절망에 빠져들어야 하기 때문이다.[35]

위 단락은 북부와 남부의 백인 여성들이 노예제의 고통에 신음하는 흑인 여성들과의 특별한 유대를 인정해야 한다는 그림케 자매의 주장 역시 보여준다. 다시 한번 짚자면,

그들은 우리 나라의 여성들이다. 그들은 우리의 자매들이

다. 그리고 여성인 우리가 보기에, 그들에게는 자신들의 슬픔에 공감해주고 자신들의 구출을 위해 힘쓰고 기도해줄 사람들을 갈구할 권리가 있다.[36]

엘리너 플렉스너의 주장처럼 여성 평등의 문제는 그림케 자매에게 '추상적인 정의의 문제'가 아니라 '여성들이 다급한 과업에 합류할 수 있게 만드는 문제'였다.[37] 노예제 폐지는 당대에 가장 절실한 정치적 과제였기 때문에, 이들은 여성에 대한 억압이 노예제의 유지에서 자양분을 얻어 지속된다는 깨달음을 바탕으로 여성들에게 이 투쟁에 참여할 것을 촉구했다. 그림케 자매는 흑인해방투쟁과 여성해방투쟁이 서로 불가분의 관계임을 깊게 인식했기 때문에 한쪽의 투쟁이 다른 한쪽보다 절대적으로 더 중요하다는 이데올로기적 함정에 결코 빠지지 않았다. 이들은 이 두 대의의 관계가 변증법적임을 알고 있었다.

그림케 자매는 노예제 반대 운동에 몸담았던 다른 어떤 여성보다도, 여성 권익 문제를 흑인 문제에 지속적으로 포함시킬 것을 촉구했다. 동시에 이들은 여성은 절대 흑인들과 별개로 자유를 쟁취할 수 없다고 주장했다. 앤젤리나는 1863년 남북전쟁을 지지하는 애국여성대회에서 "나는 니그로와 동일시되고 싶다"라고 말했다. "니그로가 자신의 권리를 얻기 전까지 여성은 결코 여성의 권리를 얻지 못할 것"이기 때문이다.[38] 프루던스 크랜들은 흑인 아이들의 교육권을 지키기 위해 목숨을 걸었다. 크랜들의 태도에 흑인과 여성 공통의 해방의 꿈을 실현하기 위해 두 집단이 힘을 모아 유익하고 강력한 동맹을 맺을 가능성이 들어 있었다면, 사라와 앤젤리나 자매가 제시한 분석은 그 단결의 가능성에 대한 가장 심오하고 감동적인 이론적 표현이었다.

3장
초기 여성 권익 운동에서의 계급과 인종

그날 밤 루크리셔 모트와 엘리자베스 캐디 스탠턴(Elizabeth Cady Stanton)은 팔짱을 끼고 당대의 흥미로운 사건들을 논평하며 위대한 퀸스트리트를 걸어내려가다가, 미국에 돌아가자마자 여성 권익 대회를 개최하기로 뜻을 모았다. 금방 이들이 듣고 온 연설을 했던 남자들 때문에 이 문제에 대해 일정한 교육을 해야 할 필요를 절감하게 되었던 것이다. 그리하여 '자유로운 이들의 땅이자 용감한 이들의 집'에서의 여성해방을 위한 선교활동이 그때 거기서 싹을 틔웠다.[1]

1840년 세계노예제반대대회(World Anti-Slavery Convention) 개막일에 런던에서 이루어진 이 대화에는 미국에서 조직화된 여성운동이 탄생하게 된 이면의 진짜 이야기가 담겨 있다고 종종 거론된다. 이 대화는 이렇게 다소 전설적인 의미를 획득하게 되었다. 그리고 전설 대부분이 그렇듯 이 대화가 구체적으로 드러내는 진실은 보기보다 훨씬 모호하다.

런던대회 참석을 손꼽아 기다리던 미국 여성들은 자신

들이 다수결에 의해 배제되어, "교회에서 성가대석을 가리기 위해 사용하는 것과 유사한 커튼과 차단물 뒤로 밀려난" 것을 알게 되자 당연하게도 상당히 격분했다.[2] 미국노예제반대협회를 공식적으로 대표했던 다른 여성들처럼 루크리셔 모트에게는 화를 내고 분통을 터뜨릴 이유가 더 많았다. 모트는 노예제반대협회 활동에 완전히 평등하게 참여할 여성 활동가의 권리 문제를 둘러싸고 떠들썩하게 벌어진 논쟁에서 막 부상한 상태였던 것이다. 하지만 대략 7년 전까지만 해도 여성에게는 협회 회원 자격조차 주어지지 않았던 점을 생각하면 그다지 새로운 일도 아니었다. 모트가 정말로 런던에서 겪은 일 때문에 여성의 권익을 위해 싸우겠다는 영감을 얻었다 해도—당대의 두 페미니스트 저자의 표현에 따르면 "급진적인 남성 지도자들, 사회불평등에 가장 심혈을 기울이는 자들 (…) 역시 여성을 차별한다는 사실 때문에"[3]—이 영감은 1840년 훨씬 전에 이미 떠올라 있었다.

루크리셔 모트와는 달리 엘리자베스 캐디 스탠턴은 런던 대회가 열렸을 당시 노련한 정치운동가가 아니었다. 스탠턴은 겨우 몇 주 동안 남편과 함께, 자신의 표현에 따르면 '결혼여행'을 하다가[4] 사절로서가 아니라 노예제 폐지 운동 지도자의 아내로서 생애 처음으로 노예제 반대 모임에 참석했다. 스탠턴 부인은 그러므로 노예제 반대 운동에 기여할 여성의 권리를 지키려고 수년간 전투를 벌이며 갈고닦은 관점을 탑재하지 못한, 다소 불리한 상태였다. 스탠턴이 수전 B. 앤서니(Susan B. Anthony)와 공저한 『여성 참정권의 역사(History of Woman Suffrage)』에서 루크리셔 모트와 1840년에 대화를 나누는 동안 "여성해방을 위한 선교활동이 그때 거기서 싹을 틔웠다"라고[5] 적었을 때, 스탠턴의 말은 노예제 폐지 여성 운동가들이 근 10년간 여성으로서의 정치해방을 위해 투쟁하며 축적한 교훈들을 담아내지 못했다.

노예제 폐지 여성 운동가들은 비록 런던대회에서는 패배했지만 과거의 투쟁이 몇 가지 긍정적인 결과를 가져왔음을 알게 되었다. 노예제 반대 운동의 남성 지도자 일부가 여성을 운동에서 배제하려는 움직임에 반대하면서 이들을 지지했던 것이다. 너무 늦게 도착하는 바람에 이 논쟁에 참여하지 못했던 윌리엄 로이드 개리슨—'용감하고 고귀한 개리슨'[6]—은 자신의 지정석에 착석하는 것을 거부하고 열흘에 걸친 대회 기간 내내 '방청석에서 침묵하는 관중'으로 남았다.[7] 엘리자베스 캐디 스탠턴의 설명에 따르면 방청석에서 여성들과 함께한 그 밖의 남성 노예제 폐지론자로는 뉴햄프셔 콩코드의 너새니얼 P. 로저스(Nathaniel P. Rogers)가 유일했다.[8] 스탠턴이 그 사건을 설명하면서 흑인 노예제 폐지론자였던 찰스 레먼드(Charles Remond)를 언급하지 않은 것은 다소 아리송하다. 레먼드가 직접 「리버레이터」에 발표한 기사에서 밝힌 바에 따르면 그 역시 '침묵하는 청중'이었다.[9]

찰스 레먼드는 대회장에 도착하자마자 여성이 대회에서 배제되어 있음을 알고 자기 인생에서 몇 안 되는 큰 실망을 느꼈다고 밝혔다. 레먼드의 여비를 댄 것이 바로 몇몇 여성 모임이었으므로 레먼드는 충분히 심사가 뒤틀릴 만했다.

나는 뱅고어노예제반대여성협회(Bangor Female Anti-Slavery Society), 포틀랜드바느질모임(Portland Sewing Circle), 뉴포트노예제반대여성청소년협회(Newport Young Ladies' Juvenile Anti-Slavery Society)의 친절하고 관대한 회원들에게 거의 전적으로 신세를 져서 이 나라에 방문하는 데에 필요한 도움을 얻었다.[10]

레먼드는 대회장에서 자기 지정석을 거부해야 한다고 느꼈다. 그러지 않을 경우 '그 목적이 가장 칭찬할 만하고 동시에 효율적으로 협력할 줄 아는 세 여성결사체의 영예로운 대표'가 될 수 없었기 때문이다.[11] 그러므로 모든 남성이 스탠턴의 역사적 설명에서 거론된 '편협하기 그지없는 노예제 폐지론자'인 것은 아니었다.[12] 이 가운데 최소한 일부는 남성우월주의의 부정의를 인지하고 이의를 제기하는 법을 알고 있었다.

엘리자베스 캐디 스탠턴은 비록 노예제 폐지 운동에 관심을 가진 지 얼마 안 되긴 했지만 어릴 때부터 성차별주의에 맞서 개인적인 투쟁을 해왔다. 스탠턴은 (부유하고 뻔뻔할 정도로 보수적인 판사였던) 아버지의 격려에 힘입어 여가 활동에서뿐만 아니라 학업에서도 전통을 거부했다. 그리스어와 수학을 공부했고 승마를 배웠는데 당시에는 이 모든 게 일반적으로 여자아이에게는 금지되어 있었다. 스탠턴은 16세 때 고등학교 졸업반에서 유일한 여학생이었다.[13] 어린 스탠턴은 결혼 전에 아버지와 많은 시간을 보냈고 심지어는 아버지의 지도하에 법을 진지하게 공부하기도 했다.

1848년 무렵 스탠턴은 전업주부이자 어머니였다. 뉴욕 세니커폴스에서 남편과 살고 있던 스탠턴은 그 지역에 하인이 너무 부족해서 하인을 고용할 수 없을 때가 많았다. 인생의 절정기를 청소년기에 맞고 나서 내리막길을 걷고 있던 자신의 절망스러운 삶 때문에 스탠턴은 중간계급 백인 여성의 곤경에 특히 민감했다. 엘리자베스 캐디 스탠턴은 8년간 만나지 못했던 루크리셔 모트에게 연락하기로 결심하게 된 과정을 설명하면서, 여성대회를 소집하게 된 여러 동기 중에서 처음으로 자신의 가정 상황을 언급했다.

> 내가 아내, 어머니, 주부, 가족의 건강관리사이자 영적인 안내자로서 여성에게 할당된 몫에 느낀 전반적인 불만 (…) 그리고 대다수 여성의 찌들고 불만스러운 표정은 내게 사회 일반의 잘못을, 특히 여성들이 겪는 잘못을 시정하려면 어떤 적극적인 조치를 취해야 한다는 강한 느낌을 안겼다. 세계노예제반대대회에서의 경험, 여성의 법적 지위에 대해 내가 읽은 모든 것, 그리고 도처에서 눈에 들어오는 억압, 이 모든 것이 내 영혼을 흔들어놓았고, 이제는 많은 개인적 경험에 의해 더 단단해졌다. 마치 모든 요소들이 결탁해서 나를 한 단계 더 밀어 올리기라도 한 것 같았다. 나는 뭘 해야 할지, 어디서 시작해야 할지 알지 못했다. 저항과 의논을 위한 공개 모임이 필요하다는 생각뿐이었다.[14]

엘리자베스 캐디 스탠턴의 삶은 중간계급 여성의 딜레마

를 구성하는 모든 기본 요소를 가장 모순적인 형태로 드러냈
다. 학업에서 우수함을 인정받은 바지런한 노력, 법학도로서
습득한 지식, 자신의 지적 역량을 갈고닦은 그 외 모든 방법들
이 물거품이 되었다. 결혼과 어머니로서의 역할 때문에 스탠
턴은 싱글이었을 때 혼자서 세운 목표를 달성할 수 없었다. 게
다가 스탠턴은 런던대회 이후 몇 년간 노예제 반대 운동에 참
여하면서 억압에 대한 정치적 도전을 조직하는 게 가능하다
는 사실을 배웠다. 세니커폴스에서 열린 최초의 여성 권익 대
회의 참석 요청에 화답할 많은 여성들이 자기 삶에서 이와 유
사한 모순을 의식하고 있었고, 스탠턴과 비슷하게 노예제 반
대 투쟁의 사례를 통해 평등을 위한 투쟁이 가능하다는 것을
알게 되었다.

　　세니커폴스대회를 계획하면서 엘리자베스 캐디 스탠턴
은 공동조직자인 루크리셔 모트에게마저 너무 급진적으로 보
이는 결의안을 제안했다. 모트 부인은 분명 노예제 반대 운동
에서 축적한 경험을 통해 여성들이 한시라도 빨리 정치적 권
력을 행사해야 한다고 생각하게 되기는 했지만 결의안에 여
성참정권을 집어넣는 데에는 반대했다. 이런 움직임은 불합
리하고 터무니없다고 인식되어 결국에는 모임의 중요성마저
깎아낼 수 있다고 생각한 것이다. 스탠턴의 남편 역시 참정
권 문제를 제기하는 데 반대했다. 그리고 만일 스탠턴이 그 결
의안을 제출하겠다는 고집을 꺾지 않으면 마을을 떠나겠다는
공언까지 했다. 이 대회가 여성의 투표권을 요구해야 한다는
데에 동의한 저명한 인물은 프레더릭 더글러스뿐이었다.

세니커폴스 모임이 있기 몇 년 전에 이미 엘리자베스 캐디 스탠턴은 프레더릭 더글러스에게 투표권이 여성에게 확대되어야 한다는 강한 확신을 심어놓았다.

나는 '관습', '의무의 자연스러운 분담', '여성 정치참여의 상스러움', '여성의 영역'이라는 흔해 빠진 소리 같은 피상적인 호소 외에는 그녀의 주장에 맞설 수가 없었다. 그리고 논리적인 면에서 지금보다 전혀 부족함이 없었던 이 똑똑한 여성은 그때 이후로 자신이 자주, 그리고 효과적으로 사용하는 주장들, 그 어떤 남성도 성공적으로 논박하지 못한 그 주장들을 가지고 나의 얄팍한 주장들을 모조리 허물어뜨렸다. 오직 지성만이 정부의 진실하고 합리적인 토대라면, 거기에 걸맞은 지혜와 에너지, 그리고 선함의 최대 근원에서 그 생명과 힘을 끌어내는 정부가 최고의 정부일 것이다.[15]

세니커폴스대회에 참석한 여성과 남성 약 300명 사이에서 유일하게 큰 논란을 불러온 내용은 여성의 선거권 문제였다. 참정권 결의안만이 만장일치의 승인을 받지 못했다. 하지만 어쨌든 이 논란 많은 제안이 제출된 것은 프레더릭 더글러스가 스탠턴의 발의에 기꺼이 재청하고 여성의 투표권을 사수하기 위해 자신의 웅변 능력을 발휘할 의지를 보였기 때문이다.[16]

여성의 권리가 아직 적법한 대의가 아니었고, 여성참정권이 낯설고 인기 없는 요구였던 이 초창기에, 프레더릭 더글러

스는 공개적으로 여성의 정치적 평등을 부르짖었다. 세니커폴
스대회 직후 더글러스는 자신의 신문 「노스스타(North Star)」
에 사설을 게재했다. '여성의 권리(The Rights of Women)'
라는 제목의 그 글은 당시로서는 상당히 급진적이었다.

> 정치적 권리의 측면에서 우리는 남성에게 합당하다고 주장
> 되는 모든 것이 여성에게도 주어져야 정당하다고 생각한다.
> 더 나아가 우리는 남성이 행사하는 것이 당연한 모든 정치
> 적 권리는 여성에게도 마찬가지로 그렇다고 확신한다. 지적
> 이고 책임감 있는 존재로서 남성을 구분 짓는 모든 것이 여
> 성에게도 똑같이 그러하고, 만일 정부가 오직 피통치자들의
> 자유로운 동의를 근거로만 통치된다면 여성의 투표권 행사
> 를 거부할 이유나, 이 땅의 법을 만들고 운용하는 데 손을 보
> 태서는 안 된다고 주장할 이유는 이 세상에 절대 존재할 수
> 없다.[17]

프레더릭 더글러스는 흑인해방운동에 여성 권익 문제를
공식적으로 소개하는 일도 책임졌고, 이는 열렬한 환대를 받
았다. S. 제이 워커(S. Jay Walker)의 지적대로 더글러스는 세
니커폴스대회가 열릴 즈음 오하이오 클리블랜드에서 열린 전
국유색자유인대회(National Convention of Colored Freed-
men)에서 연설을 했다.

그는 대표단을 규정하는 결의안을, "'여성을 포함'하는 것으

로 이해되도록" 수정하는 데 성공했다. "여성의 권리를 세 차례 연호함으로써" 수정안이 가결되었다.[18]

엘리자베스 캐디 스탠턴은 언론들이 대대적으로 목청 높여 조롱하는 가운데서도 꿋꿋하게 세니커폴스대회를 엄호했던 더글러스에게 찬사를 아끼지 않았다.

> 응접실에서, 언론에서, 교단에서 우리를 헐뜯는 대중의 목소리가 너무 드높아서, 대회에 참석해 선언문에 서명했던 숙녀들 대부분이 하나둘 자기 이름과 영향력을 철회하고 박해자 대열에 합류했다. 친구들은 우리를 쌀쌀맞게 대했고 그 과정 전반을 망신스러워했다.[19]

이런 소란은 더글러스를 단념케 하지도, 여성 권익 투쟁의 싹을 잘라내겠다는 목표를 달성하지도 못했다. 응접실, 언론, 교단이 아무리 노력해도 이런 흐름을 역전시킬 수 없었다. 불과 한 달 뒤 또 다른 대회가 뉴욕 로체스터에서 열렸고, 여성 사회자를 세우는 과감한 혁신으로 앞으로 개최될 회의에 선례를 남겼다.[20] 프레더릭 더글러스는 참정권 결의안을 지지하는 주장으로 자매들에 대한 신의를 다시 한번 표출했고, 로체스터에서는 세니커폴스에서보다 훨씬 큰 차이로 결의안이 통과되었다.[21]

여성 권익에 대한 지지는 어떤 식으로도 막을 수 없었다. 여론을 주도하는 집단은 아직 받아들이지 못했지만, 자신의

자유를 위해 투쟁하는 흑인들의 지지 속에서 초기적인 운동
으로서 형체를 갖추기 시작한 여성 평등은 미국의 공적 생활
에서 빼놓을 수 없는 요소로 확고하게 자리 잡았다. 하지만 여
기서 핵심은 무엇일까? 세니커폴스대회에 대한 경멸적인 여
론을 조장했던 참정권 문제를 빼면 여성 평등 문제는 어떻게
정의되었을까? 「감정과 목적 선언문」에 개괄된 불만과 결의
안에 제출된 요구 사항들이 진정으로 미국 여성들의 문제와
요구를 반영했을까?

세니커폴스 선언의 주안점은 결혼 제도와 그것이 여성에
게 가하는 숱한 해로운 영향이었다. 결혼은 여성으로부터 재
산권을 강탈하여 아내가 도덕적으로뿐 아니라 경제적으로 남
편에게 의지하게 만들었다. 아내에게 절대적인 복종을 요구
하는 결혼 제도는 남편에게 아내를 벌할 권리를 부여했고, 거
기다가 별거와 이혼을 다루는 법률은 거의 전적으로 남성우
월주의라는 토대 위에 있었다.[22] 세니커폴스 선언의 주장에
따르면 결혼 제도 내에서 여성의 지위가 열등하다 보니 여성
은 직업에서뿐만 아니라 교육 제도에서도 불평등에 시달렸다.
'벌이가 좋은 일자리'와 '부와 영예로 이어지는 모든 통로 (의
학, 법학, 신학 같은)'가 여성에게는 절대적으로 접근 불가능
한 영역이었다.[23] 선언은 말미에 여성의 '자신감과 자존감'을
앗아가고 정신적, 심리적 의존을 조장하는 문제의 근원들을
열거했다.[24]

세니커폴스 선언은 19세기 중반에 **여성의 권리를 분명하게
자각**했다는 데 더없이 중요한 의미가 있었다. 그것은 부르주

아 및 신흥중간계급 여성에게 모순과 좌절과 터무니없는 억압을 가하는 정치, 사회, 가정, 종교의 상황을 겨냥하여 수년간 엉성하게, 때로는 말없이 전개된 도전들이 누적되어 빚어낸 이론이었다. 하지만 백인 중간계급 여성의 딜레마에 대한 자각으로 철두철미하게 응집된 세니커폴스 선언은 남부와 북부 모두에 있는 흑인 여성들의 처지를 무시했을 뿐 아니라 백인 노동계급 여성의 곤경 역시 거의 외면했다. 그러니까 세니커폴스 선언은 이 문서의 성안자들이 속한 사회계급 밖에 있는 여성들의 상황은 도외시한 채 여성들의 여건을 분석했던 것이다.

하지만 생계를 위해 노동을 했던 여성들, 가령 북동부에서 섬유공장에 다니던 백인 여성들은 어땠을까? 섬유공장이 아직 신흥 산업혁명의 핵심이던 1831년, 산업 노동자의 대다수는 논란의 여지없이 여성이었다. 뉴잉글랜드에 산재한 섬유공장에는 남성 노동자가 18,539명이었던 데 비해 여성 노동자가 38,927명이었다.[25] 개척자 격인 '여공'들은 지방 농가에서 모집되었다. 이윤이 먼저인 공장주들은 공장생활을 매력과 교훈이 넘치는 결혼생활의 전 단계처럼 묘사했다. 매사추세츠 월섬과 로웰의 공장들은 농장의 어린 여성들이 예비 신부학교 비슷한 분위기 속에 여사감의 철저한 감독을 받는 '대리가정'으로 묘사됐다. 하지만 공장생활의 실상은 어땠을까? 하루 12시간, 14시간, 심지어는 16시간에 달하는, 믿을 수 없을 정도로 긴 노동시간과 극악무도한 노동환경, 인간이 감당할 수 없을 정도로 밀도 높은 거주 공간, 그리고,

식사에 허용된 시간이 너무나도 적어서—정오 식사 시간
30분—여자들은 덥고 습한 직조실에서 몇 블록 떨어진 기
숙사로 달려가 하루 중 가장 중요한 식사를 훌훌 털어넣고
나서 혹시라도 늦어서 벌금을 내게 될까 벌벌 떨며 공장으
로 다시 달려갔다. 겨울에는 감히 코트의 단추를 끄를 새도
없이 겉옷도 벗지 못하고 식사를 할 때가 종종 있었다. 겨울
은 폐렴의 계절이었다. 여름에는 상한 음식과 열악한 위생
때문에 이질이 돌았다. 결핵은 계절을 불문하고 이들과 함
께였다.[26]

여공들은 반격했다. 1848년 세니커폴스대회가 열리기 훨
씬 전인 1820년대 말부터 여성 노동자들은 '비상소집(Turn-
outs)'과 파업을 벌이며 여성으로서, 그리고 산업 노동자로서
자신들이 뒤집어쓴 이중의 억압에 기세등등하게 저항했다.
가령 1828년 뉴햄프셔 도버에서는 여공들이 새롭게 만들어진
제약에 반대의사를 극적으로 표출하기 위해 조업을 중단했다.
이들은 "화약을 쏘며 현수막과 깃발을 들고 행진을 벌여서 지
역사회를 충격에 빠뜨렸다".[27]

세니커폴스대회가 열린 1848년 여름에는 공장의 상황
이—처음부터 이상과는 거리가 멀었지만—너무 안 좋아져
서 섬유 노동자 중 뉴잉글랜드 농부의 딸들의 수가 급속도로
줄었다. '양키' 출신의 '양갓집' 여성들은 그들의 아버지, 형제,
남편과 마찬가지로, 미국의 산업 프롤레타리아트를 구성하기
시작한 이주자 여성으로 대체되었다. 이주자 여성들은 토지

를 소유한 집안 출신이었던 앞선 여공들과는 달리 자신들의 노동력 말고는 의지할 게 전혀 없었다. 이들이 저항할 때는 목숨을 부지하기 위한 권리를 위해 싸우는 것이었다. 이들이 워낙 열정적으로 투쟁한 덕에 "1840년대에는 여공들이 미국 노동자들의 호전성을 선도했다".[28]

로웰여성노동개혁협회(Lowell Female Labor Reform Association)는 하루 10시간 노동 캠페인을 펼치면서 1843년과 1844년에 매사추세츠 주 의회에 서명을 제출했다. 의회가 공청회를 여는 데 합의하면서 로웰 여성들은 미국 역사상 처음으로 정부 기관이 노동조건에 대한 실태 조사를 하게 만든 영예를 얻었다.[29] 이는 분명 여성 권익에 우호적인 한 방이었다. 그리고 이는 여성운동이 공식적으로 포문을 열기 4년 전의 일이었다.

백인 여성 노동자들의 투쟁—노동자이자 여성으로서의 존엄을 지키기 위한 불굴의 노력, 여성성이라는 성차별주의 이데올로기에 대한 암묵적, 의식적 도전—으로 판단했을 때 이들은 권리 쟁취를 넘어서서 여성운동의 개척자로 칭송받을 만했다. 하지만 여성 노동자들이 그들 고유의 특수한 방식으로 남성우월주의를 겪었고 이에 맞섰다는 사실을 이해하지 못한 새로운 운동의 주요 개시자들은 이들의 선도적인 역할을 거의 무시했다. 마치 이 지점에 쐐기라도 박듯 역사는 1848년에 시작된 이 운동에 최종적인 아이러니를 선사했다. 세니커폴스대회에 참석한 여성 가운데 70여 년 뒤에 투표권을 실제로 행사할 정도로 오래 살았던 유일한 여성은 샬럿 우

드워드(Charlotte Woodward)라는 이름의 여성 노동자였던 것이다.[30]

샬럿 우드워드가 세니커폴스 선언에 서명하게 된 동기는 더 잘사는 다른 여성들과는 달랐다. 우드워드가 그 대회에 참석했던 건 노동자로서의 지위를 개선하는 방법에 대한 조언을 구하기 위해서였다. 장갑제조공인 우드워드가 하고 있던 노동은 아직 산업화되지 않은 상태였다. 우드워드는 집에서 일하며 가정 내 남성들이 합법적으로 통제하는 임금을 받았다. 자신의 노동조건을 설명하면서 우드워드는 자신을 세니커폴스에 오게 만든 반항심을 아래와 같이 드러냈다.

> 우리 여성들은 침실에 고립된 채로 비밀리에 일을 한다. 돈을 버는 것은 여성이 아닌 남성이며, 남성만이 가족을 부양한다는 이론 위에 온 사회가 세워져 있기 때문이다. (…) 나는 어떤 공동체든 얼마만큼의 여성은 반역의 날개를 퍼덕였다고 믿는다. 미천한 나 자신으로 말할 것 같으면 한 번도 내 것일 수 없었던 비참한 푼돈을 위해 앉아서 장갑을 꿰맸던 그 모든 시간 동안 내 존재의 모든 섬유들이 침묵 속에서나마 반역에 가담했다고 말할 수 있다. 나는 노동하고 싶다. 하지만 내 일을 내가 선택하고 싶고, 내 임금을 내가 받고 싶다. 그것이 내가 태어나면서 내던져진 삶에 저항하는, 내 나름의 반역이었다.[31]

샬럿 우드워드, 그리고 대회에 참석한 다른 몇몇 여성 노

동자들은 진지했다. 이들은 자기 삶의 다른 무엇보다도 여성
의 권익에 진지했다.

대회 마지막 세션에서 루크리셔 모트는 설교단을 전복하
고 **"다양한 사업**, 직업, 상업에 여성이 **남성과 동등하게 참여**할
수 있도록 보장해줄 것"을 요구하는 최종 결의안을 제안했다.
(강조는 저자인 내가 한 것이다.)[32] 단순히 나중에 떠오른 생
각을 덧붙인 걸까? 아니면 샬럿 우드워드와 다른 노동계급 자
매들을 향한 자비의 몸짓이었을까? 아니면 몇 안 되는 여성
노동자 대표단이 원래의 결의안에 자신들의 이해관계를 대
변하는 내용이 빠진 데 저항하는 바람에 노예제 반대 운동가
로 잔뼈가 굵은 루크리셔 모트가 이들을 대신해서 일어설 수
밖에 없었던 걸까? 사라 그림케가 그 자리에 있었더라면 다른
자리에서 말했듯 이런 식으로 주장했을지 모른다.

더 가난한 계급 안에는 노예와 도구로 지내는 데에 넌덜머
리가 난, 자유를 누릴 가치가 있고, 그것을 가치 있게 사용할
강건하고 정직한 심장을 가진 많은 이들이 있다.[33]

세니커폴스대회에서 여성 노동자가 거의 무시해도 될 정
도의 인정을 받았다면, 역시 '태어나면서 내던져진 삶에 저항
한' 또 다른 여성 집단의 권리는 형식적으로라도 언급되지 않
았다.[34] 이들은 남부에서는 노예제에, 북부에서는 인종주의라
고 하는 미심쩍은 자유의 상태에 반기를 들었다. 세니커폴스
대회에 흑인 남성은 최소한 한 명 참석했지만 흑인 여성은 단

한 명도 없었다. 이 대회의 문서에도 흑인 여성은 지나가면서라도 언급되지 않았다. 대회 조직자들이 노예제 폐지 운동에 관여했다는 점에 비추었을 때 노예 여성이 완전히 무시된 것은 수수께끼처럼 보일 수 있다.

하지만 이 문제는 새로운 게 아니었다. 그림케 자매는 앞서 노예제반대여성협회가 흑인 여성의 사정을 무시하고 때로는 노골적으로 인종주의적 편견을 드러낸다며 이미 여러 번 비판한 바 있다. 전국노예제반대여성협회의 창립대회를 준비하는 동안 앤젤리나 그림케는 흑인 여성의 존재감을 형식적인 수준 이상으로 보장하기 위해 주도권을 쥐어야 했다. 이에 앤젤리나는 대회에서 북부의 자유 흑인들을 대상으로 특별 연설을 하자는 제안을 내놓았다. 아무도, 심지어 루크리셔 모트마저도 이 연설을 준비할 생각이 없었기 때문에 앤젤리나의 자매인 사라가 이 연설을 해야 했다.[35] 일찍이 1837년에 그림케 자매는 뉴욕노예제반대여성협회가 흑인 여성들을 활동에 참여시키지 못했다며 비판했다. 앤젤리나는 후회를 담아 이렇게 말했다.

강한 귀족적인 감정 때문에 (…) 그들은 극도로 비효율적이었다. (…) 우리는 우리의 유색인종 자매들 속에서 노예제반대협회를 꾸리고 이들이 백인 친구들을 불러 함께 어우러지게끔 하는 방법을 진지하게 생각해왔다. 이런 식으로 하면 우리는 이 도시의 가장 유능한 백인 여성들이 그들과 어우러지게 할 수 있었다고 생각한다.[36]

앞서 흑인 여성들이 여성의 권익을 위한 투쟁에 이바지했던 것을 감안하면 세니커폴스대회에 흑인 여성이 보이지 않았던 사실은 더욱 확연하게 도드라진다. 이 대회가 있기 10여 년 전 마리아 스튜어트(Maria Stewart)는 공개 연설을 할 자신의 권리를 향한 공격에 "내가 여자가 아니라면 어땠을까요?"라는 단호한 질문으로 응수한 바 있다.[37] 이 흑인 여성은 혼성의 청중에게 연설한 최초의 미국 본토 태생 여성 연사였다.[38] 그리고 1827년 미국 최초의 흑인 신문인 「자유의 신문(Freedom's Journal)」은 여성의 권익을 다룬 한 흑인 여성의 편지를 실었다. 자신을 '마틸다'라고 밝힌 이 여성은 여성 대상 학교교육이 논란을 일으키고 별로 인기가 없는 주제였을 때 흑인 여성을 위한 교육을 요구했다. 마틸다의 편지가 이 뉴욕의 선구적인 신문에 실린 것은 스코틀랜드 태생의 프랜시스 라이트(Frances Wright)가 여성을 위한 동등한 교육을 주제로 연설을 시작하기 한 해 전이었다.

나는 모든 어머니들에게 다가가 푸딩 만드는 법을 알 필요도 있지만 그 이상의 무언가가 필요하다고 말할 것이다. 딸의 마음에 유익한 지식을 차곡차곡 저장하는 것은 그들의 필수적인 의무다. 딸들은 여가 시간을 독서에 할애하여 절대 빼앗길 수 없는 가치 있는 정보를 얻을 수 있어야 한다.[39]

최초의 여성대회가 열리기 훨씬 전부터 중간계급 백인 여성들은 교육권을 얻기 위해 투쟁해왔다. 마틸다의 지적—

이는 코네티컷에서 프루던스 크랜들이 주민들에게 공격받던 학교에 흑인 학생들을 쉽게 모집할 수 있었던 점에서 타당성이 확인되었다—은 백인 여성과 흑인 여성이 교육을 받고자 하는 열망에서 한마음이었음을 보여준다. 안타깝게도 세니커 폴스대회가 진행되는 동안 이 연결 고리는 인정받지 못했다.

1848년의 그 중요한 여름에 일어난 한 사건은 통합된 여성운동—특히 교육에서의 성차별에 맞서는—의 잠재력을 알아보지 못했음을 여실히 드러냈다. 아이러니하게도 여기에는 프레더릭 더글러스의 딸이 연루되었다. 더글러스의 딸은 뉴욕 로체스터의 여자 신학대학에 공식 입학 허가를 받았지만 백인 학생들과 같이 수업을 듣는 것은 정식으로 금지당했다. 이 명령을 내린 교장은 노예제 철폐 운동을 하던 여성이었다! 더글러스와 그의 아내가 이 정책에 항의하자 교장은 반대자가 단 한 명만 있어도 더글러스의 딸을 계속 배제할 수 있다는 생각을 내비치며 백인 학생 한 명 한 명에게 이 사안에 투표할 것을 요구했다. 백인 학생들이 통합수업에 찬성하는 표를 던지자 교장은 학부모들에게 접근했고, 이렇게 만들어낸 반대자 한 명을 더글러스의 딸을 배제할 핑계로 삼았다.[40]

노예제 반대 운동에 가담하는 백인 여성이 북부에서 흑인 소녀에게 인종주의적인 태도를 취할 수 있다는 것은 노예제 반대 운동에 내재한 큰 약점을 보여준다. 운동이 반인종주의 의식을 폭넓게 고취하는 데 실패한 것이다. 그림케 자매 등이 아주 분명하게 비판한 이 심각한 약점은 불행하게도 여성의 권익을 위한 조직적인 운동으로 그대로 이어졌다.

초기 여성 권익 활동가들이 아무리 흑인 자매들의 곤경을 알아차리지 못했더라도, 새로운 여성운동의 메아리는 조직적인 흑인해방투쟁 전체를 관통하며 울려 퍼졌다. 앞서 언급했듯 전국유색자유인대회는 1848년 여성의 평등에 대한 결의안을 통과시켰다.[41] 프레더릭 더글러스의 주도로 클리블랜드에서 이루어진 이 모임은 여성이 남성과 동등하게 대표단으로 선출되어야 한다는 결의를 밝혔다. 그 직후 필라델피아에서 열린 한 흑인대회는 흑인 여성을 초대했을 뿐만 아니라 세니커폴스에서 시작된 새로운 운동을 의식해서 백인 여성들에게도 함께해달라고 요청했다. 루크리셔 모트는 엘리자베스 케디 스탠턴에게 보내는 편지에서 대회에 참석하기로 한 자신의 결정을 이렇게 설명했다.

> 이제 우리는 도시의 유색인종 대회 한중간에 있습니다. 더글러스와 딜러니, 레먼드와 가넷도 있어요. 다들 적극적인 역할을 맡고 있죠. 이들이 여성을, 그리고 백인 여성도 포함시켜서 나는 여성뿐만 아니라 노예의 대의에 대한 관심으로 똑같이 참석해서 약간의 역할을 맡고 있어요. 그래서 어제 비가 쏟아지는 가운데 사라 퓨와 저는 그곳을 거닐었고 오늘도 똑같이 하려고 기대하고 있답니다.[42]

세니커폴스대회 2년 뒤, 최초의 전미여성권익대회가 매사추세츠 우스터에서 개최되었다. 실제로 초대를 받았든 아니면 자기 의지로 참석했든 소저너 트루스(Sojourner Truth)

도 그 자리에 있었다. 트루스가 그 자리에 있었다는 사실, 그리고 이후의 여성 권익 모임에서 트루스가 했던 연설은 흑인 여성들의 새로운 대의에 대한 연대를 상징적으로 보여주었다. 이들은 인종주의적 탄압뿐만 아니라 성차별주의의 지배에서 자유롭고자 했다. "나는 여자가 아닌가요?(Ain't I a Woman?)"[43]—소저너 트루스가 1851년 오하이오 애크런에서 열린 여성대회에서 했던 연설의 후렴—는 19세기 여성운동에서 가장 자주 인용되는 슬로건 중 하나다.

소저너 트루스는 분열을 조장하는 남성들이 쏟아내는 적개심 가득한 야유로부터 애크런의 여성 모임을 혈혈단신으로 구해냈다. 모임에 참석했던 여성 가운데 거친 선동가들의 남성우월주의적 주장에 공세적으로 대거리를 할 줄 아는 사람은 트루스뿐이었다. 거부할 수 없는 카리스마와 강력한 연설능력의 보유자였던 소저너 트루스는 여성의 나약함과 참정권은 양립 불가능하다는 주장을 논박 불가능한 논리로 타파했다. 선동가들의 앞잡이는 여자는 남자의 도움이 없으면 물웅덩이도 못 건너고 마차도 못 타는데 투표권을 바라다니 같잖다고 주장했다. 소저너 트루스는 빨려들 정도로 천진난만하게 자신은 진창 웅덩이를 건너거나 마차에 탈 때 단 한 번도 도움을 받아본 적 없다고 지적했다. "나는 여자가 아닌가요?" '우르릉대는 천둥' 같은 목소리로[44] 트루스는 말했다. "나를 보라고요! 내 팔뚝을 보라고요!" 그러고는 옷소매를 걷어올려 자기 팔뚝의 '엄청난 근력'을 드러내 보였다.[45]

나는 쟁기질을 하고 심고 수확해서 헛간에 모아둬요. 어떤
남자도 나보다 잘하지 못해요! 그럼 나는 여자가 아닌가요?
나는 남자만큼이나 많이 일하고 많이 먹을 수 있어요. 나한
테 주기만 한다면 말이에요. 그리고 똑같이 채찍질도 견딜
수 있죠! 그럼 나는 여자가 아니냐고요? 나는 자식을 열셋
낳았고 걔들이 거의 전부 노예로 팔려가는 걸 봤어요. 내가
어머니로서 비탄으로 울부짖을 때 예수님 말고는 아무도 내
소리를 듣지 못했죠! 그럼 난 여자가 아닌가요?[46]

애크런대회에 참석한 유일한 흑인 여성이었던 소저너 트
루스는 소심한 백인 자매들이 할 수 없는 일을 해냈다. 대회
의장에 따르면 "그 시절에는 감히 '회의 석상에서 발언'을 할
수 있는 여성이 극히 드물었다". 여성의 권익이라는 대의를
강력한 연설로 호소하여, 적개심을 품고 분열을 조장하는 남
자들뿐만 아니라 백인 여성들의 관심 또한 끌어모은 소저너
트루스는 바로 그 자리에서 그날의 영웅으로 갈채를 받았다.
트루스는 '나약한 성'이라는 남자들의 주장에 무참한 패배를
안겼을 뿐만 아니라 예수가 남성이므로 남성우월주의는 기독
교의 원리라는 주장 역시 논파했다.

저기 검은 옷을 입은 작은 남자분, 저분이 예수님은 여자가
아니니까 여자는 남자만큼 권리를 가질 수 없다고 말하는군
요. 그럼 예수님은 어디에서 왔죠?[47]

사회자에 따르면 "우르릉대는 천둥조차도 형형한 눈빛으로 두 팔을 쭉 뻗고 그곳에 서 있는 그녀의 그 깊고 경이로운 어조만큼 군중을 잠잠하게 만들지는 못했을 것이었다".[48]

당신들의 예수님은 어디서 왔나요? 하나님과 한 여자한테서죠! 남자는 그분과 아무런 관계도 없었다고요.[49]

이브가 저지른 흉측한 죄의 경우, 이는 여성의 능력을 부정하는 주장일 수 없었다. 반대로 그것은 엄청난 장점이었다.

하나님이 만드신 최초의 여자가 혼자서 이 세상을 뒤엎을 정도로 힘이 셌다면, 여자들이 함께 모이면 다시 그 세상을 바로 세울 수 있어야 합니다! 그리고 이제 그걸 요구하고 있죠. 남자들은 그 사람들을 내버려두는 게 좋을 거예요.[50]

기세등등하던 남자들은 꿀 먹은 벙어리가 되었지만 여자들은 갑자기 자부심에 가득 찼고 "감사의 마음으로 심장이 고동쳤고", "우리 중 한 명 이상이 줄줄 눈물을 흘렸다".[51] 애크런대회의 사회자였던 프랜시스 데이나 게이지(Frances Dana Gage)는 소저너 트루스의 연설이 미친 파장을 계속해서 이렇게 묘사했다.

그녀는 튼튼한 팔로 우리를 들어올려 난관의 진창 너머로 안전하게 옮겨주었고 모든 흐름이 우리에게 우호적으로 바

꿰었다. 나는 그날의 무뢰배들을 진압하고, 흥분한 사람들의 경멸과 야유를 존경과 감탄의 어조로 뒤바꾼 그 마법 같은 영향력을 인생에서 한 번도 본 적이 없었다.[52]

소저너 트루스의 「나는 여자가 아닌가요?」 연설에는 이보다 더 깊은 함의가 있었다. 이는 나중에야 흑인 자매를 칭송한 바로 그 백인 여성들의 인종주의적 태도에 대한 논평이기도 했기 때문이다. 애크런대회에 참석한 여성들 가운데 적지 않은 수가 처음에는 흑인 여성이 대회에서 발언권을 갖는 데에 반대했고, 여성 권익 신장에 반대하는 사람들은 이런 인종주의를 이용하려 했다. 프랜시스 데이나 게이지에 따르면,

큰 키에 수척한 흑인 여성이 회색 원피스에 흰색 터번을 두르고 그 위에 상스러운 선보닛을 쓴 모습으로 교회를 향해 신중하게 발걸음을 옮겼다. 그녀가 여왕 같은 분위기를 풍기며 복도를 가로질러 설교단 위쪽에 착석하는 모습을 보는 순간 운동 지도자들은 부들부들 떨었다. 반감 섞인 웅성거림이 온 건물을 채웠고, 사람들의 귀에 "그놈의 노예제 폐지!", "그러게 내가 뭐랬어!", "한번 해보라고, 검둥아!" 같은 말들이 내려앉았다.[53]

대회 둘째 날 소저너 트루스가 남성우월주의의 공격에 맞서기 위해 자리에서 일어서자 백인 여성 지도부는 트루스가 발언하지 못하게 게이지를 설득하려고 했다.

"저 여자가 발언하게 놔둬서는 안 돼요!" 여남은 명이 내 뒤에 대고 숨을 헐떡거렸다. 그녀는 앞쪽으로 천천히 엄숙하게 이동했고 낡은 보닛을 발치에 내려놓고 할 말이 있는 듯한 커다란 눈을 내 쪽으로 돌렸다. 위아래에서 마뜩잖음을 참지 못하고 씩씩대는 소리가 들렸다. 나는 자리에서 일어나 "소저너 트루스"라고 선언했고, 청중에게 잠시만 조용히 해 달라고 부탁했다.[54]

오하이오의 여성들에게는, 그리고—소저너 트루스의 연설이 호전적인 투쟁의 정신을 고취한—여성운동 일반에는, 그리고 여전히 트루스의 말에서 영감을 얻는 오늘날의 우리에게는 다행히도, 프랜시스 데이나 게이지는 동지들의 이런 인종주의적인 압력에 굴하지 않았다. 이 흑인 여성이 자리에서 일어나 발언을 했을 때, 남성우월주의자들에 대한 트루스의 대답에는 백인 여성들을 위한 심오한 교훈도 담겨 있었다. 트루스는 네 번에 걸쳐 "나는 여자가 아닌가요?"라는 질문을 반복하면서 새로운 여성운동의 계급 편향과 인종주의를 폭로했다. 모든 여성이 백인은 아니었고, 모든 여성이 중간계급과 부르주아의 물질적 안락을 향유하지도 못했다. 소저너 트루스 자신은 흑인—해방 노예—이었지만 대회에 참석한 백인 자매들 누구와도 다르지 않은 여성이었다. 인종과 경제적 조건이 이들과 다르다고 해서 트루스가 여성임을 부정할 수는 없었다. 그리고 흑인 여성으로서 동등한 권리에 대한 트루스의 주장은 백인 중간계급 여성 누구의 주장 못지않게 타당했다. 2년 뒤에 열린 전국 규모의 여성대회에서 소저너 트루스는 여전히 자신의 발언을 저지하려는 시도에 맞서 싸우고 있었다.

> 유색인종 여자가 일어나서 여러분에게 세상 일과 여성의 권익에 대해 이야기하는 모습을 보고 있으면 야유하고 채찍을 휘두르고 싶은 기분이 든다는 거 압니다. 우린 전부 너무 낮은 곳에 내던져져서 아무도 우리가 다시 일어설 수 있으리라고는 생각하지 못했거든요. 그렇지만 우린 이제 밟힐 만큼 밟혔어요. 우린 다시 일어날 겁니다. 그래서 내가 지금 여기에 있습니다.[55]

1850년대 내내 지방과 전국 단위의 대회들은 점점 더 많은 여성들을 평등 캠페인으로 끌어모았다. 소저너 트루스가 이런 모임에 나타나 피할 수 없는 적개심 속에서도 자리에서 일어나 발언하는 일은 전혀 이례적인 사건이 아니었다. 흑인 자매들─노예 자매와 '해방된' 자매 모두─을 대신해서 트루스는 여성 권익 캠페인에 투지를 불태웠다. 이는 소저너 트루스의 고유한 역사적 기여였다. 백인 여성들이 흑인 여성도 그들 못지않은 여성이라는 사실을 잊기라도 할세라, 트루스의 존재감과 연설은 꾸준히 그 사실을 일깨웠다. 흑인 여성 역시 자신의 권리를 손에 넣을 것이라고.

다른 한편에서는 많은 흑인 여성들이 새롭게 조직된 여성운동과는 다른 방식으로 자유와 평등에 대한 헌신을 표출하고

있었다. 수많은 북부의 흑인 여성들이 '지하철도'에 힘을 보탰
다. 오하이오 뉴레버넌에 살던 제인 루이스(Jane Lewis)는 정
기적으로 배를 저어 오하이오강을 가로질러 숱한 도망 노예를
구해냈다.⁵⁶ 19세기 중반의 열정적인 페미니스트이자 가장 인
기 있는 흑인 시인이었던 프랜시스 E. W. 하퍼(Frances E. W.
Harper)는 노예제 반대 운동의 가장 적극적인 연설가 중 한
명이었다. 남북전쟁 이후에 선구적인 흑인 교육자가 된 샬럿
포튼(Charlotte Forten) 역시 적극적인 노예제 반대 운동가였
다. 잉글랜드, 아일랜드, 스코틀랜드에서 노예제에 반대하는
연설을 했던 세라 레먼드(Sarah Remond)는 여론에 막대한 영
향력을 행사했고, 한 역사가에 따르면 "토리당이 남군 쪽에
개입하지 못하게 막았다".⁵⁷

　도덕적이고 인도주의적인 근거로 노예제에 반대하던 가
장 급진적인 백인 폐지론자들조차도 급성장중인 북부의 자본
주의 역시 억압적인 시스템임을 이해하지 못했다. 이들은 노
예제를 구태의연하게 정의를 거역한, 혐오스럽고 비인도적인
제도로 여겼지만 북부의 백인 노동자들이 누리는 '자유로운'
노동자라는 신분 역시 남부의 노예화된 '노동자'와 전혀 다르
지 않다는 사실을 알아차리지 못했다. 두 집단 모두 경제적 착
취의 피해자였다는 사실을 말이다. 윌리엄 로이드 개리슨처
럼 전투적인 인물도 임금노동자의 조직결성권을 격렬하게 반
대했다. 「리버레이터」 창간호에는 정당을 결성하려는 보스턴
노동자들을 규탄하는 기사가 실렸다.

시도가 있었고 아직도 진행 중이다. 유감스럽게도 우리의 노동계급이 더 부유한 자들에게 반감을 품게 되었다고, 너희는 돈 많은 귀족들에게 혹사와 탄압을 당한다는 설득에 남자들이 넘어갔다고 말해야 할 것 같다. (⋯) 그러므로 우리의 정비공들이 폭력적인 행동을 하도록 자극하거나, 이들을 정당 현수막 아래 도열시키는 짓은 가장 흉측한 범죄인 것이다.[58]

대개 백인 노예제 폐지론자들은 산업자본가들을 옹호하거나 아니면 의식적인 계급 충성심을 전혀 드러내지 않았다. 자본주의 경제체제에 대한 이런 의심 없는 수용은 여성 권익 운동의 프로그램에도 고스란히 드러났다. 대다수 노예제 폐지론자들은 노예제를 제거해야 할 고약한 오점으로 바라보았고, 대다수 여성 권익 운동가들은 남성우월주의를 이와 비슷하게, 그러니까 그것만 없으면 만족스러워질 사회의 비도덕적인 결함으로 바라보았다.

여성 권익 운동의 지도자들은 남부 흑인들의 노예화와, 북부 노동자들에 대한 경제적 착취, 여성에 대한 사회적 억압이 시스템을 통해 연결되어 있을지 모른다는 의심을 하지 않았다. 초기 여성운동에는 백인 노동자에 대한 언급이 거의 없었다. 백인 여성 노동자에 대해서조차도. 많은 여성들이 노예제 폐지 운동을 지지했지만 노예제 반대 의식을 여성 억압에 대한 분석 속에 통합하지는 못했다.

남북전쟁이 발발하자 여성 권익 운동의 지도자들은 에너

지를 북군의 대의를 엄호하는 쪽으로 돌리라는 설득에 넘어
갔다. 하지만 이들은 성평등운동을 유예시키면서 미국 사회
의 토양에 인종주의가 얼마나 깊이 뿌리 박혀 있는지를 배우
게 되었다. 엘리자베스 캐디 스탠턴, 루크리셔 모트, 수전 B.
앤서니는 뉴욕주를 돌아다니며 '즉각적이고 무조건적인 해방'
을 요구하는 북군 지지 연설을 했다.[59]

> 그리고 이들은 버펄로와 올버니 사이의 잠시 머물렀던 모
> 든 도시에서 성난 군중에게 인생에서 가장 거친 대접을 받
> 았다. 시러큐스에서는 칼과 총을 휘두르는 남자들이 강당에
> 난입했다.[60]

이들이 남부가 인종주의를 독점하고 있는 게 아니라는
사실을 사전에 인지하지 못했다 해도, 북군의 대의를 지지하
면서 겪은 일들을 통해 정말로 북부에 인종주의가 있음을, 그
리고 그것이 야만적일 수 있음을 배웠을 것이다.

북부에서 군 징집이 시작되자 주요 도시의 중심지에서
노예제를 지지하는 세력에 의한 대규모 폭동이 일어났다. 이
들은 자유 흑인들을 폭력과 죽음 속에 몰아넣었다. 1863년
7월에는 뉴욕시에서 폭도들이,

> 징집소를 파괴하고, 병기고에 불을 지르고, 「트리뷴(Tri-
> bune)」과 저명한 공화당원들을 공격하고, 니그로 고아원
> 에 방화하고, 전반적으로 도시 전체를 혼란에 빠뜨렸다. 폭

도들은 자신들의 분노를 특히 니그로들에게 쏟아냈고, 눈
에 띄기만 하면 이들을 공격했다. 많은 사람이 살해당했다.
(…) 약 1,000명이 죽고 상해를 입은 것으로 추정된다.[61]

북부 자체가 인종주의에 얼마나 오염되어 있는지 전에는
전혀 파악되지 않았다 해도 1863년 폭도들의 폭력 행위는 흑
인에 대한 적개심이 깊고 넓으며 목숨을 앗아갈 잠재력이 있
음을 보여주었다. 남부가 노예제를 독점했어도 혼자서 인종
주의를 떠받치고 있는 것은 분명 아니었다.

엘리자베스 캐디 스탠턴과 수전 B. 앤서니는 노예를 해
방시켜 이들을 북군으로 징병하면 남북전쟁을 빨리 끝낼 수
있을 것이라며 급진적인 폐지론자들과 의견을 모았다. 이들
은 여성애국연맹(Women's Loyal League)을 소집하여 여성들
을 대대적으로 자신들의 입장에 동조시키고자 했다. 창립 모
임에서 수백 명의 여성들이 노예해방을 요구하는 서명을 돌
려 전쟁에 총력을 기울이는 데 동의했다. 하지만 흑인해방에
여성 권익을 연결하는 수전 B. 앤서니의 결의안에 대한 반응
은 완전히 만장일치는 아니었다.

제안된 결의안은 '아프리카 혈통의 모든 시민과 모든 여
성의 시민권과 정치적 권리'가 실질적으로 자리 잡기 전까지
는 이 공화국에는 진정한 평화가 존재할 수 없다고 밝혔다.[62]
안타깝게도 전후의 전개 상황을 고려했을 때 이 결의안의 동
기는 노예들이 자유의 빛 속으로 나오게 되면 (백인) 여성이
뒤처질지 모른다는 공포였던 것으로 보인다. 하지만 앤젤리

나 그림케는 흑인해방과 여성해방의 통합을 옹호하는 원칙적
인 입장을 제안했다. "나는 니그로와 동일시되고 싶다." 앤젤
리나는 이렇게 주장했다. "니그로가 자신의 권리를 얻기 전까
지 우리는 결코 우리의 권리를 얻지 못할 것이다"라고.[63]

> 나는 이 결의안으로 우리가 니그로와 한 몸이 될 거라는 데
> 기쁨을 감출 수가 없다. 나는 우리가 그들과 함께해왔다고
> 느낀다. 철이 우리 영혼 속으로 들어왔다고. 실로 우리는 노
> 예 소유주의 채찍을 경험하지는 못했다. 우리 손에 족쇄가
> 채워진 적도 없다. 하지만 우리의 **심장**은 산산이 부서졌다.[64]

여성애국연맹의 이 창립대회에서—여기에는 노예제 폐
지 운동과 여성 권익 운동의 중진들이 모두 초대받았다—앤
젤리나 그림케는 이 전쟁을 '우리의 두 번째 혁명'이라고 묘사
하며 가장 발전된 해석을 내놓았다.[65]

> 전쟁은 남부의 그릇된 엄살처럼 인종전쟁이, 분파전쟁이, 정
> 당의 전쟁이 아니라 **원칙**들의 전쟁, 백이든 흑이든 노동계급
> 을 대상으로 한 전쟁입니다. (…) 이 전쟁에서 흑인은 최초
> 의 피해자였고, 어떤 색이든 노동자가 그 두 번째요, 이제는
> 노동의 권리, 자유로운 발언, 자유로운 학교, 자유로운 참정
> 권, 자유로운 정부를 옹호하는 **모두**가 (…) 이것들을 지키기
> 위해 전투를 벌이지 않으면 이들과 함께, 두 세기 동안 흑인
> 들을 전쟁포로로 잡아두었던 것과 동일한 폭력의 피해자로

전락할 상황입니다. 남부가 인간의 권리를 상대로 전쟁을 벌이는 동안 북부는 자유를 돌로 쳐 죽이고 있는 자들의 의복을 들고 그 옆에 서 있었습니다. (…)

이 나라는 생사를 건 싸움을 벌이고 있습니다. 이 나라는 작은 폭군들이 다스리는 하나의 거대한 노예정국가가 되거나, 완전히 자유로운 이들의 땅이 될 것입니다.[66]

앤젤리나 그림케의 눈부신 「우리의 두 번째 혁명의 장병들을 향한 연설(Address to the Soldiers of Our Second Revolution)」은 앤젤리나의 정치의식이 대다수 당대인보다 훨씬 앞서 있었음을 보여주었다. 앤젤리나는 연설에서 노동자, 흑인, 여성을 품어 안는 동맹을 통해 **실현할 수 있는** 급진 이론과 실천을 제안했다. 카를 마르크스의 말처럼 "검은 피부의 노동자가 낙인이 찍혀 있는 한 흰 피부의 노동자는 결코 자유로워질 수 없다"면, 앤젤리나 그림케의 명료한 주장처럼 이 시대의 민주적 투쟁—특히 여성 평등을 위한 투쟁—은 흑인해방투쟁과 손을 잡을 때 가장 효과적으로 치를 수 있을 것이다.

4장
여성참정권 운동 내부의 인종주의

이것은 정치인들이 5년 또는 10년 동안 여전히 골머리를 싸매는 문제일 수도 있겠지만, 흑인 남성은 여전히 정치적 관점에서 이 나라의 학식 있는 백인 여성보다 훨씬 우위에 있다. 이 나라를 대표하는 여성들은 지난 30년간 니그로의 자유를 위해 최선을 다했다. 그리고 니그로가 존재의 위계에서 제일 낮은 곳에 있는 한 우리는 그의 요구를 기꺼이 밀어붙이고자 했다. 하지만 이제, 시민권을 향한 천상의 문이 서서히 열리고 있는 상황에서, 우리가 한쪽으로 비켜서서 '삼보'*가 왕국으로 먼저 들어가는 모습을 지켜보는 게 과연 더 나은 일인가 진지하게 고민하지 않을 수 없다. 자기보존은 첫 번째 자연법칙이다. 램프의 심지를 잘 다듬어서 불길을 유지하다가, 헌법의 문이 열렸을 때 흑인 용사의 튼튼한 팔과 파란 작업복을 이용해서 그 옆으로 걸어 들어간 다음에 문틈을 많이 벌려서, 특권계급이 이 공화국의 제일 초라

* 보통 남자 흑인을 일컫는 멸칭.

한 시민들이 들어오지 못하도록 문을 다시 닫아버리지 못하게 막는 것이 더 현명하지 않을까?

"지금은 니그로의 시간이다."* 니그로가 양도 불가능한 모든 권리 속에 자리를 잡고 나서 우리를 방해하는 또 다른 세력이 되지 않으리라고 자신하는가? '검은 남자 시민들'이 자신은 참정권을 여자에게 확대하는 게 잘하는 짓인지 모르겠다고 말하는 걸 들어본 적이 없는가? 어째서 아프리카인들이 색슨계 동료들보다 더 정의롭고 관대해야 하는가? 남부의 흑인 여성 200만 명이 인간, 재산, 임금과 자녀의 권리를 보장받지 못하면 이들의 해방은 또 다른 형태의 노예제일 뿐이다. 사실 비속한 무지렁이 흑인 남자보다는 학식 있는 백인 남성의 노예로 지내는 게 더 낫다.[1]

1865년 12월 26일 자 「뉴욕스탠더드(New York Standard)」의 편집자에게 도착한 이 편지를 쓴 사람은 엘리자베스 캐디 스탠턴이다. 이 명백한 인종주의적 생각은 흑인해방 투쟁과 여성 권익 투쟁의 관계에 대한 스탠턴의 이해가 아무리 좋게 봐도 피상적이었음을 드러낸다. 스탠턴은 흑인에게 (무려 '삼보'에게) 유리한 진보에서 백인 여성이 즉각적인 이익을 얻지 못하면 그 진보를 가로막을 기세같다.

스탠턴이 「뉴욕스탠더드」에 보낸 편지에서 드러나는 기

---

* 남북전쟁 이후 정통 공화당원들이 흑인들의 표심을 얻고 여성 참정권 요구를 억제하기 위해 내세운 슬로건.

회주의적이고 유감스러울 정도로 인종주의적인 추론은 남북전쟁 발발 전날 이래 열린 최초의 여성 권익 모임에서 이루어진, 흑인의 대의와 여성의 대의를 통합하자는 제안에 진지한 의문을 제기한다. 1866년 5월 뉴욕시에서 열린 이 여성 권익 대회에 참석한 사절들은 흑인 참정권과 여성참정권 투쟁을 단일 캠페인으로 통합하는 평등권협회(Equal Rights Association)를 설립하기로 결의했다. 이 사절 중 많은 이들이 통합의 시급함을 당연히 이해했다. 이 통합은 흑인과 여성 모두에게 서로 이로울 것이기 때문이다. 가령 수전 B. 앤서니는 "우리의 여성 권익의 토대를 확장하고 그것이 항상 그 정신 속에 담고 있던 것, 즉 인권적 기반을 **명목상** 유의미하게 만드는 것"이 필요하다고 주장했다.[2] 하지만 대회의 기록 자료를 보면 인종주의의 영향을 못 보고 넘길 수가 없을 지경이었다. 유명한 노예제 폐지론자 헨리 워드 비처(Henry Ward Beecher)는 모임의 주요 연설에서 미국 본토 태생의 학식 있는 백인 여성은 흑인과 이민자에 비해 참정권을 누릴 자격이 훨씬 크다면서, 흑인과 이민자를 누가 봐도 모욕적으로 묘사했다.

　이 세련되고 교양 있는 위대한 여성 부대가 한쪽에 있고, 다른 한쪽에는 뭉게구름처럼 피어오르는 해방된 아프리카인들, 그리고 그 앞에는 에메랄드섬*에서 온 대대적인 이민자 무리가 있다고 해보자. 우리 정부에는 아프리카인과 아

* 아일랜드.

일랜드인에게 안전한 방식으로 참정권을 줄 만한 충분한 힘이 있는가? 있다. 우리는 그들에게 그것을 줄 것이다. 그런데 우리의 힘은 그 일을 마치고 나면 모두 사그라들지 않을까? 그렇다면 우리는 우리가 문명화되는 데 신세를 진 이들에게서, 우리의 교사들에게서, 동료들에게서, 우리가 어려운 상황에 처했을 때 가장 먼저 조언을 구하러 가는 사람들에게서, 우리 자신에게 소중한 모든 것—아이들의 행복, 가정, 재산, 이름과 평판, 그리고 그보다 더 깊은, 그 어떤 이도 한 명 이상에게는 절대 언급하지 않을 우리의 내면생활 그 자체—을 믿고 맡기는 이들에게서 우리 사회의 가장 말쑥하고 좋은 부분을 빼앗을 것인가? 빼앗고 그들에게 말할 것인가? "아일랜드인이 투표하고 아프리카인이 투표해도 당신들은 어쨌든 투표할 자격이 없다"라고. (…)

나는 말한다. (…) 흑인 남성이 투표하는 것보다 **여성이 투표하는 게 더 중요하다**고.[3]

비처의 말은 인종주의와 계급 편견과 남성우월주의가 이데올로기적으로 깊이 연관되어 있음을 드러낸다. 비처가 칭송하는 백인 여성은 지배적인 성차별주의적 편견의 언어로 묘사되고 있기 때문이다.

1867년 5월에 열린 평등권협회의 제1차 연례회의에서 엘리자베스 캐디 스탠턴은 여성(즉 백인 앵글로색슨 여성)이 참정권을 얻는 일이 흑인 남성이 투표권을 얻는 일보다 훨씬 중요하다는 헨리 워드 비처의 주장을 강력하게 되풀이했다.

흑인 남성이 있어도 정부에는 새로운 요소가 전혀 추가되지 않지만, 여성들의 학식과 품격이 있으면 우리는 색슨 인종을 더 높고 고귀한 삶으로 발전시킬, 그러므로 끌어당김의 법칙에 따라 모든 인종을 성별의 정치적 고립 상태에서 도달할 수 있는 것보다 훨씬 평등한 토대 위로 승격시킬 힘을 갖게 된다.[4]

이 대회의 핵심 사안은 코앞으로 다가온 흑인 남성의 참정권 획득, 그리고 여성 권익 지지자들이 아무리 여성이 투표권을 동시에 획득하지 못한다 해도 흑인 참정권을 기꺼이 지지할지의 여부였다. 해방이 흑인들을 백인 여성과 '동등하게' 만들었으므로 투표권이 주어지면 흑인 남성이 더 우월해진다고 믿는 엘리자베스 캐디 스탠턴과 그 외 여성들은 흑인 남성의 참정권에 절대적으로 반대했다. 하지만 노예제 폐지만으로는 흑인의 경제적 억압이 철폐되지 않고, 그러므로 흑인에게는 정치권력이 특히 긴박하게 필요하다는 사실을 이해한 이들도 있었다. 애비 켈리 포스터(Abby Kelly Foster)는 스탠턴의 논리에 동조하지 않고 이런 질문을 던졌다.

우리가 여성이 정치적 권리를 획득할 때까지 현재의 고충과 미래의 노예 상태에서 벗어난 흑인의 안전을 연기하고자 한다면, 우리에게 진짜 정의감이 있는 건가? 인간애라는 정서가 전혀 없는 게 아닌가?[5]

남북전쟁이 발발하자 엘리자베스 캐디 스탠턴은 페미니스트 동료들에게 전쟁 중에 모든 에너지를 노예제 반대 운동에 쏟자고 촉구했다. 그러고 난 뒤 스탠턴은 여성 권익 지지자들이 스스로를 노예제 철폐론에 종속시키는 전략적 우를 범했다고 주장했다. 스탠턴은 자신의 『회고담(Reminiscences)』에서 '남부 노예들의 권리를 위해 (여성들이) 자신의 권리를 유예했던 6년'을 언급하면서[6] 이들이 애국적인 실천으로 공화당 무리 안에서 크게 칭송을 받았다고 인정했다. 그러나 스탠턴은 이렇게 한탄했다.

> 하지만 노예들이 해방되자, 그리고 이 여성들이 법 앞에서 평등하게 공화국의 시민으로서 재건되어 인정받기를 원하자, 이 모든 탁월한 미덕들이 아침 태양 앞의 이슬처럼 사라졌다.[7]

엘리자베스 캐디 스탠턴에 따르면 여성(그러니까 백인 여성)이 남북전쟁에서 했던 경험에서 도출할 수 있는 교훈은, 여성은 절대 "이류 남자의 노력에 힘을 보태고 그의 성별을 그녀 자신의 성별보다 치켜세워서는" 안 된다는 것이었다.[8]

남북전쟁 종전 이후의 일반적인 상황에 대한 스탠턴의 분석에는 강력한 정치적 순진함이 있었다. 이는 스탠턴이 인종주의 이데올로기에 그 어느 때보다 취약한 상태라는 의미였다. 북부군이 남부연합에게 승리를 거두자마자 스탠턴과 동료들은 공화당이 자신들의 전시 노고에 대해 보상을 해줘야 한다고 주장했다. 이들이 요구한 보상은 여성참정권이었다. 마치 사전에 그런 합의가 있었다는 듯이. 마치 여성 권익 옹호자들이 포상이 투표권이라는 사실을 알고 노예제를 무너뜨리기 위해 싸웠다는 듯이.

물론 공화당은 북부군이 승리를 거머쥐고 난 뒤 여성참정권을 지원하지 않았다. 하지만 이는 그들이 **남성**이라서가 아니라 정치인으로서 당시의 지배적인 경제적 이익에 의존하고 있었기 때문이다. 남북 간의 군사적 경합이 남부의 노예 소유계급을 전복시키는 전쟁이라는 점에서, 이는 기본적으로 북부의 부르주아지, 그러니까 공화당 내에서 자신의 정치적 목소리를 발견한 젊고 열정 가득한 산업자본가들의 이익을 위해 수행된 전쟁이었다. 북부의 자본가들은 국가 전체를 장악할 수 있는 경제적 통제력을 손에 넣고자 했다. 그러므로 남부의 노예정치를 상대로 이들이 벌인 투쟁은 흑인 남성이나 여성의 해방을 인간으로서 지지한다는 의미가 아니었다.

여성 참정권이 남북전쟁 이후 공화당의 의제에 포함되지 않았듯, 이 승리에 도취된 정치인들이 흑인의 천부적인 정치권에 신경을 써야 할 하등의 이유도 없었다. 이들이 남부에서 새로 해방된 흑인 남성에게 투표권을 확대할 필요를 인정했다고 해서 이들이 백인 여성보다 흑인 여성에게 더 호의적이라는 의미는 아니었다. 흑인 남성 참정권—공화당이 제안한 수정헌법 제14조와 제15조에 사용된 표현에 따르면—은 남북전쟁 이후 혼돈 속의 남부에서 공화당의 정치적 헤게모니를 확인하기 위해 고안된 전략적 움직임이었다. 공화당 상원

대표 섬너(Sumner)는 남북전쟁 이후 돌연 태도를 바꾸기 전까지만 해도 여성참정권을 열렬히 지지하던 인물이었다. 그러던 그가 갑자기 투표권을 여성에게 확장하는 것은 '시의적절하지 않은'[9] 요구라고 고집을 세웠다. 다시 말해서 "공화당은 자기 당을 지지하는 흑인의 200만 표를 얻는 일에 그 무엇도 끼어들지 않기를 원했다."[10]

정통 공화당원들이 "지금은 니그로의 시간이다"라는 슬로건을 가지고 남북전쟁 이후 여성참정권 요구를 억눌렀을 때, 사실 그 밑으로 진짜 하고 있던 말은 "지금은 우리 당에 200만 표를 더 끌어들일 때다"였다. 하지만 엘리자베스 캐디 스탠턴과 그 동료들은 그것이 '남자의 시간'이라고, 그리고 공화당은 남성우월주의의 완전한 특혜를 흑인 남성들에게 확대할 준비가 되었다고 믿는 것 같았다. 1867년 평등권대회에 참가한 한 흑인 사절이 엘리자베스 캐디 스탠턴에게 여성에게도 참정권이 주어지지 않는다면 흑인 남성에게 투표권이 확대되는 것을 반대하느냐는 질문을 던지자 스탠턴은 이렇게 대답했다.

> 반대한다고 말하겠어요. 그들이 내 권리를 누린다는 건 믿을 수가 없어요. 그들 자신이 모멸과 억압을 당해봤으니까 우리 색슨 통치자보다 훨씬 더 폭군 행세를 할 거예요.[11]

평등권협회 창설의 근본에 있는 통합의 원칙은 의심의 여지가 없이 훌륭했다. 프레더릭 더글러스가 엘리자베스 캐디 스탠턴(협회 대표로 선출된 루크리셔 모트와 더불어)과 함께 공동 부대표를 역임하는 데 동의했다는 점은 통합을 향한 이 탐색이 얼마나 진지한가를 상징적으로 보여주었다. 그럼에도 불구하고 스탠턴과 일부 동료들은 안타깝게도 협회를 백인 여성 역시 그 수혜자가 되지 못하면, 그리고 수혜자가 되기 전에는 흑인 남성이 참정권을 얻지 못하게 하려는 수단으로 인식했던 것 같다. 평등권협회가—연방선거에서 투표권을 부정당한 **남자** 시민의 수에 맞춰 의회 대표자 수의 할당을 삭감하기로 한—수정헌법 제14조의 통과를 지지하기로 결의했을 때 이 백인 여성들은 깊은 배신감에 몸을 떨었다. 협회가 투표를 통해—시민의 투표권을 부정하기 위한 근거로 인종이나 피부색이나 과거에 노예였다는 사실을 사용하지 못하게 금지하는—수정헌법 제15조를 지지하기로 한 뒤에는 내부 마찰이 더 이상 숨길 수 없는 거친 이데올로기 투쟁으로 분출되었다. 엘리너 플렉스너의 표현에 따르면,

> (스탠턴의) 울분 그리고 앤서니 양의 그 울분은 한도를 몰랐다. 앤서니 양은 "여자가 아니라 니그로의 투표권을 위해 일하거나 그것을 요구하느니 차라리 내 오른팔을 잘라낼 것"이라고 맹세했다. 스탠턴 부인은 '삼보'라는 멸칭을 입에 올렸고, "아프리카인, 중국인, 모든 무지한 외국인들이 우리 해안에 상륙하는 순간" 참정권을 가지게 된다며 개탄했다. 그녀는 남성 참정권에 대한 공화당의 지지가 "특히 남부의 여러 주에서, 자신이 여성이라는 사실에 끔찍한 분노에 시

달리게 될 모든 여성과 흑인 남성 간의 적개심을 조장한다"
라고 경고했다.[12]

수정헌법 제14조와 제15조에 대한 여성 권익 운동 지도
자들의 비난이 정당했는지는 여전히 논쟁 중이다. 하지만 한
가지는 분명한 것 같다. 백인 중간계급 여성으로서의 자기 이
익에 대한 방어—자기중심적이고 엘리트주의적인 방식으로
표출될 때가 많은—는 남북전쟁 이후 흑인 평등 운동과 이들
의 관계가 본질적으로 위태롭고 피상적이었음을 드러냈다.
그렇다고 해도 두 수정안은 새로운 참정권 부여 과정에서 여
성을 배제했고, 그러므로 여성들은 그것이 자신의 정치적 목
표에 해롭다고 받아들였다. 그리고 이들은 자신에게도 흑인
남성만큼이나 참정권을 요구할 강력한 근거가 있다고 생각했
다. 하지만 이들은 백인우월주의의 특권을 소환하는 주장들
로 이런 반대 의견을 표출하면서 자신들이 인종주의의 사악
한 이데올로기적 영향에 얼마나 무방비한지—진보적인 대의
에 몇 년씩이나 몸담았으면서도—를 그대로 노출했다.

엘리자베스 캐디 스탠턴과 수전 B. 앤서니 모두 북군의
승리를 남부 노예정치의 피해자였던 수백만 흑인들의 **진정한**
해방으로 해석했다. 이들은 노예제가 폐지되면 흑인들이 미국
사회 내의 거의 모든 측면에서 중간계급 백인 여성에 필적할
지위로 자동으로 승격된다고 생각했다.

해방의 움직임 그리고 시민권 법안(에 의해) 니그로와 여성

은 이제 동등한 시민의 지위와 정치적 지위를 갖게 되었고, 똑같이 투표권만을 남겨두고 있다.[13]

노예해방을 통해 과거의 노예들이 백인 여성과 동등해진 다는—두 집단 모두 사회적 평등을 달성하려면 똑같이 투표 권만 있으면 된다는—생각은 남북전쟁 이후 흑인들이 새롭 게 쟁취한 '자유'가 얼마나 위태로운지 모르고 하는 소리였다. 노예제의 사슬이 끊어지긴 했어도 흑인들은 여전히 경제적 궁핍에 시달렸고 강도 면에서 노예제와도 비교할 수 없는, 인 종주의자 폭도들의 테러 공격을 상대해야 했다.

프레더릭 더글러스가 생각하기에 노예제 폐지는 명목 상으로만 완수되었다. 남부에 사는 흑인의 일상에는 여전히 노예제의 악취가 진동했다. 그래서 더글러스는 남부 흑인들 이 새로 손에 넣은 '자유로운' 지위를 단단하고 확실하게 굳 힐 수 있는 방법은 하나뿐이라고 주장했다. "흑인 남성들이 투표권을 갖기 전까지 노예제는 철폐되지 않는다"라는 것이 다.[14] 더글러스가 그 특정한 역사적 국면에 여성 투표권 투쟁 보다 흑인 투표권 투쟁을 **전략적** 우위에 놓아야 한다고 주장 한 근거가 바로 이것이었다. 프레더릭 더글러스는 참정권을 노예제 청산을 위한 미완의 과정을 완수할 수 있는 필수불가 결한 무기로 바라보았다. 이 순간만큼은 여성참정권이 흑인 남성의 참정권보다 덜 시급하다는 주장을 펼칠 때 더글러스 는 흑인 남성의 우월성을 엄호한 게 전혀 아니었다. 더글러스 가 남성우월주의 이데올로기의 영향에서 전적으로 자유로웠다고는 결코 말할 수 없고 그의 격정적인 주장에는 종종 유감스러운 점이 있긴 해도, 흑인 남성 참정권이 전략적인 우위에 있다는 더글러스의 주장은 본질적으로 전혀 반여성적이지 않았다.

프레더릭 더글러스는 투표권이 없으면 남부의 흑인들은 경제적 진보를 전혀 이룰 수 없으리라고 주장했다.

> 선거권이 없으면 니그로는 사실상 여전히 노예 상태일 것이다. 개별적인 노예 소유는 철폐되었지만 이 조치 없이(그러니까 투표권 없이) 남부의 주들을 복구한다면 공동체에 의한 흑인 소유 관행이 자리를 잡게 될 것이다.[15]

흑인들에게 특히 투표권이 절박했던 것은 남북전쟁 이후에도 이어지던 경제적 억압을 철폐해야 했기 때문만은 아니었다. 흑인들이 정치적 권력을 쥐지 못하면―과거 노예였던 이들의 노동력에서 이윤을 뽑아내고자 하는 이들이 폭도를 부추겨 자행하는―후안무치한 폭력이 지속될 게 뻔했다. 평등권협회에서 프레더릭 더글러스와 여성참정권 지지자들이 벌인 최초의 논쟁 중에 더글러스는, 흑인 참정권이 우선시되어야 하는 이유는 "우리에게 참정권이 없다는 것은 뉴올리언스를 의미하고, 멤피스를 의미하고, 뉴욕 폭동을 의미하기" 때문이라고 주장했다.[16]

멤피스와 뉴올리언스 폭동은 1866년 5월과 7월에 일어났다. 더글러스와 백인 여성들의 논쟁이 일어나기 1년이 안 되는 시점이었다. 미국 의회의 한 위원회는 멤피스 폭동의 피해자였던, 해방 노예인 흑인 여성에게서 이런 증언을 들었다.

> 그놈들이 내 남편을 죽이는 걸 봤어요. (…) 남편은 아파서 침대에 누운 상태로 머리에 총을 맞았어요. (…) 20명에서 30명 정도 되는 남자들이 집에 왔어요. (…) 그놈들이 남편을 일으켜 세워서 문 밖으로 나갔어요. (…) 그놈들이 남편한테 군대에 갔다 왔냐고 물었어요. (…) 그러더니 한 놈이 한발 물러났고 (…) 남편 머리에 총을 갖다 대고 세 번 쐈어요. (…) 남편이 쓰러졌을 때 몸을 조금 꿈틀거렸고, 그 모습이 다시 집으로 들어가려고 하는 것처럼 보였어요. 그러니까 그놈들이 남편한테 빨리 죽지 않으면 다시 총을 쏘겠다고 말했어요.[17]

멤피스와 뉴올리언스 모두에서 흑인 그리고 일부 급진적인 백인들이 목숨을 잃고 부상을 당했다. 두 학살에서 학교와 교회, 흑인 주거지에 방화한 폭도들은 길을 가다 마주친 흑인 여성들을 개별적으로, 그리고 집단적으로 성폭행했다. 남부에서 벌어진 이 두 차례의 폭동의 전조는 1863년 뉴욕에서 일어난 폭력 사태였다. 북부의 친노예제, 징집 반대 세력들이 부추긴 이 사건으로 1,000명에 달하는 사람들이 목숨을 잃었다.[18]

남부에서 흑인을 상대로 자행되는 광범위한 폭력과 테러를 고려하면 중간계급 백인 여성보다 흑인에게 투표권이 더 절박하다는 주장은 논리적이고 설득력 있었다. 과거 노예였던 이들은 여전히 목숨을 지키기 위한 투쟁에서 헤어나지 못했고, 더글러스가 보기에는 투표권만이 그들의 승리를 보장해줄 것이었다. 반면 엘리자베스 캐디 스탠턴과 수전 B. 앤서니를 통해 그 이해관계가 대변되는 백인 중간계급 여성들은 목숨이 육체적으로 위험한 상황이라고 주장할 수 없었다. 남부에 있는 흑인 남성과 여성 들과 달리 이들은 해방을 위한 전투에 실제 가담하지 않았다. 그리고 사실 남부의 흑인들에게 북군의 승리는 전쟁의 폭력이 완전히 중단되었다는 의미가 아니었다. W. E. B. 듀보이스(W. E. B. DuBois)의 관찰에 따르면,

전쟁을 중단시키기는 항상 어렵고, 내전을 중단시키기는 두 배로 어렵다. 남자들은 오랜 세월 폭력과 살인 훈련을 받았으므로, 어쩔 수 없이 평화 이후에도 민간의 삶에 그 습관이 투영되고, 범죄와 무질서와 소요가 있을 수밖에 없다.[19]

듀보이스에 따르면 내전 이후의 상황을 관찰한 많은 이들이 "남부 사람들이 연방정부에 대한 분노를 유색인종들에게 전가한 것 같다"고 느꼈다.[20]

1866년 앨라배마, 미시시피, 루이지애나에는 이런 말이 있었다. "니그로의 목숨은 거기서는 별 가치가 없다. 난 노새를 타고 가던 니그로가 다리에 총을 맞는 걸 보았다. 악한이 그를 쏘는 것보다 그에게 노새에서 내리라고 하는 게 더 귀찮다고 생각했기 때문이었다."[21]

　　남북전쟁 이후는 남부의 흑인에게는 비상사태였다. 흑인 참정권에 대한 프레더릭 더글러스의 주장의 바탕에는 투표권이 긴급 대응 수단이라는 생각이 있었다. 공화당 내에서 투표권이 갖는 잠재적 힘에 대해 그가 순진했을 수도 있지만, 최소한 그는 흑인 참정권 문제를 정치적 게임처럼 취급하지 않았다. 더글러스에게 투표권은 남부에서 공화당 헤게모니를 보장하기 위한 수단이 아니었다. 기본적으로 그것은 생존 수단이었다. 숱한 자기 인종 사람들의 생존을 보장해주는 수단.

　　남북전쟁 이후 여성 권익 지도자들은 투표권을 목적 그 자체로 보는 경향이 있었다. 이미 1866년에는 아무리 그 동기가 인종주의적이라 해도 여성참정권이라는 대의를 강력하게 밀어붙이기만 하면 누구든 여성운동의 신입 구성원으로 충분히 인정받는 듯했다. 수전 B. 앤서니마저도 백인우월주의자를 자처하는 국회의원이 여성참정권에 지지를 표하는 데서 빤한 모순을 감지하지 못했다. 앤서니는 노예제 찬성 입장을 가진 신문 편집자 출신 국회의원 제임스 브룩스(James Brooks)를 공개적으로 칭찬해서 프레더릭 더글러스를 크게 당황하게 만들었다.[22] 브룩스의 여성참정권 지지는 분명 공화당의 흑인 참정권 지원에 맞서는 전략적 움직임이었음에도 수전 앤서니와 동료들은 브룩스에게 열렬히 찬사를 보냈다.

　　옛 노예 소유계급의 이익을 대변하던 민주당은 남부에서 흑인 남성에게 참정권을 부여하지 않을 방법을 강구했다. 그래서 많은 민주당 지도자들이 공화당의 적수들에게 맞서는 계산된 조치로 여성참정권을 엄호했다. 부정직한 이유로 흑인 남성의 참정권을 공개적으로 지지한 공화당만큼이나 사심 가득한 이유로 여성 평등에 관심을 보인 민주당원들의 좌우명은 '편의주의'였다. 엘리자베스 캐디 스탠턴과 수전 B. 앤서니가 남북전쟁 이후의 정치적 상황을 좀 더 주의 깊게 분석했더라면 여성참정권 운동에 악명 높은 조지 프랜시스 트레인(George Francis Train)을 끼워주는 걸 꺼렸을 것이다. 이 뻔뻔한 민주당 인종주의자의 슬로건은 "여성이 먼저, 니그로가 마지막, 이게 나의 프로그램입니다"[23]였다. 1867년 캔자스캠페인에서 스탠턴과 앤서니와 만났을 때 트레인은 자신과 이 두 여성의 대대적인 연설 투어의 모든 비용을 대겠다고 제안했다. "우리 친구들 대부분은 그게 중대한 실수라고 생각했다"라고 엘리자베스 캐디 스탠턴은 밝혔다.

> 하지만 결과는 그 반대였다. 그리고 트레인 씨는 전성기를 구가했다. 그는 담배도, 껌도, 술도, 폭식도 안 하고, 옷을 차려입고 예의 있게 행동하는 신사였다. 그는 유능한 연설가이자 연기자였다.[24]

스탠턴이 『회고담』에서 인정했듯 조지 프랜시스 트레인은 '나사 빠진 할리퀸에 반미치광이'[25]로 묘사되기도 했다.

> 그는 양식만큼이나 원칙이 없다. (…) 어쩌면 청중을 모으는 데는 쓸모가 있는지 모르지만 캥거루나 고릴라, 하마도 그 정도는 할 것이다.[26]

이것은 윌리엄 로이드 개리슨의 의견이었고 루시 스톤 (Lucy Stone)과 헨리 블랙웰(Henry Blackwell) 같은 인물들도 같은 생각이었다. 하지만 스탠턴과 앤서니는 지원에 목말라 있었고, 트레인이 기꺼이 이들에게 손을 내밀었으므로 이들 은 두 팔 벌려 환영했다. 트레인의 재정적 후원에 힘입어 이들 은—트레인의 고집대로—「레볼루션(Revolution)」이라고 하 는 신문을 만들었다. 이 신문의 모토는—역시 트레인의 고집 대로—"남자, 그들의 권리, 이 이상은 안 돼, 여자, 그들의 권 리, 이 이하는 안 돼"였다.[27]

평등권협회가 1869년 대회를 열었을 때 수정헌법 제 14조—투표권을 남자 시민에게만 무조건적으로 부여한다는 함의를 가진—는 이미 통과된 상태였다. 인종, 피부색, 과거 노예였다는 사실(하지만 성별은 제외되었다!)을 근거로 참정 권을 박탈하지 못하게 하는 수정헌법 제15조는 막 법제화되 기 직전이었다. 대회의 의제 중에는 수정헌법 제15조의 승인 이 있었다. 주도적인 여성참정권 지지자들이 눈에 쌍심지를 켜고 이 입장에 반대했기 때문에 공개적인 분열을 피할 수 없 으리라는 게 확실했다. 사절들이 어쩌면 이것이 협회의 마지 막 모임이 될 수 있다는 사실을 인정했음에도, 프레더릭 더글 러스는 백인 자매들을 향해 마지막으로 호소했다.

여성들이, 그들이 여성이라는 이유만으로 집에서 끌려나와 가로등 기둥에 매달릴 때, 그들의 아이들이 사지가 찢기고 뇌가 보도에 내팽개쳐질 때, 그들이 기회가 있을 때마다 모욕과 분노의 대상이 될 때, 그들의 집이 불에 타서 머리 위로 무너져내릴 위험에 처할 때, 그들의 아이들이 입학을 거부 당할 때, 그때 그들은 투표권 획득에 (동일한) 시급함을 얻 게 될 것이다.[28]

섬세하지 못하고 분란의 소지가 있을 수는 있지만 오해 할 수 없이 선명한 주장이다. 그 생생한 시각이미지는 옛 흑인 노예들이 백인 중간계급 여성의 곤경과는 질적으로 그리고 무 참할 정도로 차이가 있는 억압에 시달렸음을 보여주었다.

프레더릭 더글러스는 평등권협회가 수정헌법 제15조를 지지해야 한다고 주장할 때 자신의 지지자들에게 여성참정권 요구를 완전히 일축하라고 조언하지 않았다. 그가 제출한 결 의안은 "지금까지 선거권이 없었던 모든 계급으로의 참정권 확대를, 우리가 가진 모든 생각의 낙관적인 부분적 승리로서" 열성적으로 비준할 것을 촉구했다.[29] 프레더릭 더글러스는 수 정헌법 제15조의 통과를 "우리가 하려는 요구의 절반의 성 취"[30]이자 "성별 제한 없이 동일하게 신성한 권리를 보장하는 더 나아간 수정안을 얻어낼 우리의 에너지"를 촉진하기 위한 발판으로 바라보았다.[31]

2년 전의 소저너 트루스였다면 프레더릭 더글러스의 입 장에 반대했을 수도 있다. 1867년의 평등권협회 대회에서 트 루스는 **흑인** 여성에게 참정권을 사실상 인정하지 않는다는 이 유로 수정헌법 제14조의 비준을 반대했었다.

유색인종 남성이 권리를 얻는 문제에 대해서는 엄청난 분란
이 있지만 유색인종 여성에 대해서는 말 한마디 없다. 유색
인종 남성만이 권리를 얻고 유색인종 여성들은 얻지 못할
경우, 유색인종 남성이 유색인종 여성의 주인 노릇을 하게
될 것이고, 이는 과거만큼이나 나쁜 상황이 될 것이다.[32]

그러나 1869년 평등권협회의 마지막 회의가 있을 무렵
소저너 트루스는 흑인 남성 참정권에 반대하는 페미니스트들
의 이면에 위험한 인종주의가 있음을 알아차렸다. 더글러스
의 표현을 빌리면 스탠턴과 앤서니 지지자들의 입장은 "여성
에게 참정권이 주어지지 않으면 그 어떤 니그로에게도 참정
권을 줄 수 없다"라는 것이었다.[33] 소저너 트루스가 "참정권
이라는 낚시질로 여자들을 꾀면 분명 흑인 남자를 잡을 수 있
을 것"[34]이라는 주장을 했을 때는 위협적인 인종주의 이데올
로기의 영향에 대해 또다른 심오한 경고를 날린 것이었다.
　수정헌법 제15조의 비준을 위해 단결하자는 프레더릭 더
글러스 호소를 지지한 사람 중에는 프랜시스 E. W. 하퍼도 있
었다. 이 걸출한 흑인 시인이자 선도적인 여성참정권 지지자
는 흑인 남성의 참정권 획득이 자기 인종 전체에 너무나도 중
요해서 이 중차대한 시기에 실패의 위험을 감수할 수 없다고
주장했다. "그게 인종의 문제였을 때 그녀는 성별이라는 더
중대성이 떨어지는 문제를 포기했다."[35] 평등권협회의 마지
막 대회에서 하퍼는 연설을 통해 백인 자매들에게 자기 인종
의 해방투쟁을 지지해달라고 호소했다.

프랜시스 E. W. 하퍼와 소저너 트루스는 단결을 호소한 프레더릭 더글러스에게 설득되지 않은 여성들에게 수적으로 밀렸다. 엘리자베스 캐디 스탠턴과 수전 B. 앤서니는 동료들과 함께 평등권협회의 해산을 성공적으로 밀어붙였다. 그 직후 이들은 전국여성참정권협회(National Woman Suffrage Association)를 결성했다. 평등권협회 안에서 수정헌법 제15조의 비준을 지지했던 루시 스톤과 스톤의 남편은 줄리아 워드 하우(Julia Ward Howe)를 통해 미국여성참정권협회(American Woman Suffrage Association)의 창립자로 합류했다.

평등권협회의 해체로 막강한 힘이 잠재되어 있었지만 현실에서는 보잘것없었던 흑인해방과 여성해방의 동맹이 막을 내렸다. 스탠턴과 앤서니 같은 페미니스트 지도자들에게 공정을 기하려면, 평등권협회에서 과거에 노예제 폐지론자였던 남성들이 항상 성평등 지지자로서 두각을 발휘하지는 못했다는 점을 짚어야 할 것이다. 사실 평등권협회의 일부 남성 지도자들은 완고하게 남성우월주의적 태도를 견지했다. 실제로 흑인 지도자 조지 다우닝(George Downing)은 남성이 여성을 지배하는 것은 무려 신의 의지라고 주장하면서 싸움을 자초했다.[36] 다우닝의 성차별주의가 절대 변명의 여지가 없긴 했지만 엘리자베스 캐디 스탠턴의 인종주의적 반응 역시 정당화할 수 없기는 마찬가지였다.

다우닝 씨가 내게 "유색인종 남성이 여성보다 먼저 참정권을 부여받게 할 용의가 있냐"고 물으면 난 반대한다고 말하

겠어요. 그들이 내 권리를 누린다는 건 믿을 수가 없어요. 그
들 자신이 모멸과 억압을 당해봤으니까 우리 색슨 통치자보
다 훨씬 더 폭군 행세를 할 거예요. 여자들이 계속 남자들에
게 대리당해야 한다면, 그러면 나는 국가의 수뇌부에 오직
가장 고귀한 남자들만 자리하게 해야 한다고 말할 거예요.[37]

평등권협회의 흑인 남성들이 여성 평등 지지자로서 아무
런 오점이 없었다고 할 수는 없다. 그럼에도 다우닝 같은 사람
들의 발언이 흑인 남성은 일반적으로 백인 남성보다 여성에게
더 '폭군' 같으리라는 결론을 뒷받침하지는 않았다. 게다가 흑
인 남성 역시 성차별주의적 태도를 보일 수 있다는 사실은 흑
인해방을 위한 전반적인 투쟁의 진전을 저지할 정당한 근거
가 되기 힘들었다.

프레더릭 더글러스마저도 때로는 여성에 관한 지배적인
편견과 클리셰에 무비판적이었다. 하지만 여성 권익 투쟁 일
반에 대한 중대한 기여를 깎아내릴 수 있을 정도로 더글러스
의 산발적인 성차별주의적 발언이 포악하지는 않았다. 어떤
역사가가 평가를 하더라도 프레더릭 더글러스는 19세기를 통
틀어 여성해방운동에 앞장선 제일 중요한 남성 지지자다. 수
정헌법 제14조와 제15조를 둘러싼 논란에서의 행동으로 어
떤 진지한 비난을 받아야 한다면, 그것은 더글러스가 흑인 남
성 참정권을 지지해서라기보다는 공화당 안에서의 투표권의
힘을 너무 의심 없이 신봉하는 듯한 태도를 보였기 때문이다.

흑인들에게는 투표권이 필요했다. 아무리 지배적인 정치

적 분위기가 (흑인이든 백인이든) 여성이 동시에 참정권을 손에 넣지 못하도록 저지하고 있었다 해도 말이다. 그리고 새로운 흑인 투표권을 토대로 남부에서 급진적인 재건이 이루어진 10년은 옛 노예들에게도 가난한 백인들에도 유례를 찾을 수 없는 진보가 이루어진 시기였다. 하지만 공화당은 기본적으로 남부 흑인들의 혁명적인 요구에 반대하는 입장이었다. 북부의 자본가들이 남부에서 헤게모니를 잡은 뒤—자본가의 이익을 대변하던—공화당은 남부 흑인들의 선거권을 체계적으로 박탈하는 작업에 가담했다. 프레더릭 더글러스는 19세기의 가장 명민한 흑인해방 지지자였음에도 자본가에 대한 공화당의 충성심을, 그리고 이들에겐 흑인 참정권에 대한 초기의 요구만큼이나 인종주의가 쓸모 있다는 사실을 완전히 이해하지 못했다. 평등권협회 내 흑인 참정권을 둘러싼 논란의 진정한 비극은 참정권이 흑인들에게 거의 만병통치약 같은 역할을 하리라는 더글러스의 입장이, 어쩌면 여성참정권에 대한 페미니스트들의 인종주의적 완고함을 부추겼을지 모른다는 점이다.

5장
흑인 여성에게 해방의 의미

"가나안에 저주 있으라!" 히브리 사제들이 외쳤다. "그가 형제의 종들의 종이 되기를 원하노라." (…) 니그로가 바로 그 종이 아닌가? 그런고로! 이런 영적 신화 위에 미국 노예제라는 시대착오적 인습이 터를 닦았고, 이는 비천한 가사 일을 하는 하인들을 유색인종 사이에서 그나마 귀족으로 만들어버렸다.

해방이 왔을 때 (…) 니그로에게 가사서비스를 시킬 유인이 사라졌다. 해방된 흑인들을 위한 구원의 길은 더 이상 저 너머에 널찍한 홀과 기둥이 세워진 마당이 있는 주방 문을 향해 놓여 있지 않았다. 모든 니그로가 곧 알아차렸고 지금도 알고 있듯, 그 길은 비천한 노예 상태로부터의 탈출에 있었다.[1]

'자유'의 세월이 25년 흐른 뒤에도 엄청나게 많은 흑인 여성이 여전히 농장에서 일하고 있었다. '대저택'에 들어가게 된 이들은 새로운 기회로 이어지는 문이 굳게 닫혔음을 알게 되었다. 백인 가정 한 곳에서 온갖 가사일을 수행하는 것보다 여러 백인 가정을 위해 집에서 빨래 등을 하는 걸 더 선호하는 게 아니라면 말이다. 오직 극소수의 흑인 여성만이 농장에서, 주방에서, 세면장에서 도망칠 수 있었다. 1890년의 인구총조사에 따르면 10세 이상의 흑인 여성은 270만 명이었다. 이 가운데 100만 명 이상이 임금을 받고 일했다. 이들 중 38.7%가 농업에, 30.8%가 가사서비스에, 15.6%가 세탁일에, 불과 2.8%가 제조업에 종사했다.[2] 산업계에서 일자리를 구한 몇 안 되는 여성들은 보통 가장 더럽고 임금이 낮은 일을 수행했다. 이들도 사실상 의미 있는 돌파구를 만든 것은 아니었다. 노예였던 이들의 어머니 역시 남부의 면직공장에서, 제당공장에서, 심지어는 광산에서 일했기 때문이다. 1890년의 흑인 여성들에게 자유는 남북전쟁이 끝났을 때보다 훨씬 먼 미래의 일처럼 보였을 것이다.

노예제 시기에 그랬듯 농업에 종사했던 흑인 여성들—소작인이나 임대농업인 또는 농장 노동자로—은 온종일 옆에서 함께 일했던 흑인 남성들만큼이나 혹사당했다. 이들은 종종 남북전쟁 이전의 상황을 되풀이하고 싶어 하는 지주들과의 '계약'에 서명을 하라고 강요당했다. 계약 만기일은 형식에 불과할 때가 많았다. 지주들은 노동자가 정해진 노동시간보다 더 많은 빚을 자신들에게 졌다고 주장할 수 있었기 때문이다. 해방 이후—남자든 여자든—많은 흑인들이 빚을 갚기 위해 무기한 노역을 해야 하는 상황에 처하게 되었다. 표면적으로는 농장의 수확물을 소유할 수 있는 소작인이라고 해서 빚에 묶인 노예 노동자들보다 상황이 낫지는 않았다. 해방 직후에 토지를 '임차'했던 이들은 첫 수확을 거두기 전에 임차료를 충당하거나 다른 필수품을 구입할 정도의 돈을 손에 쥐지도 못했다. 지주와 상인들은 똑같이 무려 30%에 달하는 이율을 요구하면서 수확물을 담보로 잡았다.

물론 농민들은 그런 이자를 전혀 낼 수 없었고 첫해가 끝날 무렵 빚을 지게 되었다. 이듬해에 그들은 다시 노력했지만 예전의 부채에 새로 내야 하는 이자가 있었다. 이런 식으로 '담보 시스템'은 털어낼 것도 없어 보이는 모든 것을 장악하게 되었다.[3]

흑인들은 재소자 임대 제도를 통해 노예제가 그들에게 각인해놓은 것과 똑같은 낡은 역할을 강제로 수행해야 했다. 남자든 여자든 아주 사소한 구실로 체포되고 수감되었다. 재소 노동자로 당국에 의해 임대되기 위해서 말이다. 노예 소유주들은 '값어치 있는' 인간 재물을 착취할 때 잔인함에 한도를 설정했지만, 상대적으로 단기간 동안 흑인 재소자를 임차한 전후의 농장주들에게 이런 조심성은 불필요했다. "많은 경우 병든 재소자들은 갑자기 쓰러져 숨을 거둘 때까지 노역에 시달렸다."[4]

노예제를 모델로 한 이 재소자 임대 제도는 남성 노동과 여성 노동을 차별하지 않았다. 남성과 여성은 똑같은 수용 시설에 함께 수용될 때가 많았고 일하는 동안에는 같이 멍에를 짊어졌다. 1883년 텍사스주 니그로대회가 통과시킨 결의안은

145

'남자 재소자와 여자 재소자를 같은 멍에나 사슬로 연결하는 관행'을 '강력 비난'했다.[5] 이와 비슷하게 1890년 아프로-아메리칸 연맹(Afro-American League)이 창립대회에서 밝힌 조직의 창립 동기 일곱 가지 중 하나는 "남부의 혐오스럽고 풍기문란한 형무소 제도, 그곳에서 쇠사슬에 묶인 죄인들, 재소자 임대, 그리고 남녀의 부문별한 혼합"이었다.[6]

W. E. B. 듀보이스의 관찰대로 재소자 임대 제도의 이윤 잠재력은 남부의 많은 농장주들이 전적으로 재소자 노동에 의지하게 만들었다. 일부는 흑인 재소 노동자 수백 명을 고용하기도 했다.[7] 그 결과 고용자와 주 당국 모두 날로 늘어나는 수감 인구에서 매력적인 경제적 이익을 거머쥐었다. 듀보이스의 지적에 따르면 "1876년 이후로 니그로들은 아주 사소한 도발만으로도 체포되어 너무 긴 형기나 벌금을 선고받고 어쩔 수 없이 일하러 나가야 했다".[8]

이렇게 비뚤어진 사법 시스템은 옛 노예 집단 전체를 억압했다. 하지만 여성들은 사법 시스템의 야만적인 공세에 특히 민감했다. 노예제 시기에 이들을 주기적으로 괴롭히던 성폭력은 해방이 도래했다고 해서 사그라들지 않았다. 사실 여전히 "유색인종 여성은 백인 남성의 적법한 먹잇감 취급을 당했다".[9] 그리고 만일 이들이 백인 남자의 성폭력에 저항할 경우 감옥에 내팽개쳐져서 '또 다른 형태의 노예제로의 회귀'인 시스템의 피해자로 전락하는 일이 비일비재했다.[10]

노예제 이후의 시기에 농장에서 시달리지 않은 대다수 흑인 여성 노동자들은 가사 노동자가 되어야만 했다. 소작농이나 재소 노동자인 자매들의 것과 다를 바 없었던 이들의 곤경에는 노예제의 익숙한 인장이 찍혀 있었다. 사실 노예제 자체가 완곡하게 '가내 제도(domestic institution)'라고 호명되어왔고 노예들은 무해하게 '집 안 하인(domestic servants)'이라 불렸다. 과거 노예주들이 보기에 '가사서비스'는 노예제에서 반 발자국도 벗어나지 않은 경멸적인 일을 예의 있게 가리키는 용어일 뿐이었다. 흑인 여성들이 요리사로, 보모로, 침실 청소부로, 다용도 가사 노동자로 일하는 동안 남부의 백인 여성들은 한마음 한뜻으로 이런 유의 노동을 나 몰라라 했다. 남부 이외의 지역에서 가사 노동자로 일하는 백인 여성은 대개 옛 노예 자매들처럼 무슨 일이든 구할 수 있기만 하면 받아들여야 했던 유럽 출신 이민자들이었다.

하지만 흑인 여성의 직업을 가사서비스에 등치시키는 것은 시간이 지나면 사라질 노예제의 단순한 흔적이 아니었다. 거의 한 세기 동안 이들 대부분이 가사노동에서 헤어나지 못했다. 1912년 뉴욕의 한 저널리스트가 기록한 조지아주의 어떤 가사 노동자의 이야기는[11] 향후 숱한 세월뿐 아니라 과거 수십 년간 흑인 여성들을 괴롭힌 경제적 곤경을 드러냈다. 이 여성이 사는 마을에서는 흑인 여성의 3분의 2가 어쩔 수 없이 요리사, 보모, 세탁부, 객실 청소부, 행상, 잡역부로 일해야 했고, '노예제 때보다 더 나쁘진 않아도 그 정도로 열악한' 상황에서 헤어나지 못했다.[12]

이 흑인 여성은 30년 이상 자신의 의지와 무관하게 자신이 일했던 모든 가정에서 먹고 자는 생활을 했다. 하루 14시간씩 일하다가 보통 2주에 딱 한 번 자신의 가족을 오후에 잠시 방문해도 된다는 허락을 받았다. 여성의 표현에 따르면 그녀는 '몸도 마음도' 백인 고용주의 '노예'였다.[13] 고용주는 항상 이 여성을 이름으로 불렀고—절대 '부인'이라고 하지 않고—자기들의 '검둥이(nigger)'라고, 그러니까 자기들의 노예라고 칭하는 일이 드물지 않았다.[14]

남부에서 가사서비스의 가장 굴욕적인 측면 중 하나—가사서비스와 노예제의 친연을 확인해주는 또 다른 측면—는 흑인 하인이 백인과 같이 있는 한 짐크로법*을 일시적으로 유예했던 부분이었다.

나는 백인 아이들과 전차나 기차를 타러가곤 했고 (…) 앞자리든 뒷자리든 내가 원하는 데는 어디든 앉을 수 있었다. 백인 남자가 다른 백인 남자에게 "저 검둥이가 여기서 뭐하는 거죠?" 하고 물었는데 "아, 저 여자는 그 앞에 있는 백인 아이들의 보모예요"라는 대답이 나오면 순식간에 평화의 침묵이 찾아왔다. 내가 하인—노예—으로서 백인 남자의 객차에 오르거나 전차의 백인 남자 구역에 있는 한 만사형통이지만 옆에 백인 아이가 없어서 내가 하녀임을 증명할 수 없으면 단박에 '검둥이' 자리나 '유색인종 객차'를 할당받곤 한다.[15]

* 공공장소에서 흑인과 백인의 분리를 규정하는 법. 1876년부터 1965년까지 남부 11개 주에서 시행됐다.

재건시대부터 지금까지 흑인 여성 가사 노동자들은 '그 집 남자'들이 자행하는 성학대를 중대한 직업상의 위험 요소 중 하나로 여겼다. 이들은 번번이 일을 하다가 피해를 당했고, 자신과 가족이 절대 빈곤으로 떨어지든가 성학대에 굴종하든가 택일해야 하는 상황에 놓였다. 조지아의 한 여성은 "마님의 남편이 내게 키스하도록 내버려두지 않았다"라는 이유로 입주 일자리 중 한 곳을 잃었다.[16]

내가 요리사로 취직한 직후 그는 내게 다가와서 팔을 두르더니 키스하려고 했다. 나는 대체 뭘 하려는 거냐고 따져 물으며 그를 쫓아버렸다. 그때 난 어렸고 신혼이었으며 그 이후로 내 마음과 심장에 어떤 짐이 지워질지를 알지 못했다. 이 나라의 이쪽 지역에서 유색인종 여자의 정조는 그 무엇으로도 보호받지 못한다는 사실도.[17]

노예제 시기에 그랬듯 자신의 누이, 딸, 아내에 대한 이런 처우에 저항했던 흑인 남자는 항시 처벌을 받으리라고 예상할 수 있었다.

내 남편이 나를 욕보인 남자에게 갔더니 그 남자가 남편에게 저주를 퍼붓고 뺨을 올려붙이고는 남편이 체포당하게 만들었다! 경찰은 남편에게 벌금 25달러를 물렸다.[18]

이 여성이 법원에서 선서를 하고 증언을 마치자 "나이 지굿한 판사가 여성을 올려다보더니 이렇게 말했다. '이 법정은 백인 남자의 말에 거역하는 검둥이의 말을 받아들이지 않소이다'".¹⁹

1919년 전국유색인종여성협회(National Association of Colored Women)의 남부지역 대표들이 유색인종 여성들의 고충을 모아보니 '가사서비스의 노동환경'이 목록 제일 첫머리에 있었다. 이들이 일터에서 점잖게 '도덕적 유혹에의 노출'이라고 표현한 것에 저항한 데는 충분한 이유가 있었다.²⁰ 조지아 출신의 한 가사 노동자 역시 당연히 협회의 저항에 전폭적인 동의를 표했을 것이다. 이 여성은 이렇게 표현했다.

나는 거의 모든 백인 남자들이 유색인종 여자 하인들을 희롱하거나 희롱할 일을 기대한다고 믿는다. 아버지들뿐만이 아니라 많은 경우에 그 아들들까지도. 이런 스스럼없는 지분거림에 저항하는 하인들은 그 집을 떠나야 하고, 그렇지 않은 경우에는 대단히 힘든 시간을 감내해야 했다.²¹

노예제 이후로 가사 노동자의 취약한 상황은 흑인 여성의 '부도덕함'에 대한 수많은 끈질긴 신화에 계속해서 자양분을 제공했다. 이 고전적인 진퇴양난의 상황에서 가사노동은 거의 대부분 흑인 여성에 의해 수행되었기 때문에 비천한 일로 인식되었고, 그러다 보니 다시 그 일을 수행하는 흑인 여성들은 '무능'하고 '문란'하다고 여겨졌다. 하지만 겉으로 드러난 이들의 무능함과 문란함은 이들이 수행할 수밖에 없었던 비천한 노동에 의해 재차 강화되는 신화일 뿐이었다. W. E. B. 듀보이스의 말마따나 '품위' 있는 그 어떤 백인 남자도 자기 딸이 가사노동자로 취직하게 허락하느니 차라리 딸의 숨통을 끊어놓을 게 분명했다.[22]

흑인들이 북부로 이주하기 시작하면서 그들은 남부 바깥에 있는 백인 고용주들이 갓 해방된 노예의 직업적 잠재력에 대한 태도에서는 과거 노예 소유주들과 근본적으로 다르지 않다는 사실을 깨닫게 되었다. 또한 백인들은 "니그로는 하인, 하인은 니그로"라고 믿는 것 같았다.[23] 1890년의 인구총조사에 따르면 델라웨어는 남부 바깥의 주 중에서 흑인 대다수가 집 안의 하인이 아닌 농장 노동자와 소작인이었던 유일한 주였다.[24] 48개 주 가운데 32개 주에서 가사서비스는 흑인 남성과 여성 모두에게 지배적인 직업이었다. 이런 주 10개 중 7개의 주에서는 다른 모든 직업을 합친 것보다 가사서비스에 종사하는 흑인의 수가 더 많았다.[25] 이 인구총조사 보고서는 니그로는 하인, 하인은 니그로라는 증거였다.

듀보이스의 1899년 연구 「필라델피아 니그로(The Phil-adelphia Negro)」에 발표된 가사서비스에 대한 이사벨 이턴 (Isabel Eaton)의 에세이는 펜실베이니아주의 전체 흑인 노동자 가운데 가사노동에 종사하는 노동자의 비율이 60%였음을 보여준다.[26] 흑인 여성 노동자는 무려 91%—15,704명 중에서 14,297명—가 가사 노동자로 고용되어 있었기 때문에, 여성의 처지가 훨씬 열악했다.[27] 해묵은 노예제를 피해 북부로 도망친 이들은 자신들이 얻을 수 있는 다른 직업이 전무하다는 사실을 알게 되었다. 이턴은 연구를 위해, 과거에 학교에서 교편을 잡았지만 '선입견' 때문에 해고된 여성 몇 명을 인터뷰했다.[28] 교실에서 쫓겨난 이들은 어쩔 수 없이 세탁실과 주방에서 일해야 했다.

이턴이 인터뷰한 고용주 55명 가운데 흑인 하인보다 백인 하인을 선호한 사람은 단 한 명이었다.[29] 한 여성은 이렇게 말했다.

나는 유색인종이 정직함이나 청결함, 믿음직함이라는 면에서 너무 폄하된다고 생각해요. 내 경험상 그 사람들은 모든 면에서 흠잡을 데가 없어요. 완벽하게 정직하고요. 정말 그 부분은 더 할 말이 없어요.[30]

인종주의는 복잡다단한 방식으로 굴러간다. 백인보다 흑인 하인을 더 좋아한다는 말로 자신이 흑인을 칭찬하고 있다고 생각하는 고용주들은 실제로는 하인—솔직히는 노예—은 천생 흑인의 숙명이라고 주장하는 것이나 다름없다. 또 다른 고용주는 자신의 요리사를 이렇게 묘사했다. "아주 근면하고 조심성이 있어요. 정성스럽죠. 그녀는 착하고 충직한 사람이고, 아주 고마워할 줄 알아요."[31] 물론 '착한' 하인은 항상 충직하고 믿음직하고 감사할 줄 안다. 미국 문학과 이 나라의 대중매체는 흑인 여성의 숱한 전형을 충직하고 참을성 있는 하인으로 제시한다. 상업적인 명성을 거머쥔 제미마 아주머니, 『결혼식 멤버(Member of the Wedding)』*에 나오는 베

레니스, (윌리엄 포크너의 소설에 나오는) 딜시는 미국 문화
의 단골 등장인물이 되었다. 그렇기에 이턴의 인터뷰 대상자
중에서 백인 하인을 더 선호한다고 말했던 여성은 사실은 "흑
인이 더 하인처럼 보여서" 흑인 도우미를 고용했다고 고백했
다.[32] 흑인을 하인으로 바라보는 이런 구구절절한 정의는 사
실 인종주의 이데올로기의 본질적인 기둥 중 하나이다.

　인종주의와 성차별주의는 종종 수렴하고, 따라서 백인
여성 노동자의 노동조건은 유색인종 여성의 억압적인 난관에
연결되어 있을 때가 많았다. 그러므로 백인 여성 가사 노동자
가 받는 임금은 항상 흑인 여성 하인의 임금을 계산하는 데 사
용되는 인종주의적 기준에 맞춰 고정되었다. 가내 일자리를
받아들이지 않을 수 없는 이주 여성들은 흑인 여성 못지않게
벌이가 형편없었다. 소득 잠재력에 관한 한 이들은 생계를 위
해 노동하는 백인 남자들보다는 흑인 자매들 쪽에 단연 더 가
까웠다.[33]

　백인 여성들은 더 나은 일을 찾을 수 없다는 확신이 서
지 않으면 절대 가사노동을 직접 하지 않았기 때문에 흑인 여
성들은 제2차 세계대전이 발발할 때까지 이런 일자리에 발
목이 붙들렸다. 심지어 1940년대에도 뉴욕과 그 외 대도시에
는 백인 여자들이 일자리를 구하는 흑인 여자들 무리에서 원
하는 사람을 골라갈 수 있는 길거리 시장—현대판 노예 경매
장—이 존재했다.

* 남부 출신 작가 카슨 매컬러스(Carson McCullers)의 소설.

매일 아침 비가 오든 화창하든 갈색 종이 가방이나 싸구려 수트 케이스를 든 여자들이 일자리를 얻을 기회를 기다리며 브롱크스와 브루클린 길모퉁이에 서 있다. (…) '노예시장'에서 고용되고 나면 여자들은 힘겨운 하루치 노역을 마친 뒤 자신들이 예정보다 더 오래 일했고, 약속보다 더 적게 받았고, 현금 대신 옷가지를 받아야 했고, 인간이 인내할 수 있는 수준 이상으로 착취당했음을 깨닫곤 한다. 매일 이렇게 되풀이되는 상황에 이들이 굴복할 수밖에 없는 것은 오로지 돈이 절박하게 필요하기 때문이다.[34]

뉴욕에만 이런 '노예시장'이 200개가량 있었는데, 이 중 많은 수가 위치한 브롱크스에서는 '167번가 위쪽의 거의 모든 모퉁이'가 일자리를 구하는 흑인 여자들의 집결지였다.[35] 「더 네이션(The Nation)」에 실린 1938년의 한 기사에 따르면 '우리의 중세시대 가정주부들'은 매주 약 72시간 일하면서도 모든 직업을 통틀어 제일 낮은 임금을 받는다고들 했다.[36]

모든 직업을 통틀어 제일 성취감이 낮은 가사노동은 노조를 조직하기 제일 어려운 직업이기도 했다. 일찍이 1881년, 가사 노동자들은 노동기사단(Knights of Labor)*이 여성 회원 금지 조항을 철회했을 때 이 조직에 가입했었다.[37] 하지만 수십 년 뒤 가사 노동자들을 단결시키고자 했던 노조 조직가들은 전임자들과 동일한 장애물에 직면했다. 1930년대

---

* 1880년대 미국에서 노동자의 복지 향상을 도모한 노동자 조직.

에 도라 존스(Dora Jones)가 뉴욕가사노동자조합(New York Domestic Workers Union)을 설립하여 그 선봉에 섰는데[38] 노조가 설립된 지 5년이 지난 1939년에 그 주에 있는 10만 가사 노동자들 중에서 노조에 가입한 사람은 350명뿐이었다. 하지만 가사 노동자 단체를 조직하기가 엄청나게 힘들다는 점을 감안하면 이는 절대 작은 성취라고 볼 수 없었다.

역사적으로 페미니스트를 포함한 백인 여성들은 가사 노동자들의 투쟁을 인정하기를 꺼렸다. 이들은 가사서비스의 노동조건을 개선하기 위한 시시포스적 과업에 관여한 적이 거의 없었다. 작금의 '중간계급' 페미니스트 프로그램에서 가사 노동자 문제가 편의적으로 누락된 것은, 그들이 부리는 가정부에 대한 착취적인 처사를—최소한 부유층 여성들의 입장에서—감추고 정당화하는 방편인 것으로 드러날 때가 심심찮게 있었다. 1902년 '가사 노동자의 하루 9시간 노동(A Nine-Hour Day for Domestic Servants)'이라는 제목의 기사를 쓴 저자는 고용주에게 여성 점원을 위한 의자를 비치할 것을 촉구하는 서명을 해달라고 부탁하는 한 페미니스트 친구와의 대화를 이렇게 묘사했다.

친구가 말했다. "가게 점원들은 하루에 열 시간씩은 서 있어야 하잖아. 그 아가씨들 지친 얼굴을 보면 마음이 너무 아프다고."

"존스 부인." 내가 말했다. "네 가정부는 하루에 몇 시간 서 있지?"

"왜? 모르겠는데." 친구가 놀라며 말했다. "대여섯 시간 정도 아닐까?"

"가정부가 몇 시에 일어나?"

"여섯 시."

"그리고 밤 몇 시에 일을 마무리하니?"

"아, 여덟 시 정도, 일 거야, 보통."

"그럼 열네 시간이잖아…."

"…우리 가정부는 앉아서 일할 때도 많아."

"무슨 일을 할 때? 빨래? 다림질? 걸레질? 침대 정돈? 요리? 설거지? (…) 아마 너희 집 가정부는 밥 먹을 때랑 채소 다듬을 때 두 시간 정도 앉아 있을 거야. 그리고 한 주에 나흘은 오후에 한 시간 휴게 시간도 있겠지. 그러면 너희 가정부는 하루에 최소한 열한 시간을 서 있고 그동안 계단도 숱하게 오르내려야 하지. 내가 보기엔 너희 집 가정부가 그 가게 점원보다 더 딱한 거 같은데."

나를 찾아온 친구는 눈이 번들대고 뺨이 붉어져서 자리에서 일어섰다. "우리집 가정부는 일요일엔 저녁 식사가 끝나면 맨날 쉰다고." 친구가 말했다.

"그래, 그치만 점원은 일요일엔 종일 쉬잖니. 제발 내가 서명하기 전엔 떠나지 마. 점원들이 앉을 수 있게 되는 걸 나보다 더 고맙게 생각하는 사람은 없을 거야."[39]

이 페미니스트 운동가는 자신이 반대하는 억압의 수명을 자기 손으로 연장시키고 있었다. 하지만 이 여성의 모순적인 행동과 지나친 둔감함에는 이유가 있다. 하인으로 일하는 사람들은 일반적으로 인간보다 못한 존재로 여겨지기 때문이다. 철학자 헤겔(Hegel)에 따르면 주인-하인(또는 주인마님-가정부) 관계의 역학 속에는 하인의 의식을 지워버리려는 부단한 노력이 내재한다. 이 대화에서 언급된 점원은 임금노동자, 즉 최소한 자신의 고용주와 자신의 노동에서 일말의 독립성을 보유한 인간이었다. 반면 하인은 오직 주인마님의 필요를 충족시키기 위해서만 노동했다. 어쩌면 그 페미니스트는 자기 하녀를 자기 자아의 단순한 연장으로 보았기 때문에 자신이 억압자로서 적극적인 역할을 하고 있음을 의식하지 못한 것일 수도 있다.

앤젤리나 그림케가 「남부의 기독교 여성들에게 호소함(Appeal to the Christian Women of the South)」에서 선언했듯 노예제에 맞서지 않은 백인 여성들은 노예제의 비인도성에 대해 무거운 책임이 있었다. 같은 맥락에서 가사 노동자 노조는 흑인 가사 노동자를 억압하는 중간계급 가정주부들의 역할을 폭로했다.

가정주부는 이 나라 최악의 고용주라고 비난받고 있다. (…) 미국의 가정주부들은 그들의 150만 피고용인들에게 주당 평균 72시간 일을 시키고, 청과물, 정육점 등에서 돈을 다 쓰고 난 뒤 예산에서 쥐어짤 수 있는 만큼 짜내서 (…) 그들에게 돈을 준다.[40]

흑인 여성의 절박한 경제 상황─이들은 가장 고된 노동을 수행하면서도 멸시당한다─은 제2차 세계대전이 발발하기 전까지 변화의 조짐이 없었다. 1940년의 인구총조사에 따르면 전쟁 발발 전날을 기준으로 고용된 흑인 여성의 59.5%가 가사 노동자였고, 또 다른 10.4%가 가사서비스를 제외한 다른 서비스직에서 일했다.[41] 약 16%가 여전히 농장에서 일했으므로, 노예제의 해묵은 손아귀에서 진정으로 벗어난 흑인 여성 노동자는 열 명 중 한 명도 채 되지 않았다. 힘들게 산업과 전문직 일자리로 진입한 이들도 별로 자랑할 게 없었다. 이들은 일반적으로 그 직업 내에서 임금이 가장 형편없는 자리에 배치되었기 때문이다. 미국이 제2차 세계대전에 발을 들이고 전시 경제가 여성노동으로 굴러가게 되면서 흑인 여성 40만여 명이 가사서비스직과 작별을 고하게 되었다. 전쟁이 절정에 이르렀을 때 산업에 몸담은 흑인 여성의 수가 두 배 이상 불어났다. 하지만 그럼에도─그리고 이 단서는 피할 수가 없다─1960년까지도 흑인 여성 노동자의 최소 3분의 1은 여전히 전과 동일한 해묵은 가사서비스 일자리에 묶여 있었고, 그와 별도로 5분의 1이 가사서비스를 제외한 다른 서비스 노동자였다.[42]

W. E. B. 듀보이스는 '집 안의 하인(The Servant in the House)'이라는 제목의 매서울 정도로 비판적인 에세이에서 "가사서비스가 흑인에게 피할 수 없는 규칙인 한 해방은 늘 개념적인 추상으로 남게 될 것"이라고 주장했다. 듀보이스는 이렇게 말한다. "이 증오에 찬 노예제와 중세적 풍습의 증표

가 10% 미만으로 줄어들기 전까지 니그로는 자유에 접근하지 못할 것이다."[43] 제2차 세계대전이 촉발한 변화들은 진보의 기미를 맛보기 정도로만 제공했다. '해방'된 지 장장 80년이 지난 뒤에도 자유의 신호는 너무 모호하고 가물거리는 그림자여서 그걸 알아보려면 눈을 잔뜩 찡그리며 인상을 써야 했다.

6장
교육과 해방: 흑인 여성의 관점

수백만 흑인—그리고 그중에서도 특히 여성—은 해방이 '주님의 강림'이라고 확신했다.[1]

이것은 예언과 전설의 실현이었다. 1,000년의 구속 뒤에 찾아온, 금빛 여명이었다. 기적적이고 완벽하고 전도유망한 모든 것이었다.[2]

남부에는 기쁨이 있었다. 그것은 향수처럼, 기도처럼 피어올랐다. 남자들이 전율하며 서 있었다. 마르고 피부색이 어두운 소녀들, 구불구불한 머리칼이 아름답고 야성적인 그녀들이 말없이 흐느꼈다. 피부가 검은, 황갈색인, 하얀, 황금빛인 젊은 여성들이 떨리는 손을 들어 올렸고, 나이 들고 기력이 쇠약해진 어머니들, 검고 회색인 그녀들이 엄청나게 목청을 돋우고 들판을 가로질러, 바위와 산 위쪽을 향해 하나님에게 소리쳤다.[3]

웅장한 노래가, 바다 이편에서 태어난 가장 사랑스러운 것
이 울려 퍼졌다. 그것은 새로운 노래였다. (…) 그리고 그 웅
숭깊고 애수 어린 아름다움, 그 위대한 운율과 야성적인 호
소력이 이 세상의 귀에 대고 인간이 거의 입 밖에 내어본 적
없는 메시지로 흐느끼고 고동치고 우르릉댔다. 그것은 아주
오래된 과거에서 새로 태어나 즉석에서 만들어진 향처럼 부
풀어 올라 만개했고, 그 질감 속에 말로, 그리고 생각으로 낡
은 멜로디와 새로운 멜로디를 짜넣었다.[4]

　　흑인들은 해방의 도래를 환영할 때 자유의 추상적인 원
칙들을 예찬한 게 아니었다. "거대한 인간의 흐느낌이 바람
속에서 비명을 질렀고, 바닷속에 그 눈물을 뿌렸다, 자유여,
자유여, 자유여"[5]라고 할 때 흑인들은 종교적 광기를 발산한
게 아니었다. 이들은 자신들이 무엇을 원하는지 정확히 알았
다. 여자도, 남자도 땅을 원했고, 투표권을 원했고 "학교를 절
절하게 갈망했다".[6]

　　프레더릭 더글러스가 어린 노예였던 시절 그랬듯 해방에
환호한 400만 명 중 많은 이들이 "지식은 노예가 될 아이에
게 부적절하다"라는 사실을 오랫동안 절감하며 지냈다.[7] 그리
고 더글러스의 주인이 그랬듯 과거 노예 소유주들은 "검둥이
에게 한 치를 내어주면 그 녀석은 한 자를 가져갈 것임을, 공
부는 이 세상에서 제일 착한 검둥이를 망쳐놓을 것임을" 절감
했다.[8] 주인인 휴가 금지했지만 프레더릭 더글러스는 남몰래
지식을 계속 좇았다. 더글러스는 곧 노아 웹스터(Noah Web-

ster)의 철자책에 나오는 모든 단어를 쓸 수 있게 되었고, 야음을 틈타 집에 있던 성경과 다른 책들을 음미하면서 자신의 능력을 더 갈고닦았다. 물론 프레더릭 더글러스는 뛰어난 사상가이자 작가, 웅변가가 된 비범한 인물이었다. 하지만 지식을 향한 그의 갈망은 흑인들 사이에서 전혀 남다른 게 아니었다. 흑인들은 늘 지식을 얻고자 하는 뿌리깊은 욕망을 표출해왔기 때문이다. 많은 노예들은 자신이 영위하던 참혹한 삶에 '부적절한' 상태가 되고자 했다. 과거 노예였던 이들을 대상으로 1930년대에 진행됐던 한 인터뷰에서, 제니 프록터는 자신과 자기 친구들이 몰래 공부했던 웹스터의 철자책에 대한 기억을 털어놓았다.

> 우린 책을 보거나 공부를 하면 안 됐어요. 사람들은 우리가 뭐든 배우기만 하면 자기들보다 더 똑똑해질 거라고 했죠. 하지만 우린 슬그머니 돌아다니다가 웹스터가 쓴 낡은 『블루백 철자책(The Blue-Backed Speller)』을 찾아서는 밤이 될 때까지 숨겨두었다가 작은 소나무 횃불을 켜고 그 철자책을 공부하는 거예요. 우리도 그걸 배우는 거예요. 난 이제 조금 읽을 수 있고 약간은 쓸 수도 있어요.[9]

흑인들은 해방이 되면 '40에이커의 땅과 노새 한 마리'가 생긴다는 말이 악의적인 루머임을 알게 되었다. 이들은 땅을 손에 넣기 위해, 정치권력을 손에 넣기 위해 발버둥 치며 투쟁해야 했다. 그리고 수 세기 동안 교육의 기회를 박탈당한 채

지내던 이들은 간절한 학구열을 충족시킬 권리를 열정적으로 부르짖게 된다. 그러므로 남부 전역의 자매와 형제 들처럼 막 해방된 멤피스*의 흑인들은 모임을 갖고 교육이 제일 중요한 사안이라는 데 의견을 모았다. 노예해방 선언 제1주년 기념식에서 이들은 북부의 교사들에게 서두를 것을 촉구했다.

> 들판에, 도로변에, 아니면 요새에 세울 텐트를 가져와야 한다. 전시에 웅장한 집이 지어지기를 기다려선 안 된다.[10]

인종주의의 혹세무민 능력은 때로 그 비이성적이고 뒤죽박죽인 논리에서 비롯된다. 지배 이데올로기에 따르면 흑인은 지적 성취를 이룰 능력이 없었다. 어쨌든 이들은 인류의 본보기인 백인에 비하면 태생적으로 열등한, 재물이었다. 하지만 흑인이 정말로 생물학적으로 열등하다면 지식 습득의 욕구도 능력도 표출하지 못했을 것이다. 그렇다면 학습을 금지할 필요도 없다. 물론 현실에서 흑인들은 언제나 교육의 기회를 얻는 데에 맹렬한 열성을 보였다.

지식에 대한 욕구는 늘 존재했다. 1787년에 흑인들은 이미 보스턴의 무료 학교에 다닐 수 있는 권리를 달라며 매사추세츠주에 진정을 냈다.[11] 진정이 거부당하자 이 발의의 주도자였던 프린스 홀(Prince Hall)은 자기 집에 학교를 세웠다.[12] 교육에 대한 이 초기의 요청을 가장 충격적으로 보여주는 사

---

* 역시 남부인 테네시주에 속한 도시.

례는 어쩌면 노예 출신의 아프리카 태생 여성의 작업인지 모른다. 1793년 루시 테리 프린스(Lucy Terry Prince)는 막 설립된 윌리엄스칼리지(Williams College for Men)의 이사진들이 아들의 입학을 거부하자 이들에게 만나달라고 요구했다. 안타깝게도 인종주의적 편견이 너무 강해서 루시 프린스의 논리와 언변은 버몬트에 막 설립된 이 학교의 이사진들을 흔들어놓지 못했다. 하지만 프린스는 자기 인종의 교육에 대한 열망—과 권리—을 공세적으로 옹호했다. 2년 뒤 루시 테리 프린스는 토지대법원에서 토지소유권을 성공적으로 변호했고, 현존하는 기록에 따르면 미국 대법원에서 연설을 한 최초의 여성으로 남아 있다.[13]

1793년은 노예였다가 자신의 자유를 돈으로 구입한 한 여성이 뉴욕시에 케이티 퍼거슨의 빈민학교(Katy Ferguson's School for the Poor)라는 학교를 설립한 해이기도 했다. 이 여성이 구빈원에서 모집한 학생 중에는 흑인과 백인이 모두 있었고(각각 28명과 20명)[14] 남자아이와 여자아이 모두 있었을 가능성도 꽤 높다. 40년 뒤 젊은 백인 교사 프루던스 크랜들은 흑인 여자아이들이 코네티컷 캔터베리에 있는 자신의 학교에 다닐 권리를 뚝심 있게 옹호했다. 크랜들은 학교 폐쇄를 거부했다는 이유로 감옥에 끌려갈 때까지 흑인 학생들을 꾸준히 가르쳤다.[15] 또 다른 백인 여성 마거릿 더글러스(Margaret Douglass) 역시 흑인 아이들을 위한 학교를 운영했다는 이유로 버지니아 노퍽에서 투옥되었다.[16]

백인 여성과 흑인 여성의 자매 연대를 가장 훌륭하게 보여주는 사례는 교육을 쟁취하기 위한 흑인들의 역사적인 투쟁과 관련이 있다. 프루던스 크랜들과 마거릿 더글러스처럼 미르틸라 마이너(Myrtilla Miner)는 말 그대로 목숨을 걸고 젊은 흑인 여성들에게 지식을 보급하려 했다.[17] 1851년 워싱턴 D.C.에 흑인 사범학교를 설립하는 계획에 착수했을 때, 마이너는 흑인 대상 교육이 범죄였던 미시시피에서 이미 흑인 학생들을 가르치고 있었다. 미르틸라 마이너가 세상을 떠난 뒤 프레더릭 더글러스는 마이너가 처음으로 자신에게 그 계획을 알렸을 때 믿을 수 없었노라고 말했다. 첫 만남에서 그는 마이너의 진지함을 의심했지만 곧 이런 사실을 깨닫게 되었다.

열정의 불길이 그녀의 눈에서 타올랐고 진정한 순교자 정신이 그녀의 영혼에서 활활 일어났다. 나는 기쁨과 슬픔이 교차하는 감정을 느꼈다. 나는 그것이 또 다른 사업이라고 생각했다. 거칠고 위험하고 절박하고 실현 불가능하고 실패와 고난을 가져올 수밖에 없는 그런. 하지만 나는 내 앞에서 서 있거나 앞뒤로 움직이는 섬약한 사람의 영웅적인 목적에 깊은 존경심을 담아 감동했다.[18]

얼마 안 가 더글러스는 자신이 마이너에게 했던 경고 중 그 어떤 것도―그리고 심지어 프루던스 크랜들과 마거릿 더글러스를 상대로 자행된 공격 소식마저도―흑인 여성 교사를 양성하기 위한 대학을 설립하겠다는 결심을 흔들어놓지 못한다는 사실을 알게 되었다.

내게 그 제안은 거의 미쳤다고 할 정도로 무모했다. 내 상상 속에서 나는 이 가녀리고 작은 여성이 법에 희롱당하고, 길 거리에서 모욕당하는 모습을, 어쩌면 폭도들에게 구타당해 쓰러지고 노예 소유주들의 적의에 피해를 당하는 모습을 보고 있었다.[19]

프레더릭 더글러스가 보기에 노예제 반대 운동가 이외에는 미르틸라 마이너의 대의에 공감하고 폭도에 맞서 지지해줄 백인은 상대적으로 적었다. 그는 지금이 흑인과의 연대가 위축되는 시기라고 주장했다. 게다가,

워싱턴 D.C.는 노예제의 요새요, 노예 소유주들이 가장 많이 감시하고 엄호하는 장소이자, 인도적인 성향이 다른 곳보다 재빨리 탐지되어 혹독하게 짓밟히는 그런 곳이었다.[20]

하지만 더글러스는 지난 일을 반추하며 자신은 이 백인 여성의 고유한 용기가 얼마나 깊은지 진정으로 이해하지는 못했다고 고백했다. 미르틸라 마이너는 심각한 위험을 무릅쓰고 1851년 가을에 학교를 열었고 여섯 명이던 학생이 몇 개월 만에 마흔 명으로 불어났다. 마이너는 이후 8년 동안 흑인 학생들을 열정적으로 가르치는 동시에 돈을 모금하고 국회의원들에게 자신의 활동을 지원해달라고 촉구했다. 심지어 고아소녀들이 학교를 다닐 수 있도록 자기 집으로 데려와 엄마 역할까지 도맡았다.[21]

　미르틸라 마이너는 가르치기 위해, 학생들은 배우기 위해 고군분투하면서, 돌을 던지는 인종주의 폭도들의 여러 비행과 방화 시도, 퇴거 조치와 전투를 벌였다. 해리엇 비처 스토 같은 젊은 여성들의 가족이나 노예제 폐지론자들이 이들을 지원했다. 스토는 『톰 아저씨의 오두막』 인세의 일부를 기부했다.[22] 미르틸라 마이너는 프레더릭 더글러스의 말처럼 '가녀릴'지언정 단연 강단 있었고 수업 시간이면 항상 인종주의 폭풍의 중심을 찾아내는 능력이 있었다. 하지만 어느 이른 아침 마이너는 연기 냄새와 맹렬한 불길에 난데없이 깨어났고, 이 불길은 곧 마이너의 학교 건물을 집어삼켰다. 학교는 파괴되었지만 마이너로부터 시작된 영감은 살아남았고, 결국 마이너의 사범학교는 워싱턴 D.C. 공교육 시스템의 일부가 되었다.[23] 프레더릭 더글러스는 1883년에 이렇게 고백했다.

　나는 유색인종 소녀들을 위한 마이너 사범학교(Miner Normal School)를 자책감 없이 지나치지 못한다. 내가 한 말들이 학교를 설립하고 그곳에 이름이 새겨진 그 고귀한 여성의 용기를 꺾고, 믿음을 흔들어놓고, 열정을 식혔을지도 모른다는 생각에.[24]

　흑인 여성과 백인 여성 간의 자매애는 실제로 가능했고, 그것이 탄탄한 토대 위에 서 있는 한—이 비범한 여성과 그 친구들 그리고 학생들의 경우처럼—이 세상을 뒤집어놓을 만한 업적을 탄생시킬 수 있었다. 미르틸라 마이너는 그림케 자매와 프루던스 크랜들처럼, 자기보다 앞서 살았던 여성들이 강력한 유산으로 남겨놓은 촛불이 계속 타오르도록 지켜냈다. 가장 위험한 상황에서 흑인 자매들을 방어한 그 많은 백인 여성들이 교육을 쟁취하기 위한 투쟁에 관여했다는 사실은 역사의 단순한 우연일 수 없다. 이들은 흑인 여성들에게 지식의 습득이 얼마나 절박한지를 이해했음이 틀림없다. 교육은 흑인들의 발등을 비추는 등불이자 자유에 이르는 길을 밝히는 빛이었다.

학문 교육을 받은 흑인들은 필연적으로 자신들이 습득한 지식을 자유를 위한 그들의 집단적인 투쟁에 연결시켰다. 신시내티에서 흑인 대상 학교교육을 시작한 첫해가 끝날 무렵 학생들에게 '무엇에 대해 가장 많이 생각하는지' 묻자 학생들은 이런 대답을 내놓았다.

1번. 우린 (…) 착한 아이가 될 거고 어른이 돼서 불쌍한 노예들을 해방시킬 거예요. 그리고 불쌍한 노예 200명을 싣고 있던 티스킬와(Tiskilwa)호가 가라앉았다는 소식 때문에 슬퍼요. (…) 1분은 기절할 수 있을 정도로 내 마음이 아파요. (7세)

2번. 우리가 공부하는 이유는 노예제의 굴레를 박살 내고 사슬을 끊어버리고 노예 소유를 영원히 중단시키기 위해서예요. (12세)

3번. 노예제 폐지에 하나님의 가호를. 우리 어머니, 양아버지, 누이, 그리고 저는 모두 노예제가 있을 때 태어났어요. 하나님은 억압당하던 사람들이 자유의 몸이 되게 하셨어요. 전 세계 사람들이 주님을 알게 되는 행복한 시절이 어서 오면 좋겠어요. 우린 많은 축복을 내려주신 그분께 고마워해요. (11세)

4번. 이건 나한테 자유를 누릴 권리가 있는 노예 사촌 두 명이 있다는 걸 당신들에게 알려주는 거예요. 사촌들이 필요한 모든 걸 했는데도 그들은 사촌들을 놓아주지 않아요. 그들은 사촌들을 강 아래쪽으로 팔아버린다고 이야기해요. 이게 당신들 일이면 어떻게 할 거죠? (10세)[25]

　　다음의 마지막 대답은 새로 설립된 이 신시내티 학교에 다니는 16세 아이가 한 것이다. 자유의 몸이 되고자 하는 욕망만큼이나 정곡을 찌르는 이 대답은, 학생들이 세계사에서 당대의 의미를 끌어내는 방식에 대한 극도로 매혹적인 사례다.

5번. 영국인, 색슨인, 독일인들이 살았던 때를 돌이켜 생각해보자고요. 그 사람들은 아무런 배움도 없었고 문자도 몰랐어요. 그치만 그중에는 우리 최초의 영웅들이 있잖아요. 앨프레드 대왕*을 보세요. 그분이 얼마나 위대한 남자였냐고요. 그분은 한 때는 ABC도 몰랐지만 죽기 전에 군대와 나라를 호령했어요. 그분은 절대 낙심하지 않았고 항상 앞을 보면서 더 열심히 공부했고요. 난 유색인종이 앨프레드 대왕처럼 공부하면 곧 노예제라는 악마를 물리칠 수 있을 거라고 생각해요. 미국인들이 이렇게 많은 노예제가 있는 곳을 어떻게 자유의 땅이라고 부를 수 있는지 모르겠어요.[26]

앎에 대한 흑인들의 믿음에 관해서라면 이 16세 아이가 모든 걸 다 말했다.

지식에 대한 이 채울 수 없는 갈증은 북부의 '자유로운' 자매와 형제 들만큼이나 남부의 노예들에게도 강력했다. 노예를 부리는 남부의 주들에선 당연히 문해력 습득을 가로막는 제한들이 북부보다 훨씬 엄정했다. 1831년 냇 터너 반란 이후 노예 교육을 금지하는 법안이 남부 전역에서 강화되었다. 어떤 노예 규약의 말을 빌리면, "노예에게 읽기와 쓰기를 가르치는 것은 이들의 불만을 자극하고, 역모와 반란을 조장하는 경향이 있다".[27] 메릴랜드와 켄터키를 제외하면 남부의 모든 주가 노예 교육을 철저하게 금지했다.[28] 남부 전역에서 노예 소유주들은 억제할 수 없는 노예들의 학구열을 저지하기 위해 채찍과 태형 기둥에 의지했다. 흑인들은 교육을 원했다.

공부를 하려는 노예들의 맹렬한 투쟁이 오만 곳에서 터져 나왔다. 프레데리카 브리머(Frederika Bremer)는 성경을 읽

---

* 9세기 후반 잉글랜드의 왕. 잉글랜드를 통일하여 앵글로색슨 문화의 최성기를 이룩했다.

으려고 필사적으로 노력하는 한 젊은 여성을 발견했다. "오, 이 책." 그녀는 브리머 양을 향해 소리쳤다. "나는 책장을 넘기고 넘기면서 거기에 적힌 걸 이해할 수 있기를 바라요. 난 노력하고 노력해요. 읽을 수 있다면 정말 행복할 테지만 읽지 못한답니다."[29]

수지 킹 테일러(Susie King Taylor)는 남북전쟁 최초의 흑인 부대에서 간호사이자 교사였다. 테일러는 자신의 전기에 노예제 시기에 자신이 얼마나 꾸준히 독학에 힘썼는지를 설명했다. 테일러의 할머니뿐만 아니라 백인 아이들, 우호적인 성인들이 테일러가 읽고 쓰는 능력을 습득할 수 있도록 거들었다.[30] 수지 킹 테일러의 할머니처럼 숱한 노예 여성들이 자기가 몰래 획득한 학습 능력을 자매와 형제들에게 전달하면서 엄청난 위험을 감수했다. 천신만고 끝에 지식을 어느정도 획득한 여성들은 야심한 밤에 학교 수업을 할 수밖에 없을 때조차도 다른 흑인들과 그것을 나누고자 했다.[31]

이는 듀보이스가 '학교에 대한 광기'라고 부른, 해방 이후 남부와 북부에서 공통적으로 나타난 현상의 초기적 징후 중 일부였다.[32] 또 다른 역사학자는 노예 출신들의 학구열을 이런 말로 설명했다.

수 세기에 걸친 금지에서 탄생한 열망을 안고 노예 출신들은 인쇄된 활자의 모양과 소리를 숭배했다. 깊은 밤에 나이든 남녀가 무덤가에서 솔가지 횃불을 들고 묘비명을 비추며

그 성스러운 단어의 철자를 힘들여 공부하는 모습을 볼 수
있었다.[33]

또 다른 역사학자에 따르면,

많은 교육자들이 북부의 백인 어린이들보다 재건시대 남부
의 니그로 어린이들의 학구열이 더 강하다는 것을 알게 되
었다고 전했다.[34]

해방노예국(Freedman's Bureau)에서 조직한 대대적인
교육 캠페인에 자발적으로 합류한 교사 중 절반가량이 여성
이었다. 노예였던 수백만 흑인들의 문맹을 퇴치하겠다는 결
의로 단단히 뭉친 흑인 자매들을 돕기 위해 북부의 백인 여성
들이 재건시대 동안 남부로 향했다. 이 일은 여러 면에서 대
단히 힘들었다. 듀보이스에 따르면 문맹률은 대체로 95%였
다.[35] 재건시대를 기록한 사료에서, 그리고 여성 권익 운동에
관한 역사적 서술에서, 교육을 위한 투쟁에 힘을 모았던 흑인
여성과 백인 여성의 경험은 거의 아무런 주목을 받지 못했다.
하지만 「해방노예의 기록(Freedman's Records)」에 실린 기사
로 판단컨대 이 교사들은 의심의 여지없이 서로에게 영감을
제공했고 그들 자신 역시 학생들에게서 영감을 얻었다. 백인
교사들의 기록에는 과거 노예였던 흑인들이 보여준 불굴의
향학열에 대한 내용이 거의 빠짐없이 등장했다. 노스캐롤라
이나 롤리에서 일했던 한 교사의 말을 빌리면 "많은 사람들이

아이들을 학교에 보내려고 얼마나 많은 고난을 감수하는지를 보고 놀라지 않을 수 없었다".[36] 교육의 진보를 위해 사람들은 주저하지 않고 물질적 안락을 희생했다.

거의 모든 오두막에 허름한 침대 하나, 식탁 하나, 부서진 의자 두어 개 외에는 가구라곤 전무해도 늘 책 무더기가 눈에 띄었다.[37]

흑인 여성과 백인 여성들은 교사로서 서로에 대한 심오하고 강렬한 고마움을 발전시켰던 것으로 보인다. 가령 버지니아에서 일했던 한 백인 여성은 이제 막 노예제에서 벗어난 한 흑인 여성 교사의 노력에 엄청난 감동을 받았다. 이 백인 여성은 "항복의 시기까지만 해도 노예였던 유색인종 여성이 자신에게 주어진 완전히 새로운 일을 성공적으로 수행한다는 건 거의 기적처럼 보인다"라며 감탄했다.[38] 여기서 언급된 흑인 여성은 자신이 집필한 보고서에서 '북부에서 온 친구들'의 노력에 대해 진지한—하지만 절대 비굴하지는 않은—고마움을 표했다.[39]

헤이스의 배신과 급진적 재건의 전복이 있기 전까지* 교육에서의 성취는 이 혁명적 잠재력이 가득했던 시기에 일어난 진보의 가장 강력한 증거 중 하나가 되었다. 남북전쟁 이

---

* 공화당 대통령 후보였던 러더퍼드 헤이스(Rutherford Hayes)가 힘겹게 대선에서 승리한 뒤 공약대로 남부에서 연방군을 철수시켜 남부의 백인들이 다시 지방 정치권력을 잡을 수 있게 한 것을 말함.

후 남부에는 피스크대학(Fisk University), 햄프턴대학(Hampton Institute) 등 여러 흑인 대학들이 설립되었다.[40] 학생 약 247,333명이 4,329개 학교에 다녔고, 이는 남부 최초의 공교육 시스템 구축의 주춧돌이 되어 흑인 아이들과 백인 아이들 모두가 그 혜택을 누렸다. 재건 이후의 시기가 도래하고 이와 함께 인종분리 교육이 등장하면서 흑인의 교육 기회가 급격히 축소되긴 했지만, 재건시대의 경험의 영향이 전적으로 삭제될 수는 없었다. 토지에 대한 꿈이 한동안은 산산이 부서졌고 정치적 평등에 대한 희망이 시들해졌지만, 지식의 등불은 쉽게 꺼지지 않았다. 그리고 이는 토지, 그리고 정치권력을 손에 넣기 위한 투쟁이 기세등등하게 계속될 것임을 장담하는 보증수표 같은 것이었다.

> 니그로 학교와 대학이 없었더라면 니그로들은 사실상 다시 노예제로 끌려들어갔으리라. (…) 그의 재건시대 리더십은 북부에서 교육받은 니그로들, 백인 정치인과 자본가, 박애주의적인 교사들에게서 비롯된 것이었다. 1876년의 반혁명은 교사들을 제외한 이들 대부분을 몰아냈다. 하지만 공립학교와 사립대학의 설립을 통해서, 그리고 니그로 교회를 조직함으로써, 니그로는 이미 새로운 노예 몰이꾼들의 최악의 설계를 좌절시킬 수 있는 충분한 리더십과 지식을 손에 넣었다.[41]

백인 자매 동지들의 도움을 받아 흑인 여성들은 이 새로운 요새를 만드는 데 꼭 필요한 역할을 했다. 교육을 쟁취하기 위한 미국의 여성 투쟁사는 남북전쟁 이후의 남부에서 흑인 여성과 백인 여성이 함께 문맹과의 전투를 진두지휘했을 때 진정한 절정에 도달했다. 이들의 단합과 연대는 미국 역사에서 가장 생산적인 가능성 중 하나를 지키고 공고히 다졌다.

7장
세기 전환기의 여성참정권:
인종주의의 영향이 고개를 들다

어느 날 아침 (수전 B. 앤서니가) 시내에 약속이 있어서 자신이 고용한 속기사에게 일을 시킬 수 없었다. 앤서니 양은 아침 식사 자리에서 내게 자신은 오전 내내 나가 있어야 하니 속기사를 데려가서 편지 쓸 때 도움을 받아도 된다고, 자신이 위층에 올라가서 속기사에게 말해둘 테니 그녀에게 내 편지를 받아 적게 하라고 말했다.

나는 위층에 있는 내 방으로 가서 속기사가 오기를 기다렸지만 그녀는 오지 않았다. 그래서 나는 그녀가 불편해한다고 결론을 내리고 편지를 내 손으로 계속 썼다. 집에 돌아온 앤서니 양이 내 방에 와서 내가 분주하게 일하는 모습을 발견했다. "제 속기사한테 일을 시키고 싶지 않으셨나봐요. 제가 그녀한테 웰스 양이 위층에 올라오면 방으로 가보라고 했는데. 안 왔던가요?" 나는 그렇다고 말했다. 앤서니 양은 더는 말하지 않고 돌아서서 자기 사무실로 갔다. 10분도 안 되어 그녀는 내 방으로 돌아왔다. 문이 열려 있어서 그녀는 그냥 걸어 들어와 말했다. "그게, 그녀가 떠났어요." 내가 물었다. "누가요?" 앤서니 양이 말했다. "속기사요." 내가 말했다. "어디로 갔다는 거예요?" 그녀가 말했다. "아니, 내가 사무실에 가서 속기사한테 그랬거든요. '웰스 양의 편지 좀 써드리라고 내가 말했잖아. 웰스 양한테 그거 말 안 했어?' 그랬더니 그 여자아이가 '안 했어요.' 그러잖아요. 그래서 '아니, 왜 그랬는데?' 그러니까 걔가 하는 말이, '앤서니 양, 당신께서 니그로들을 동등하게 대하는 건 아무 문제없지만 저는 유색인종 여자가 하는 말을 받아 적고 싶지 않아요'라는 거예요. 세상에! 그래서 내가 '넌 더 이상 내 말을 받아 적을 필요 없어. 웰스 양은 내 손님이고 그분에 대한 모욕은 그게 뭐든 다 나에 대한 모욕이야. 그러니까 네가 그렇게 느낀다면 더 이상 이 자리에 있을 필요 없어'라고 했어요."[1]

후에 최초의 흑인 여성참정권 클럽을 설립한 아이다 B. 웰스(Ida B. Wells)와 수전 B. 앤서니의 이 교류는 "내(웰스)가 여성참정권 투쟁에서 이 선구자이자 베테랑의 발치에 앉아 있던 소중한 시절"에 일어난 일이었다.[2] 웰스는 인종주의에 대한 앤서니의 독자적인 입장을 명백히 존경했고, 이 여성참정권 운동가의 여성 권익 캠페인에 대한 기여를 깊이 존경했다. 하지만 웰스는 사적으로는 인종주의와 투쟁하면서도 이를 참정권 운동의 공적인 의제로 만들지 못했다는 이유로 이 백인 자매를 주저없이 비판했다.

수전 B. 앤서니는 프레더릭 더글러스를 칭찬하는 데서는 절대 다른 사람에게 뒤지지 않아서 꾸준히 사람들에게 더글

러스가 여성참정권을 공개적으로 지지한 최초의 남자임을 상
기시켰다. 앤서니는 프레더릭 더글러스를 자신의 참정권 조
직의 종신 명예회원으로 여겼다. 하지만 앤서니가 직접 웰스
에게 설명했듯, 앤서니는 여성참정권 운동에 남부 출신의 백
인 여성들을 끌어들이기 위해 더글러스를 밀어냈다.

> 우리 대회에서 (…) 그는 연단에 앉아 우리 모임에서 연설
> 을 한 영예로운 손님이었어요. 하지만 참정권협회가 조지
> 아 애틀랜타에 갔다가 니그로가 백인들과 동등하게 참여하
> 는 문제에 대해 남부에서 어떻게 느끼는지 알게 된 뒤 내가
> 직접 더글러스 씨에게 오지 말아달라고 요청했죠. 나는 그
> 에게 모욕감을 주고 싶지 않았고, **우리의 참정권협회로 남부의**
> **백인 여성들을 끌어들이는 데 그 무엇도 끼어들지 않기를 바랐어**
> **요.**(강조는 저자)[3]

앤서니는 아이다 B. 웰스와의 이 특별한 대화에서 자신
은 참정권협회의 지부를 결성하고자 하는 몇몇 흑인 여성들
의 활동에 대한 지원 역시 거절했다는 설명을 이어갔다. 앤서
니는 남부에 있는 백인 회원들의 흑인에 대한 적개심을 깨우
고 싶지 않았다. 흑인 여성들을 받아들일 경우 남부의 백인 회
원들이 조직에서 빠져나갈지 몰랐다.

> "근데 당신은 내가 그렇게 한 게 잘못이었다고 생각하죠?"
> 그녀가 물었다. 나는 단호하게 그렇다고 대답했다. 그녀가

참정권 운동에서 공을 세우긴 했지만 인종차별적인 태도를
취하는 백인 여성들을 두둔해왔다고도 느꼈기 때문이다.[4]

아이다 B. 웰스와 수전 B. 앤서니의 이 대화는 1894년
에 있었다. '편의를 근거로'[5] 인종주의에 굴복한 태도는 수
전 B. 앤서니가 1900년 전미여성참정권협회(National Amer-
ican Woman Suffrage Association) 대표직에서 물러날 때까
지 이 사안에 대한 앤서니의 공식 입장이었다. 웰스가 앤서니
를 남부의 백인 여성들이 인종차별에 골몰하는 것을 두둔한
다며 비난했을 때, 근본적인 문제는 앤서니의 개인적인 태도
보다 훨씬 중대했다. 이 기간 동안 인종주의가 객관적으로 증
가하고 있었고, 흑인의 권리와 생명이 위험에 처해 있었다.
1894년에는 이미 남부에서 흑인의 참정권이 박탈되었고, 합
법적인 인종차별 체제가 들어섰으며, 린치[*]가 횡행했다. 남
북전쟁 이후 그 어느 때보다 인종주의에 대한 한결같고 원칙
에 입각한 투쟁이 필요한 시기였다. 앤서니와 동료들이 내놓
은 '편의주의' 논리는 점점 영향력이 확대되면서 당대의 시급
한 요구 사항에 대한 여성참정권 운동가들의 무심함을 허술
하게 포장해주었다.

1888년 미시시피주는 인종분리를 합법화하는 일련의 법
령을 제정했고 흑인에게서 투표권을 빼앗는 새로운 규약을

* 백인들이 질서 유지를 명목으로 법률상의 절차 없이 흑인들을 사적으
로 처벌하던 관행.

비준했다.[6] 남부의 다른 주들은 미시시피의 사례를 좇아서 흑인 남성의 참정권 박탈을 보장하는 새로운 규약의 틀을 짰다. 사우스캐롤라이나의 규약은 1898년에 채택되었고, 1901년에는 노스캐롤라이나와 앨라배마가, 1902년, 1908년, 1918년에는 각각 버지니아, 조지아, 오클라호마가 그 뒤를 이었다.[7]

아이다 B. 웰스는 인종주의에 대한 수전 B. 앤서니의 공적인 무심함을 여지없이 비판했고, 이는 지배적인 사회 조건에 의해 당연히 정당화되었지만, 여기에는 역사적 증거보다 더 뿌리 깊은 무언가가 개입되어 있었다. 참정권과 인종주의를 놓고 두 여성이 논쟁을 벌이기 2년 전 웰스는 인종주의 폭도들의 폭력 때문에 개인적인 트라우마가 생겼다. 1866년의 폭동 이후 멤피스에서 처음으로 린치를 당한 피해자 세 명이 웰스의 친구들이었던 것이다. 이 끔찍한 사건으로 웰스는 남부 주 전역에서 점점 가속화되고 있는 집단살인의 패턴을 연구하고 폭로해야겠다는 자극을 받았다. 1893년 린치에 저항하는 자신의 성전(聖戰)에 대한 지지를 구하기 위해 잉글랜드를 돌아다니던 웰스는 수백 수천의 집단살인이 일어나도 침묵하는 사람들을 맹비난했다.

지난 10년 동안 1,000명이 넘는 흑인 남성과 여성과 아이들이 백인 폭도들의 손에 집단살인에 의한 죽음을 맞았다. 그리고 나머지 미국인들은 침묵으로 일관했다. (⋯) 우리 나라의 교단과 언론은 이런 꾸준한 난동에 대해 침묵하고 있고, 따라서 갖은 고초와 잔혹 행위에 시달리는 나의 인종이 정

의를 요구하며 미국에서 목소리를 높일 때마다 그 목소리는 억눌리거나 무시당한다.[8]

1890년대에 흑인들을 상대로 너무나도 노골적인 폭력이 자행되었는데도 어떻게 백인 참정권 운동가들은 '편의를 위해', '피부색 문제를 이겨내고 우뚝 서야' 한다는 주장을 굳은 믿음으로 밀어붙일 수 있었을까?[9] 전미여성참정권협회의 지도부가 '피부색 문제'에 대해서 취했던 표면상의 '중립적인' 입장은 사실상 참정권 운동에 가담한 사람들 내에서 노골적인 인종주의적 사고가 확산하는 데 기여했다. 맞춤하게도 조지아주 애틀랜타에서 열린 전미여성참정권협회의 1895년 대회에서, 참정권 운동에서 가장 손꼽히는 인물 중 한 명은 "니그로 문제에 대한 하나의 해법으로 여성참정권을 채택할 것을 남부에 촉구했다".[10] 헨리 블랙웰의 주장에 따르면 이 '니그로 문제'는 투표권에 문해력 요건을 넣으면 간단하게 해결할 수 있었다.

복잡한 정치계의 발전 속에서 오늘날 우리에게는 두 개의 거대한 문맹 시민 집단이 있다. 북부에 있는 외국 태생들과 남부에 있는 아프리카 인종 그리고 상당량의 백인 인구가 바로 그들이다. 우리는 외국인과 니그로를 보통 말하는 그런 식으로 차별하지 않을 것이다. 하지만 단 한 주를 제외한 모든 주에는 흑인과 백인, 미국 선주민과 외국인을 아우르는 전체 문맹 유권자보다 교육받은 백인 여성이 더 많다.[11]

여성참정권이 백인우월주의에 대단히 유리하다고 남부의 백인들을 설득하기 위해 설계된 이 주장을 헨리 블랙웰이 처음으로 제기한 것은, 아이러니하게도 그가 수정헌법 제14조와 제15조에 대한 지지를 표명했을 때였다. 이미 1867년에 블랙웰은 남부의 주들이 여성참정권에 흑인 인구가 곧 잡게 될 정치권력을 질식시킬 잠재력이 있다는 사실에 주목해야 한다고 촉구하며 '남부 주들의 입법부'에 호소문을 보냈다.

남부의 관점에서 결과를 생각해보십시오. 당신들의 400만 남부 백인 여성들은 당신들의 400만 니그로 남성과 여성을 견제할 것이고, 따라서 백인종이 누리던 정치적 패권은 변함없이 유지될 것입니다.[12]

이 저명한 노예제 폐지론자는 그 당시 남부의 정치인들에게 여성참정권은 남부와 북부를 화해시킬 수 있다고 큰소리쳤다. "자본과 인구가 미시시피강처럼 멕시코만을 향해 흐를 것이다." 그리고 흑인들의 경우 "자연의 법칙에 따라 열대지방으로 향하게 될 것이다".[13]

노예제를 박살냈던 바로 그 부류가 승기를 쥔 남부의 편을 들 것이고 "위험이라는 쐐기풀 속에서 당신들은 안전이라는 꽃을 딸 것입니다".[14]

블랙웰과 그의 아내 루시 스톤은 1867년 캔자스 캠페인

을 진행하는 동안 엘리자베스 캐디 스탠턴과 수전 B. 앤서니
를 거들었다. 이 시기에 스탠턴과 앤서니가 "여성이 먼저, 니
그로는 마지막"을 계획으로 내세운 악명 높은 민주당원의 지
지를 환영했다는 사실은 이들이 암묵적으로 블랙웰의 인종주
의 논리에 동의했음을 방증했다. 게다가 이들은 『여성참정권
의 역사』에서 흑인 참정권에 대한 캔자스주 정치인들의 두려
움을 무비판적으로 그렸다.

> 캔자스의 남성들은 연설을 할 때 이렇게 말하곤 한다. "만일
> 니그로 참정권이 통과되면 남부연합의 모든 주에 무식하고
> 가난한 흑인들이 넘쳐날 것이다. 여성참정권이 통과되면 인
> 품과 지위를 가진 사람들, 재산과 학식이 있는 사람들이 우
> 리의 경계 쪽으로 오게 될 것이다. (⋯) 교육받은 여성과 무
> 식한 니그로 사이에 이 문제가 놓여 있는데 누가 결정을 주
> 저할 수 있을까?" [15]

여성운동의 이런 초기 입장이 인종주의적으로 보일 수
있지만, 여성참정권 운동이 백인우월주의를 돌이킬 수 없을
정도로 포용하기 시작한 것은 19세기 마지막 10년에 들어서
였다. 수정헌법 제14조와 제15조 문제를 놓고 갈라졌던 두 분
파 스탠턴-앤서니, 그리고 블랙웰-스톤은 1890년에 다시 손
을 잡았다. 1892년 엘리자베스 캐디 스탠턴은 투표권에 여성
을 해방시킬 잠재적인 힘이 있다는 환상에서 깨어났고 전미
여성참정권협회의 대표직을 동료인 앤서니에게 넘겼다. 앤서

니가 대표직을 맡은 두 번째 해에 전미여성참정권협회는 한세기 이상 묵은 인종주의적이고 계급 편향적인 주장을 블랙웰 식으로 변주한 결의안을 통과시켰다.

> 결의함. 투표의 적절한 자격 요건에 대한 의견은 전혀 표명하지 않은 상태에서, 우리는 모든 주에 문맹인 전체 남성 유권자보다 읽고 쓸 수 있는 여성이 더 많고, 모든 니그로 유권자보다 읽고 쓸 수 있는 백인 여성이 더 많고, 모든 외국 태생 유권자보다 읽고 쓸 수 있는 미국인 여성이 더 많으므로, 이런 여성에게 참정권을 부여한다면 본토 태생이든 외국 태생이든 문맹자에 의한 통치라는 골치 아픈 문제를 해결할수 있으리라는 중요한 사실에 유념할 것을 촉구한다.[16]

이 결의안은 흑인 남성과 이민자 남성들의 권리와 함께 흑인 **여성**과 이민자 **여성**의 권리를 호방하게 일축했다. 게다가 그것은 해묵은 편의주의 논리로는 더 이상 정당화할 수 없는, 민주주의에 대한 근본적인 배신을 시사했다. 이 결의안의 논리 안에는 노동계급 전체에 대한 공격, 그리고 의식적이든 그렇지 않든, 인간의 한계를 넘어 무차별적으로 이윤을 추구하는 신흥독점자본가들과 결탁할 의지가 은연중에 배어 있었다.

1893년 결의안을 통과시키면서 여성참정권 운동가들은, 만일 중간계급과 부르주아지 출신의 백인 여성인 자신들에게 투표권이 주어진다면 미국 노동계급의 세 주요 부류인 흑인, 이민자, 그리고 무학의 토착 백인 노동자들을 신속하게 복종시키겠다고 노골적으로 천명하는 게 나았을 수도 있다. 모건가와 록펠러가, 멜런가와 밴더빌트가에게, 산업제국을 무자비하게 건설하고 있는 신흥독점자본가계급에게 노동력을 착취당하고 목숨을 빼앗기고 있는 것은 바로 이 세 집단이었다. 신흥독점자본가들은 남부에서 신규 철도와 광산, 철강산업을 가동시키는 가난한 백인 노동자들과 옛 노예 출신들을 쥐락펴락했을 뿐만 아니라 북부에서 이민 노동자들을 통제했다.

테러와 폭력 때문에 남부의 흑인 노동자들은 노예와 다를 바 없는 수준의 임금과, 노예제보다 더 못할 때가 많은 노동조건을 감수해야 했다. 이것이 남부에서 새롭게 일렁이고 있는 린치의 물결과 법적인 참정권 박탈의 패턴 이면의 논리였다. 전미여성참정권협회의 치명적인 결의안이 통과된 해인 1893년에는 대법원이 1875년의 민권법을 뒤엎었다. 이 결정으로 짐크로법과 린치—인종주의적 노예화의 새로운 양상—가 법적인 승인을 받았다. 실제로 3년 뒤 플레시 대 퍼거슨(Plessy v. Ferguson) 재판은 남부의 인종분리정책이라는 새로운 시스템을 강화하는 '분리 평등(separate but equal)' 방침을 선언했다.

19세기의 마지막 10년은 근대 인종주의의 발전에 결정적인 시기였다. 주요한 제도적 지원과 함께 이데올로기적 정당화가 이루어졌기 때문이다. 이 시기는 미국이 필리핀, 하와이, 쿠바, 푸에르토리코로 제국주의적 확장을 하던 시기이기도 했다. 이들 나라의 국민들을 예속시키고자 했던 바로 그 세력들은 흑인과 미국 노동계급 전체의 곤경을 더 악화시킨 책

임이 있었다. 인종주의는 그런 제국주의적 모험에 자양분을
제공했고 마찬가지로 제국주의의 전략과 변론에 좌우되었다.

1898년 11월 12일 자「뉴욕헤럴드(New York Herald)」
에는 쿠바의 미국 주둔군, 사우스캐롤라이나 피닉스에서 일
어난 '인종 폭동', 그리고 노스캐롤라이나 윌밍턴에서 일어난
흑인 대량 학살에 대한 기사가 실렸다. 윌밍턴 학살은 그 당
시 흑인을 상대로 자행된 일련의 조직적인 집단 공격 중에서
도 가장 악랄했다. 그 시기 한 흑인 성직자에 따르면 윌밍턴은
'쿠바의 윤리학과 선정(善治) 유치원'이었다.[17] 필리핀에서의
미국의 외교정책이 얼마나 위선적인지를 보여주는 증거이기
도 했던 것이다.

1899년 참정권 운동가들은 재빨리 탐욕스러운 신흥독점
자본가들을 향한 한결같은 충성의 증거를 마련했다. 인종주
의와 쇼비니즘의 명령이 국내 노동계급에 대한 전미여성참
정권협회의 정책을 이미 결정해놓았으므로 이들은 미제국주
의의 새로운 개가를 무리 없이 받아들였다. 그해 대회에서 안
나 갈린 스펜서(Anna Garlin Spencer)는 '우리의 새로운 속국
의 여성들에게 경의를(Duty to the Women of Our New Pos-
sessions)'이라는 제목의 연설을 했다.[18] **우리의 새로운 속국이
라고?** 토론을 진행하는 동안 수전 B. 앤서니는 분노를 감추려
하지 않았다. 하지만 알고 보니 앤서니는 점령 그 자체에 화를
낸 게 아니었다.

그녀는 노여움에 치를 떨었다. 그 제안이 하와이와 우리의

다른 새로운 속국에 우리의 야만적인 정부를 심자는 것이었기 때문이었다.[19]

앤서니는 결국 모든 분노의 힘을 끌어 모아서 "우리의 새로운 속국의 여성들에게도 남자들과 동등한 조건으로 투표권을 줘야 한다"라는 요구를 내놓았다.[20] 마치 하와이와 푸에르토리코의 여성들이 남성들과 동등하게 미제국주의에 피해를 당할 권리를 요구해야 한다는 듯이.

전미여성참정권협회의 이 1899년 대회가 진행되는 동안 흥미로운 모순이 출현했다. 참정권 운동가들은 「우리의 새로운 속국의 여성들에게 경의를」을 들먹였지만, 흑인 차별 정책에 반대하는 결의안을 요구한 한 흑인 여성의 호소는 완전히 무시당했다. 흑인 여성참정권 운동가 로티 윌슨 잭슨(Lottie Wilson Jackson)이 이 대회에 입장할 수 있었던 것은 대회가 주최된 곳이 흑인 여성이 참정권협회에 들어오는 것을 환영하는 몇 안 되는 지부 중 하나였던 미시간주였기 때문이다. 로티 잭슨은 이 대회에 참가하려고 기차 여행을 하는 동안 철도 회사의 모욕적인 분리주의 정책에 시달렸다. 잭슨의 결의안은 아주 단순했다. "유색인종 여성은 흡연석에 탑승하도록 강요받아서는 안 되며, 적당한 좌석을 제공받아야 한다."[21]

대회 진행자였던 수전 B. 앤서니는 이 흑인 여성의 결의안에 대한 토론을 종결시켰다. 앤서니의 논평은 이 결의안이 무참히 패배했음을 확인시켜주었다.

우리 여성들은 참정권을 박탈당한 무력한 계급이다. 우리의 손은 묶여 있다. 이런 상황에서 철도회사나 다른 누군가에 반대하는 결의안을 통과시키는 것은 우리를 위한 일이 아니다.[22]

이 사건의 의미는 철도회사의 인종주의적 정책에 항의하는 공식 편지를 보낼지 말지라는 문제보다 훨씬 컸다. 전미여성참정권협회는 흑인 자매를 변호하기를 거부함으로써 이들이 해방 이후 가장 혹독한 시련을 겪고 있는 시기에 모든 흑인들을 상징적으로 내팽개쳤다. 이 제스처는 백인우월주의의 요구에 영합하는 반동적 잠재력을 지닌 정치세력으로서 참정권협회의 지위를 확고하게 굳혔다.

전미여성참정권협회가 로티 잭슨의 결의안이 제기한 인종주의 문제를 얼렁뚱땅 넘어가버린 사건은 실제로 조직 내부에서 흑인에 대한 편견이 표출되도록 조장했다. 객관적으로 보았을 때 백인우월주의에 대한 집념을 포기할 생각이 없는 남부 여성들도 언제든 협회에 참여할 수 있었다. 아무리 좋게 봐도 흑인의 평등투쟁에 대한 이런 모호한 태도는 인종주의에 대한 묵인이었고, 나쁘게 보면 영향력 있는 대중조직이 당대의 백인우월주의 세력들이 확산시킨 폭력과 파괴를 고의적으로 장려한 것이었다.

물론 참정권 운동의 인종주의적 오류는 수전 B. 앤서니가 개인적으로 책임질 일은 아니었다. 하지만 앤서니는 세기 전환기에 이 운동에서 가장 눈에 띄는 지도자였고, 흑인의 평

등투쟁에 대한 이런 '중립적인' 공적 태도는 사실상 전미여성
참정권협회 내에서 인종주의의 영향력을 강화했다. 앤서니가
자신의 친구 아이다 B. 웰스의 조사 결과를 진지하게 들여다
보았더라면, 인종주의에 대한 두루뭉술한 태도는 폭도 수천
명에 의한 린치와 대량학살이 중립적인 문제로 간주될 수 있
음을 암시한다는 사실을 깨달았으리라. 1899년 웰스는 린치
에 대한 막대한 양의 연구를 완료하고 비극적이리만치 충격적
인 연구 결과를 발표했다. 지난 10년 동안 공식적으로 기록된
린치는 매년 100건에서 200건 사이였다.[23] 1898년 웰스는 매
킨리 대통령이 사우스캐롤라이나의 우체국장이 저지른 린치
에 대해 연방의 개입을 명해야 한다고 직접 요구함으로써 대
중적인 소요 같은 것을 일으켰다.[24]

　　1899년 수전 B. 앤서니가 짐크로법 반대 결의안의 파기
를 촉구했을 때 흑인들은 백인우월주의를 조장한 매킨리 대
통령을 대대적으로 비난했다. 전미유색인종연맹(Colored Na-
tional League) 매사추세츠 지부는 사우스캐롤라이나 피닉스
에서 테러가 판을 치는 동안 매킨리가 싸고도는 듯이 침묵을
지켰고, 흑인들이 노스캐롤라이나 윌밍턴에서 학살을 당할 때
도 개입하지 않았다며 날을 세웠다. 이들은 매킨리가 남부를
순회하는 동안 이렇게 말했다.

　　당신은 오랜 세월 고통에 신음하는 흑인 동료 시민들에게는
　　인내와 근면함과 절제를, 그리고 당신의 백인 동료들에게는
　　애국심과 주전론과 제국주의를 설파했다.[25]

매킨리가 조지아에 있는 동안 폭도들이 한 교도소에 난입해서 흑인 남자 다섯 명을 생포했다.

그리고 당신이 거의 들을 수 있는 곳에서, 당신의 눈 앞에서 (…) 그들은 잔혹하게 살해당했다. 당신은 말했는가? 입을 열고 끔찍한 범죄를. (…) 만천하에 당신 나라의 정의와 명예와 인간애에 지울 수 없는 오명을 속속들이 남기고 도를 넘어선 야만을 시전한 그 범죄의 공포를 알렸는가?[26]

그리고 대통령은 그 시기에 자행된 가장 악명 높은 린치 중 하나인, 조지아주에서 샘 호스(Sam Hose)를 산 채로 태워 죽인 사건에 대해서도 아무 말도 하지 않았다.

그는 어느 조용한 일요일 아침 납치범들에게 끌려가 소위 조지아주 모범 시민 수천 명이 환호하는 가운데 형언할 수 없을 정도로 잔인하게 산 채로 불태워졌다. 남자, 여자, 아이들이 이 기독교 안식일에 한 인간의 화형 현장을 마치 시골 축제, 순진한 즐거움과 유희가 있는 명절 행사를 방문하듯 찾아갔다.[27]

헤아릴 수 없이 많은 역사적 기록들이 1899년에 흑인들이 감행한 강력한 저항들뿐만 아니라 인종주의적 공격의 분위기를 확인시켜준다. 특히 상징적인 문서는 전국아프리카계 미국인의회(National Afro-American Council)가 흑인들에게

6월 2일을 단식과 기도의 날로 기리라고 촉구하며 발행한 성명서다. 「뉴욕트리뷴(New York Tribune)」에 발표된 이 성명서는 '고문, 교수형, 총살, 도살, 주검 훼손, 방화'를 자행하는 '무식하고 사악하며 위스키에 전 남자들'로 이루어진 폭도들에게 흑인들을 손쉬운 먹잇감으로 던져주는 가당찮고 무분별한 체포를 규탄했다.[28]

인종주의 테러는 불길한 조짐 수준의 국지적인 문제가 아니었다. 테러의 위세는 이미 흑인들을 공포로 몰아넣었다. 수전 B. 앤서니는 어떻게 인권과 정치적 평등을 믿어야 한다고 주장하면서 동시에 자기 조직 회원들에게 인종주의 문제에 침묵하라고 조언할 수 있었을까? 부르주아 이데올로기—그리고 특히 그 인종주의적 요소—가 정말로 테러의 실제 이미지를 모호하고 사소해 보이게 만들고, 고통받는 인간의 끔찍한 비명을 잘 들리지 않는 웅얼거림으로, 그러다가 침묵으로 희석해버리는 힘을 가지고 있는 게 틀림없다.

새로운 세기에 접어들면서 중대한 이데올로기적 결합을 통해 인종주의와 성차별주의가 새로운 방식으로 연결되었다. 항상 손쉽게 어울리던 백인우월주의와 남성우월주의가 공개적으로 그 결합을 받아들이고 강화됐다. 20세기 첫 몇 해 동안 인종주의적 사고의 영향력은 그 어느 때보다 강력해졌다. 지적 풍토—심지어 진보적인 집단 내에서조차—는 앵글로색슨 인종의 우월성에 대한 비합리적인 관념에 치명적으로 오염된 듯했다. 인종주의 프로파간다가 이렇듯 갈수록 심하게 확산되면서 여성의 열등함을 시사하는 사고 역시 이와 비숫하게 날로 확산됐다. 국내외의 유색인종이 무능한 야만인으로 묘사되었다면 여성—그러니까 백인 여성—은 근본적인 존재 이유가 수컷 종의 양육에 있는 어머니로서 전보다 더 경직되게 그려졌다. 백인 여성들은 어머니로서 자신들이 백인의 우월성을 지키는 투쟁에서 아주 특별한 책임을 지고 있다고 배우고 있었다. 결국 이들은 '종의 어머니'였다. 종이라는 단어는 '인간 종'을 일컫는 것이어야 했음에도 현실에서는—특히 우생학 운동이 인기를 얻으면서—'종'과 '앵글로색슨 인종'이 거의 구분되지 않았다.

인종주의가 백인 여성 조직에 견고한 뿌리를 내리면서 성차별적인 모성 숭배 사상 역시 남성우월주의 척결을 공식 목표로 하는 운동으로 슬금슬금 침투해 들어왔다. 성차별주의와 인종주의의 결합은 서로를 강화했다. 지배적인 인종주의 이데올로기를 이전 어느 때보다 열렬히 받아들인 참정권 운동은, 여성참정권 운동을 꾸준히 위험에 빠뜨리는 험난한 장애물 코스를 선택한 것과 다를 바 없었다. 전미여성참정권협회의 1901년 대회는 수전 B. 앤서니가 진행을 맡지 않은 첫 번째 대회였다. 그 전해에 대표직에서 물러난 앤서니는 그럼에도 대회에 참석했고 신임 대표인 캐리 채프먼 캣(Carrie Chapman Catt)은 앤서니에게 환영사를 해달라고 청했다. 앤서니의 환영사는 새 생명을 얻은 우생학 캠페인의 영향력을 드러냈다. 앤서니는 과거 여성은 '남성의 입맛과 욕정'에 의해 더럽혀졌지만[29] 이제는 여성들이 '종'의 구원자가 되는 목표를 완수할 때라고 말했다.[30]

193

(종은) 여성의 지능적인 해방을 통해 정화될 것입니다. (…)
종은 여성을 통해 구원받을 것입니다. 이런 이유로 저는 여
성을 모든 정치, 산업, 종교적인 종속에서 즉각, 무조건적으
로 해방할 것을 요구합니다.[31]

캐리 채프먼 캣의 주요 연설은 여성참정권의 세 가지 '거
대한 장애물'을 지적했다. 그것은 바로 군사주의, 매춘, 그리고,

민주주의 발전의 둔화입니다. 그것은 어쩌면 잘못된 조언 때
문에 서둘러 외국인과 니그로와 인디언에게 참정권을 부여
한 공세적인 움직임 이후 그에 대한 반동으로 찾아왔습니
다. 국가에 방대한 수의 무책임한 시민들을 포함시킨 뒤에
찾아온 것으로 보이는 위험한 상황 때문에 이 나라가 소심
해진 것입니다.[32]

1903년 전미여성참정권협회 내에는 인종주의적 주장이
워낙 판을 쳐서 백인우월주의 지지자들이 조직을 장악하려고
결심을 굳힌 것처럼 보일 정도였다. 의미심장하게도 1903년
의 대회는 남부의 도시 뉴올리언스에서 열렸다. 이 자리에서
쏟아진 인종주의적 주장에 숱한 모성 숭배 옹호론이 덧붙여
진 것은 우연이라고 보기 힘들다. 루이지애나 대법원 수석재
판장의 아들 에드워드 메릭(Edward Merrick)은 "'무식한 니
그로 남자들'에게 참정권을 부여하는 범죄"에 대해 이야기했
고[33] 뉴햄프셔 대표 메리 체이스(Mary Chase)는 '가정의 당연

한 수호자이자 보호자'인 여성에게 참정권이 주어져야 한다고 주장했다.[34]

1903년의 대회에서, 미시시피에서 온 벨 키어니(Belle Kearney)는 인종주의와 성차별주의의 위험한 동맹을 가장 노골적으로 공식화하는 발언을 했다. 남부의 흑인 인구를 '야만에서 벗어나지 못한 문맹의 450만 노예 출신들'이라고[35] 대놓고 언급한 키어니는 이들에게 참정권을 부여한 것은 남부가 '근 40년간 용맹하고 고결하게' 짊어지고 투쟁해온 '끔찍한 부담'이라며 역사를 되짚어 환기시켰다.[36] 부커 T. 워싱턴의 흑인을 위한 직업교육 이론에 아무리 현실에 적용하기에 불충분한 부분이 있더라도, 키어니는 터스키기* 그리고 그와 유사한 학교들이 '권력을 손에 넣는 데만 적당하고, 흑인이 기술과 부를 손에 넣어서 지역사회에 반드시 있어야 하는 존재가 되면'[37] 인종전쟁 같은 일이 벌어지게 될 것이라고 주장했다.

가난 때문에 비통해하고 열등함 때문에 모욕을 당하는 불쌍한 백인 남자는 자신과 자기 아이들을 위한 자리를 찾지 못하게 되고, 그러면 인종 간에 난투극이 벌어지게 될 것이다.[38]

물론 백인 노동자와 흑인 노동자 간의 이런 투쟁은 절대 불가피하지 않았다. 하지만 신흥독점자본가계급의 대변자들

* 앨라배마에 있는 흑인 전문대학.

은 이런 인종주의적 분열을 조장하기로 작정했다. 키어니가 뉴올리언스대회에서 연설을 한 것과 거의 같은 시기에 미국 상원에서 이와 동일한 경고가 터져나왔다. 1903년 2월 24일 사우스캐롤라이나 상원의원 벤 틸먼(Ben Tillman)은 남부에 있는 흑인 대학과 학교 들이 인종 갈등을 양산하게 될 거라고 경고했다. 자기가 보기에 '원숭이와 인간 사이의 잃어버린 고리에 가장 가까운 이 사람들'이 '백인 이웃들과 경쟁'할 능력을 갖추게 하려고 만들어진 이런 학교들은,

> 우리 시민 가운데 가난한 계급과 노동시장에서 이들과 같은 수준인 흑인들 간의 반목을 야기할 것이다.[39]

게다가,

> 남부에 있는 백인들의 기를 북돋는 데에, 앵글로색슨 미국인들, 매리온과 섬터*와 함께 싸운 사람들의 후예들을 돕는 데에 전혀 기여하지 않았다. 남부의 백인 노동자들은 가난과 무시 속에서 악전고투하고, 생계를 꾸리기 위해 할 수 있는 모든 걸 하고 있는데, 북부 사람들이 수천 명씩 쏟아져 들어와서는 아프리카인들의 지배체제 구축을 거드는 모습을 목격하고 있다.[40]

* 미국 독립전쟁에서 공을 세운 장군인 프랜시스 매리언(Francis Marion)과 토머스 섬터(Thomas Sumter).

키어니와 틸먼의 논리와는 달리 인종 갈등은 즉각 분출되지 않았다. 그보다는 경제적으로 상승세를 타고 있는 계급의 대표들에 의해 의식적으로 계획되었다. 이들은 자신들의 착취 설계를 실현하기 위해 노동계급의 단결을 방해할 필요가 있었다. 곧 터질 '인종폭동'—애틀랜타, 텍사스 브라운스빌, 오하이오 스프링필드—은 1898년 사우스캐롤라이나 피닉스와 윌밍턴 대학살처럼 바로 다인종 노동계급 내부의 긴장과 반목을 고조시키기 위해 섬세하게 조직된 것이었다.

벨 키어니는 뉴올리언스대회에서 인종 간 반목을 관리 가능한 수준 이내로 억제하는 확실한 방법을 발견했다고 자매들에게 알렸다. 키어니는 자신이 피할 수 없는 인종전쟁을 예방하는 방법을 정확히 알고 있다고 주장했다.

이 형언할 수 없는 정점을 피하려면 여성에게 참정권이 주어져야 하고 투표권에 학력과 재산 요건을 적용해야 할 것입니다.

여성참정권은 즉각적이고 견고한 백인우월주의의 정직한 달성을 보장할 것입니다. "단 한 주를 제외한 모든 주에서 흑인과 백인, 미국 선주민과 외국인을 아우르는 전체 문맹 유권자보다 교육받은 백인 여성이 더 많다"라는 진술에 의문의 여지 없는 권위가 담겨 있기 때문입니다.[41]

키어니의 연설이 아무리 소름 끼치긴 해도 여성참정권 운동 안에서 상당히 친숙해진 이론을 설파하고 있다는 사실까지 덮을 수는 없다. 통계에 근거한 주장과 문해력 요건에 대한 요구는 과거 전미여성참정권협회의 대회에서 수차례 되풀이된 바 있었다. 불행하게도 키어니는 투표권에 재산권 요건을 적용할 것을 제안하면서 참정권 운동 내에서 지지를 얻게 된 반노동계급적 사고를 드러냈다.

벨 키어니가 전미여성참정권협회 대회에 참석한 회원들에게 연설한 내용에는 아이러니한 비틀기가 있었다. 수년간 선도적인 참정권 운동가들은 **편의성**이라는 만능 주장으로 인종평등에 대한 협회의 무심함을 정당화했다. 이제 여성참정권은 인종적 우위를 달성하기 위한 가장 편의적인 수단을 대변했다. 여성참정권협회는 부지불식간에 자기 함정에—투표권을 손에 넣을 생각으로 내세운 편의성이라는 함정에—빠지게 되었다. 인종주의에 대한 투항의 패턴이 자리를 잡고 나서—그리고 특히 피도 눈물도 없는 신흥 독점 자본의 확장을 위해서는 더 강력한 형태의 인종주의가 필요했던 그 역사적인 시점에—참정권 운동가들이 결국 그 부메랑에 상처받게 되는 것은 피할 수 없었다.

미시시피 대표는 당당하게 선언했다.

언젠가 북부는 남부를 유심히 살피며 구원의 가능성을 찾을 수밖에 없을 것이다. (…) 앵글로색슨 혈통의 순도, 그 사회경제적 구조의 단순함, 그리고 성스러운 신앙의 유지가 훼손되지 않고 유지되어왔으므로.[42]

여기서는 자매의 연대를 눈곱만큼도 감지할 수 없고, 남성우월주의 척결이나 결국 여성이 자아를 찾게 되는 문제에 대해서는 일언반구도 없었다. 결국 이들이 온갖 희생을 감수하고 지켜야 했던 것은 여성의 권익이나 정치적 평등이 아니라 백인의 인종적 우월함이었다.

북부가 나라를 구하기 위해 남부에 의지하지 않을 수 없듯, 남부는 아프리카인에 대한 백인종의 우월함을 유지하기 위한 수단으로 앵글로색슨 여성들에게 관심을 기울이지 않을 수 없을 것이다.[43]

"하나님에게 감사하게도 흑인 남자가 해방되었네!" 키어니는 고의적으로 인종주의적 우월함을 드러내며 탄식했다.

나는 흑인 남자가 가능한 모든 행복과 진보를 누리기를 바라지만 앵글로색슨 인종의 성역을 침범하지는 않기를 바란다.[44]

8장
흑인 여성과 클럽 운동

여성클럽총연합(General Federation of Women's Clubs)은 회원들 내부의 인종주의에 반기를 드는 방식으로 1900년 열 번째 창립기념일을 기념할 수도 있었다. 하지만 안타깝게도 이 조직의 입장은 명백하게 친인종주의적이었다. 대회의 자격심사위원회가 보스턴여성시대클럽(Boston's Women's Era Club)이 보낸 흑인 대표를 배제하기로 결정했던 것이다. 입장불가 판정을 받은 이 클럽에는 여성클럽총연합에 대표를 보낸 수많은 클럽 가운데 백인 여성 모임 단 두 곳만이 내세울 수 있는 차이의 표지가 있었다. 소로시스(Sorosis)*와 뉴잉글랜드여성클럽(New England Women's Club)이 백인 여성 동호회 중 선구적인 조직이었다면, 당시 5년째에 접어들었던 여성시대클럽은 클럽 운동 내에서 흑인 여성들의 최초의 조직 결성 작업이 만들어낸 결실이었다. 대표였던 조지핀 세인트 피에르 러핀(Josephine St. Pierre Ruffin)은 보스턴 내 백인 클럽

---

* 1868년에 결성된 전문직 여성 모임.

계에서는 '교양 있는' 여성으로 알려져 있었다. 러핀의 남편은 후에 매사추세츠주 최초의 흑인 판사가 되는 하버드대 대학원생이었다. 자격심사위원회가 러핀에게 통보한 바에 따르면 러핀은 자신이 속해 있는 백인 클럽의 사절로서는 이 대회에서 환영받을 수 있었다. 물론 이렇게 되면 여성클럽총연합 내의 인종분리 규칙을 입증하는 데 필요한 예외적 존재가 될 것이었다. 하지만 러핀은 흑인 여성 클럽(이 모임은 이미 여성클럽총연합 회원 자격증을 받은 상태였다)의 대표로 참석하겠다는 뜻을 굽히지 않았기 때문에 대회장 입장을 거부당했다. 게다가 "이 규칙을 집행하기 위해 이미 그녀에게 전달된 배지를 그녀의 가슴에서 잡아떼려는 시도가 있었다".[1]

'러핀 사건' 직후 총연합 소식지에는 조직 내부에서 확연하게 드러난 인종주의에 저항해온 백인 여성들을 겁주려는 의도가 다분한 가상의 이야기가 실렸다. 아이다 B. 웰스의 설명에 따르면 '바보들의 난입(The Rushing in of Fools)'[2]이라는 제목의 이 기사는 어떤 익명의 도시에 있는 인종이 통합된 클럽에 닥친 위험을 그렸다. 정체를 알 수 없는 이 클럽의 백인 대표가 어떤 흑인 여성을 초대했고 대표와 친구가 된 흑인 여성은 그 모임의 회원이 되었다. 하지만 맙소사, 백인 여성의 딸이 흑인 여성의 아들과 사랑에 빠져 결혼을 하게 되었다. 이 흑인 여성의 아들이 자기 어머니처럼 워낙 피부색이 하얘서 그가 흑인이라는 걸 알아보기가 힘들었던 것이다. 하지만 이 기사에 따르면 그 남자에게는 흑인의 피가 '알아볼 수 없을 정도로 작은 한 방울' 섞여 있었고, 그래서 젊은 백인 아내는

'칠흑같이 검은 아기'를 낳고는 "너무 충격이 커서 사경을 헤매다가 세상을 떠났다".[3] 흑인이라면 이 이야기가 억지스럽다는 사실을 알아차렸겠지만 소식지는 빠르게 몸을 놀려 인종이 섞인 여성 클럽은 백인 여성성을 더럽히는 결과로 귀결된다는 메시지를 널리널리 퍼날랐다.

흑인 여성들이 소집한 최초의 전국대회는 1890년 여성클럽총연합이 창립대회를 치르고 난 지 5년 뒤에 개최되었다. 흑인 여성들의 조직 결성 경험은 남북전쟁 이전으로 거슬러 올라갈 수 있다. 이들은 백인 자매들처럼 문학 모임과 자선 모임에 참여했다. 그 시기에 이런 활동들은 대체로 노예제 반대라는 대의와 관련이 있었다. 하지만 노예제 폐지 운동에 함께했던 백인 여성들과는 달리 흑인 여성들의 동기는 자선이나 일반적인 도덕적 원칙보다는 흑인의 생존이라는 확고부동한 요구였다. 1890년대는 노예제 폐지 이후 흑인들에게 가장 어려웠던 시기였고 여성들은 자연스럽게 자기 인종의 저항 투쟁에 가담할 의무를 느꼈다. 밀어닥치는 린치의 물결과 흑인 여성에 대한 무차별적인 성폭력에 대한 대응에서 최초의 흑인여성 클럽이 조직되었다.

일반적인 해석에 따르면 백인 여성들이 만든 총연합의 기원은 남북전쟁 직후로 거슬러 올라간다. 뉴욕프레스클럽(New York Press Club)이 여성들을 배제하자 1868년에 여성 클럽인 소로시스가 조직된 것이다.[4] 뉴욕에서 소로시스가 설립되자 보스턴의 여성들은 뉴잉글랜드여성클럽을 만들었다. 이후 동북부의 두 주요 도시에서 클럽 결성이 급증했고

1890년에는 전국연합을 설립할 수 있게 되었다.[5] 2년이라는 짧은 기간에 여성클럽총연합에는 190개 클럽과 2만 명이 넘는 회원이 가입했다.[6] 여성사를 공부하는 한 학생은 백인 여성들을 자석처럼 끌어당긴 클럽의 매력을 이렇게 설명한다.

개인적으로 클럽들은, 전통적인 영역에서는 벗어났지만 여전히 전통과 관련이 있는 여가 활동을 원하던 중간계급 중년 여성의 욕구를 충족시켰다. 얼마 안 가 가정과 종교적인 노력만으로는 삶에 만족하지 못하는 여성이 말 그대로 수백만 명 존재한다는 사실이 분명해졌다. 대부분 변변한 교육을 받지 못했고, 유급 일자리를 얻을 의지나 능력이 없었던 이들은 클럽 활동에서 자신의 개인적인 딜레마에 대한 해결책을 찾아냈다.[7]

남부에서도 북부에서도 집 밖에서 일하는 흑인 여성은 백인 여성보다 훨씬 많았다. 1890년 유급노동에 몸담은 여성 400만 명 가운데 약 100만 명이 흑인이었다.[8] 흑인 여성들은 백인 중간계급 여성들을 괴롭힌 가정생활의 공허함에 그렇게까지 시달리지 않았다. 그렇긴 해도 흑인 클럽운동의 지도부는 노동계급 여성 중에서 등장하지는 않았다. 가령 조지핀 세인트 피에르 러핀은 매사추세츠주 판사의 아내였다. 이런 여성들이 백인 클럽의 대표들과 달랐던 부분은 인종주의에 맞설 필요를 의식하고 있었다는 점이었다. 실제로 이들은, 미국 사회의 일상적인 인종주의에 익숙했기 때문에, 성차별적 경험을 우선적으로 감지한 중간계급 백인 여성보다 노동계급 여성들에게 훨씬 더 끈끈한 유대감을 느꼈다.

클럽 운동이 출현하기 이전에 흑인 여성들이 독자적으로 조직한 최초의 대규모 모임은 신문기자 아이다 B. 웰스를 상대로 자행된 인종주의적 공격이 결성 계기가 되었다. 멤피스에 위치한 웰스의 신문사 사무실이 웰스의 린치 반대 기사에 분개한 인종주의 폭도들에 의해 파괴되고 난 뒤 웰스는 뉴욕에 영구적인 거처를 마련하기로 결심했다. 웰스가 자신의 자서전에서 밝힌 바에 따르면 세 친구가 당한 린치와 신문사의 파괴에 대해 웰스가 「뉴욕에이지(New York Age)」에 쓴 기사를 읽고 두 여성이 크게 감동을 받았다.

두 유색인종 여성은 서로를 방문했다가 나의 폭로에 대해 이야기를 나누었고, 뉴욕과 브루클린의 여성들이 내 노력에 사의를 표하고 내가 받았던 수모에 저항하기 위해 뭐라도 해야 한다고 생각하게 되었다고 말했다.[9]

빅토리아 매슈스(Victoria Mathews)와 마리차 라이언스 (Maritcha Lyons)는 알고 지내는 여성들과 일련의 모임을 시작했고, 결국 여성 250명이 모인 위원회는 "두 도시 전역에서 감정을 자극했다"라는 이유로 기소되었다.[10] 이들은 몇 달도 안 되어 거대한 모임을 조직했고 이 모임은 1892년 10월 뉴욕 리릭홀에서 열렸다. 이 대회에서 아이다 B. 웰스는 린치에 관해 감동적인 발언을 했다.

홀은 만원사례를 이뤘다. (···) 이 대회에 참석해달라는 초대
를 받은 보스턴과 필라델피아의 유색인종 여성 대표들이 자
리를 빛냈다. 필라델피아의 거트루드 모셀(Gertrude Mos-
sell) 부인, 보스턴의 조지핀 세인트 피에르 러핀 부인, 우리
의 위대한 남성 중 한 명과 사별한 뉴욕시 공립학교의 교사
세라 가넷(Sarah Garnett) 부인, 브루클린의 뛰어난 흑인 여
성 의사 수전 매키너(Susan McKinner) 박사, 이들 모두가
연단에서, 흑인의 남성성을 방어하려 했다는 이유로 추방된
외롭고 향수에 시달리는 소녀 뒤에 든든하게 자리를 잡았
다.[11]

아이다 B. 웰스는 또 다른 신문사를 설립하기 위한 기금
을 넉넉하게 모았고—이는 운동 지도자들이 상대적으로 부유
층이라는 의미이다—펜 모양으로 된 황금 브로치도 받았다.[12]
이 영감 넘치는 집회 이후 행사를 조직했던 여성들은 브
루클린과 뉴욕에서 애국여성동맹(Women's Loyal Union)이
라고 하는 상설 조직을 만들었다. 아이다 B. 웰스에 따르면 이
조직들은 전적으로 흑인 여성들이 만들고 주도한 최초의 클
럽이었다. "이 나라에서 유색인종 여성들의 클럽 운동이 진짜
로 시작된 것이었다."[13] 보스턴의 여성시대클럽—나중에 여
성클럽총연합에 의해 대회 참석을 허락받지 못하는—은 조
지핀 세인트 피에르 러핀이 아이다 B. 웰스가 보스턴을 방문
했을 때 소집한 모임이 확대된 것이었다.[14] 웰스가 연설을 했
던 유사한 모임들이 뉴베드퍼드, 프로비던스, 뉴포트, 그리고

나중에는 뉴헤이번에서도 상설 클럽으로 이어졌다.[15] 1893년 웰스가 워싱턴에서 했던 린치 반대 연설은 나중에 전미유색인종여성클럽협회(National Association of Colored Women's Clubs)의 초대 회장이 된 메리 처치 테럴(Mary Church Terrell)이 처음으로 공식적인 자리에 등장하는 계기가 되었다.[16]

아이다 B. 웰스는 흑인 여성들을 클럽 운동으로 끌어들이기 위한 인기 연사 그 이상이었다. 웰스는 왕성한 조직가로서 시카고에서 최초의 흑인 여성 클럽을 설립하고 그 대표를 역임하기도 했다. 린치 반대 여론을 조성하기 위해 최초의 해외 순방을 하고 난 뒤에는 프레더릭 더글러스를 도와서 1893년 만국박람회에 반대하는 운동을 조직했다. 웰스의 노력 덕분에 '미국의 유색인종이 세계컬럼비아박람회에 없는 이유(The Reason Why the Colored American is not in the World's Columbian Exposition)'라는 제목으로 박람회장에 배포할 소책자 발행 비용을 마련하기 위한 여성위원회가 조직되었다.[17] 시카고 만국박람회 이후 웰스는 북동부 도시의 흑인 여성들처럼 상설 클럽을 만들어보라고 시카고의 여성들을 설득했다.[18]

웰스가 끌어들인 일부 여성들은 시카고에서 가장 부유한 흑인 집안 출신이었다. 가령 존 존스 부인은 '당대 시카고에서 제일 돈 많은 유색인종 남성'의 부인이었다.[19] 하지만 이 성공한 사업가가 전에는 '지하철도'에서 활동했고 이 운동을 주도하여 일리노이의 흑인법을 폐지시켰다는 사실은 짚고 넘어갈 필요가 있다. 시카고여성클럽의 회원 약 300명 중에는 초창

기 '흑인 부르주아지'를 대변하는 여성들과 '교회와 비밀결사
에서 가장 두각을 나타낸 여성들'[20] 외에도 '학교 교사와 주부
와 여고생'[21] 들이 있었다. 가장 초기의 활동 중 하나를 통해
이들은 흑인 남성을 살해한 경찰관을 기소하기 위한 기금을
모았다. 시카고에서 클럽에 참여하는 흑인 여성들은 누가 봐
도 분명하게 흑인해방투쟁에 힘을 보태고 있었다.

선봉에 선 보스턴여성시대클럽은 아이다 B. 웰스가 첫 모
임에서 촉구한 대로 흑인들을 굳건하게 변호하는 활동을 이
어갔다. 전미유니테리언교회의회(National Conference of the
Unitarian Church)가 린치 반대 결의안을 통과시키기를 거부
하자 새시대(New Era) 회원들은 공개서한을 통해 이 교회의
여성 지도자 한 명에게 강한 항의를 피력했다.

우리 여성시대클럽 회원들은 우리가 미국의 유색인종 여성
을 대변한다고 믿는다. (…) 유색인종 여성으로서 우리는 너
무나 많은 고통에 시달렸고 지금도 시달리고 있어서 다른
사람들의 고통에 무지하지만, 우리가 다른 사람들보다 우리
자신의 고통에 더 예민한 것은 자연스러운 일이다. 그러므로
우리가 이런 사례에 대해 계속 침묵한다면 우리 자신에 대
해, 우리의 기회에 대해, 우리 인종에 대해 부정을 저지르는
것이라고 느낀다.

우리는 많은 일을 감내했고 인내심을 가지고 믿음을 이
어간다. 우리는 우리의 세상이 무너져내리는 것을, 우리의
남자들이 도망자와 떠돌이가 되거나 그들의 젊음과 강인함

이 예속에 잠식되는 것을 보았다. 우리 역시 인생의 항로에서 일상적으로 장애물을 만나고 억압을 경험한다. 우리는 출세, 평화와 행복의 모든 기회가 우리에게는 허락되지 않으리라는 것을 안다. (…) 기독교인 남자와 여자 들은 우리에게 그들 교회의 문을 열기를 (…) 절대적으로 거부한다. (…) 우리 아이들은 욕먹어도 싼 대상으로 여겨진다. (…) 우리의 어린 소녀들은 언제고 악독하고 더러운 자동차 안으로 끌려들어갈 수 있고, 이들의 필요와는 관계없이 음식과 보금자리를 거부당할 수 있다.[22]

이 항의 서한은 흑인 여성들이 겪고 있는 교육 기회와 문화적 박탈에 대해 언급한 뒤 린치에 대한 대대적인 저항을 촉구했다.

정의를 위해, 이 나라의 이름을 걸고, 우리는 린치라는 끔찍한 범죄에 반대하는 목소리를 장엄하게 드높인다. (…) 그리고 우리는 도처의 기독교인들에게 우리와 똑같이 행동하지 않으면 살인자에게 동조하는 인간이라는 낙인이 찍히리라고 선언한다.[23]

제1회 전미유색인종여성대회가 1895년 보스턴에서 열렸을 때 클럽 소속의 흑인 여성들은 5년 앞서 클럽 운동의 연합체를 만든 백인 여성들을 모방하는 데서 그치지 않았다. 이들은 한자리에 모여서 흑인 여성을 상대로 자행되고 있는 선전, 선동 공격과 꾸준히 횡행하는 린치에 대한 저항 전략을 결정했다. 대회의 사절들은 린치에 우호적인 미주리언론협회(Missouri Press Association) 대표가 아이다 B. 웰스를 공격한 사건에 대응하면서 '니그로 여성성에 대한 모욕'²⁴에 항의했고, "(웰스가) 린치 반대 운동을 하면서 추구했던 길을 만장일치로 지지함을 이 나라에" 알렸다.²⁵

시카고에서 백인 여성들에게 클럽에서 배제당한 패니 배리어 윌리엄스(Fannie Barrier Williams)는 백인 클럽 운동과 흑인 클럽 운동의 차이를 압축해서 설명했다.

> 흑인 여성들은 진보에는 문화, 교육, 교제라는 용어들이 일반적으로 의미하는 것보다 훨씬 많은 것들이 포함된다는 사실을 깨닫게 되었다.
>
> 유색인종 여성들의 클럽 운동은 인종 전체의 열악한 처지에 손길을 뻗친다. (⋯) 클럽 운동은 이제 한 인종의 사회적 상승을 위한 다양한 수단 중 하나일 뿐이다.
>
> 클럽 운동의 목적은 훌륭하다. (⋯) 그것은 일시적인 유행이 아니다. (⋯) 그보다는 낡은 무지에 대항하는 새로운 지성의 세력이다. 증오로 가득한 과거의 스트레스와 고통 속에서 태어난, 사회적으로 비참한 종족 전체에 대해 각성한 양심의 투쟁이다.²⁶

흑인 여성의 클럽 운동은 단호하게 흑인해방투쟁에 전념했지만 그 중간계급 지도자들은 때로는 안타깝게도 흑인 대

중에 대해 엘리트주의적인 태도를 취했다. 가령 패니 배리어
윌리엄스는 클럽의 여성들을 해당 인종의 '새로운 지성이자
각성된 양심'[27]으로 보았다.

> 백인 여성들 사이에서 클럽은 최고의 여성성을 위한 최고의
> 여성들의 전진 운동을 의미한다. 유색인종 여성들 사이에서
> 클럽은 무능한 다수를 위한 유능한 소수의 노력이다.[28]

전국적인 흑인 여성 클럽 조직이 최종적으로 자리를 잡
기 전에 클럽 대표자들 사이에서 다소 불행한 경쟁이 있었던
것으로 보인다. 1895년 조지핀 세인트 피에르 러핀이 소집한
보스턴대회를 발판으로 전국아프리카계미국인여성연합(Na-
tional Federation of Afro-American Women)이 같은 해에 창
설되고 마거릿 머리 워싱턴(Margaret Murray Washington)을
대표로 선출했다.[29] 이 조직은 12개 주에서 활동하는 30여 개
클럽을 규합했다. 1896년에는 메리 처치 테럴을 대표로 내세
운 전미유색인종여성연맹(National League of Colored Wom-
en)이 설립되었다. 하지만 곧이어 경쟁 관계에 있던 조직들이
전미유색인종여성클럽협회(National Association of Colored
Women's Clubs)로 합쳐졌고 테럴을 대표로 선출했다. 이후
메리 처치 테럴과 아이다 B. 웰스는 몇 년에 걸쳐 이 전국적
인 흑인 클럽 운동 내에서 서로에 대한 적개심을 드러낸다. 웰
스는 자서전에서 자신이 시카고에서 개최된 전국유색인종여
성클럽협회의 1899년 대회에서 배제된 것은 테럴 개인의 책

임이었다고 주장한다.[30] 테럴이 웰스가 다시 대표로 선출되는
게 두려워서 이 전직 여성 신문기자를 배제했고, 대회가 진행
되는 동안 자기 라이벌이 상징을 맡게 된 린치 반대 투쟁을 최
소화했다는 것이다.[31]

　　메리 처치 테럴은 해방 이후 노예 소유주인 아버지에게
서 상당한 유산을 물려받은 노예의 딸이었다. 집안이 부유하
다 보니 테럴은 흔치 않은 교육 기회를 누렸다. 테럴은 4년간
오벌린대학(Oberlin College)에 다닌 뒤 미국에서 대학원을
다니는 세 번째 흑인 여성이 되었다.[32] 그리고 해외의 여러 고
등 연구 기관에서 학업을 이어갔다. 고등학교 교사였다가 나
중에는 대학교수가 된 메리 처치 테럴은 흑인 여성으로서는
최초로 워싱턴 D.C. 교육위원회에 임명되었다. 만약 테럴이
정치 경력이나 학문을 통해 개인적인 부와 성취를 좇았더라
면 분명 성공했을 것이다. 하지만 테럴은 집단적인 흑인해방
에 대한 관심 때문에 성인기 전체를 흑인해방투쟁에 쏟아부
었다. 메리 처치 테럴은 다른 누구보다도 흑인 여성 클럽 운동
을 강력한 정치집단으로 빚어낸 핵심 인물이었다. 아이다 B.
웰스는 테럴을 가장 심하게 비판한 인물 중 한 명이긴 했지만
웰스 역시 클럽 운동에서 테럴이 중요한 역할을 했다는 점을
인정했다. 웰스의 말에 따르면 '테럴 부인은 모든 면에서 우리
가운데 가장 학식이 높은 여성'이었다.[33]

　　메리 처치 테럴처럼 아이다 B. 웰스 역시 옛 노예 집안에
서 태어났다. 황열병이 돌아서 부모님이 모두 돌아가셨을 때
웰스는 아직 10대였고 부양해야 할 동생이 다섯 명이나 있었

다. 웰스는 이런 무거운 짐을 바로 짊어지기 위해 아이들을 가르치는 일을 시작했다. 하지만 인종주의 반대 운동에 들어서지 못할 정도로 그렇게까지 개인적인 고난이 압도적이지는 않았다. 웰스는 22세라는 어린 나이에 철도 여행을 하면서 겪은 인종차별에 맞서서 철도회사를 상대로 법원에 소송을 제기했다. 10년 뒤 아이다 B. 웰스는 테네시주 멤피스에서 자기 신문을 발행했고, 친구 세 명이 인종주의 폭도들에게 살해당한 뒤 이 신문을 린치에 대항하는 강력한 무기로 전환했다. 인종주의자들에게 목숨을 위협당하고 신문사 사무실이 파괴당하면서 망명자가 될 수밖에 없었던 웰스는 린치를 상대로 놀라울 정도로 효과적인 성전에 돌입했다. 웰스는 미국 전역의 도시와 마을을 돌아다니면서 흑인과 백인 모두에게 횡행하는 린치에 대대적으로 반기를 들자고 촉구했다. 또한 해외순방을 통해 유럽인들에게 미국에서 흑인을 대상으로 자행되는 린치에 반대하는 연대운동을 조직해달라고 촉구했다. 20년 뒤 57세가 된 아이다 B. 웰스는 이스트세인트루이스 봉기 현장에 한달음에 달려갔다. 63세에는 아칸소주에서 일어난 인종주의자들의 집단공격에 대한 조사를 실시했다. 그리고 세상을 떠나기 전날에도 여느 때만큼이나 호전적으로 시카고에 있는 한 호텔의 분리주의 정책에 반대하는 흑인 여성 시위를 이끌었다.

아이다 B. 웰스는 린치를 상대로 지난한 전쟁을 벌이면서 선동과 대치 전술의 전문가가 되었다. 하지만 말과 글을 가지고 흑인해방을 부르짖는 데서는 메리 처치 테럴만 한 인물이 없었다. 테럴은 논리와 설득을 통해 흑인의 자유를 추구했다. 거침없는 저술가이자 강력한 웅변가, 논쟁술의 대가였던 테럴은 꾸준히 원칙을 지키며 노동계급의 권리뿐만 아니라 흑인 평등과 여성참정권을 옹호했다. 아이다 B. 웰스처럼 테럴은 세상을 떠나던 해, 그러니까 90세까지도 왕성하게 활동했다. 인종주의에 대한 마지막 반항의 몸짓으로 메리 처치 테럴은 89세의 나이에 피켓을 들고 워싱턴 D.C.에서 행진에 참여했다.

아이다 B. 웰스와 메리 처치 테럴이 당대에 타의 추종을 불허하는 두 흑인 여성이었다는 데는 의문의 여지가 없다. 수십 년간 이어진 이들의 사적인 반목은 흑인 여성 클럽 운동의 역사에서 비극이었다. 이들의 개별적인 업적이 기념비적이긴 했지만, 만일 이들이 합심해서 힘을 썼더라면 흑인 자매들을 위해, 그리고 흑인 전체를 위해 진짜로 산을 움직였을 수도 있었으리라.

9장
여성 노동자, 흑인 여성, 참정권 운동의 역사

1868년 1월, 수전 B. 앤서니가 「레볼루션」 창간호를 발행했을 때는 노동시장에서 막 그 비율이 높아지기 시작한 여성 노동자들이 자신들의 권리를 지키기 위해 목소리를 높이기 시작하던 때였다. 남북전쟁 기간에는 그 어느 때보다 많은 백인 여성들이 집 밖으로 나가 직장을 구했다. 1870년에는 여성 노동자의 70%가 가사 도우미이긴 했지만, 일반적인 비농장노동자 가운데 4분의 1이 여성이었다.[1] 의류산업 안에서는 이미 여성이 다수였다. 이 당시 노동운동은 전국 규모의 노조를 서른 개나 아우르며 급성장하던 경제 세력이었다.[2]

그러나 노동운동 내에도 남성우월주의의 영향력이 워낙 막강해서 여성을 고용하는 기업은 담배공장과 인쇄공장뿐이었다. 하지만 일부 여성 노동자들은 스스로 조직을 꾸리기 시작했다. 남북전쟁과 그 직후의 기간 동안 여성 봉제사들은 여성 노동자들을 아우르는 최대 규모의 조직을 결성했다. 이들이 조직을 꾸리기 시작했을 때는 노동조합 결성의 물결이 뉴욕과 보스턴, 필라델피아, 그리고 의류산업이 번창하던 모든 주요 도시로 번지고 있었다. 1866년 전미노동조합(National Labor Union)이 결성되었을 때 조합의 대표들은 여성 봉제사들의 기여를 인정하지 않을 수 없었다. 전미노동조합은 윌리엄 실비스(William Sylvis)의 주도로 '이 땅에서 힘들게 일하는 딸들'[3] ─여성 봉제사들을 그렇게 불렀다─뿐만 아니라 일반 여성들의 노조 결성과 여성의 완전한 임금 평등 역시 지원하기로 결의했다.[4] 전미노동조합이 1868년에 다시 모여서 윌리엄 실비스를 대표로 선출했을 때 대표단 중에는 엘리자베스 캐디 스탠턴과 수전 B. 앤서니 같은 여성들이 있었다. 그렇기에 1868년 대회는 좀 더 강력한 결의안을 통과시키고 여성 노동자의 권익 문제를 전보다 더 진지하게 다루지 않을 수 없었다.

여성들은 1869년 전미유색인종노동조합(National Colored Labor Union) 창립대회에서 환영을 받았다. 한 결의안에서 흑인 노동자들이 설명한 바에 따르면 전미유색인종노동조합은 이제까지 '백인 동료 시민들이 저지른, 여성을 누락하는 실수'를 범하고 싶지 않았다.[5] 백인 노동 조직들의 배타적인 정책 때문에 결성된 이 흑인 노동 조직은, 백인 조직과 그 선행 조직들보다 여성 노동자의 권리에 더 진지하게 열중한다는 것을 실천으로 증명했다. 전미노동조합이 여성의 권리를 지지하는 결의안을 단순하게 통과시킨 반면, 전미유색인종노동조합은 실제로 정책 실행위원으로 여성─메리 S. 케리(Mary S. Carey)[6] ─을 선출했다. 수전 B. 앤서니와 엘리자베스 캐디 스탠턴은 이 흑인 노동조직의 반성차별주의적 업적에 대한 어떤 기록도 남기지 않았다. 이들은 아무래도 참정권 전투에 너무 몰입해서 이 중요한 진전을 기록하지 못했던 것 같다.

인종주의 성향의 민주당원 조지 프랜시스 트레인이 자금을 지원한, 앤서니의 「레볼루션」 창간호의 전반적인 메시지는 여성이 투표권을 손에 넣어야 한다는 것이었다. 그래서 이 신문은 여성참정권이 실현되면 여성에게 새로운 시대가 열리고, 온 나라에서 도덕이 최종적으로 승리하게 된다고 말하는 듯했다.

> 우리는 투표권이 노동의 세계에서 여성에게 동등한 자리와 동등한 임금을 보장해줄 것임을, 여성에게 학교와 대학과 전문직과 인생의 모든 기회와 혜택의 문을 열어줄 것임을, 그리고 여성의 손에 들어간 투표권은 사방에서 밀어닥치는 범죄와 비극의 물결을 진정시키는 도덕적 힘이 될 것임을 보여줄 것이다.[7]

「레볼루션」은 시야가 투표권에 너무 협소하게 집중될 때가 많긴 했지만 2년의 발행 기간 동안 여성 노동자의 투쟁에서 중요한 역할을 했다. 이 신문의 지면에는 성차별주의 반대 구호 '동일노동 동일임금'과 함께 하루 8시간 노동에 대한 요구가 반복적으로 게재되었다. 1868년부터 1870년까지 여성 노동자들—특히 뉴욕에서—은 「레볼루션」을 통해 파업이나 전략, 목표뿐만 아니라 불만까지 표출할 수 있었다.

앤서니는 남북전쟁 이후에 저널리스트로서의 연대로써만 여성 노동자들의 투쟁에 가담한 게 아니었다. 신문을 발행하던 첫해에 앤서니는 스탠턴과 함께 「레볼루션」의 사무실에서 인쇄 노동자들을 조직하여 여성노동자협회(Working Women's Association)를 결성했다. 그 직후 전국인쇄노동자협회(National Typographers)가 노조로서는 두 번째로 여성 노동자의 가입을 허용했고, 「레볼루션」의 사무실에는 여성인쇄노조(Women's Typographical Union) 1번 지부가 설립되었다.[8] 수전 B. 앤서니의 노력 덕분에 나중에는 여성 봉제사들 사이에서 두 번째 여성노동자협회가 조직되었다.

수전 B. 앤서니, 엘리자베스 캐디 스탠턴, 그리고 다른 신문사 동료들이 여성 노동자들의 대의에 중요한 기여를 하긴 했지만 사실 이들은 단 한 번도 노동조합주의의 원칙을 받아들이지 않았다. 앞서 흑인해방이 백인 여성들의 이해보다 일시적으로 더 중요할 수 있다는 사실을 인정하지 않으려 했던 이들은, 노동운동이 힘을 얻으려면 반드시 필요한 단결과 계급 연대라는 근본적인 원칙들을 전적으로 포용하지 못했다. 참정권 운동가들이 보기에 '여성'은 궁극의 시험대였다. 만일 여성의 대의를 더 발전시킬 수만 있다면 남성 노조원들의 파업에서 여성들이 배신자 노릇을 해도 잘못이 아니었다. 수전 B. 앤서니는 여성 인쇄공들에게 작업장에서 배신자 노릇을 하라고 촉구했다는 이유로 1869년 전미노동조합 대회에서 배제되었다.[9] 이 회의에서 앤서니는 자신을 변호하면서 이렇게 주장했다.

면전에서 사업과 직업의 문이 쾅 닫혀버리는 여자들의 잘못
은 남자들이 노동과 자본 사이의 세상에서 저지른 큰 잘못
에 비하면 해변에 떨어진 모래 한 알 수준이다.[10]

이 사건에서의 앤서니와 스탠턴의 태도는 평등권협회에
서 참정권 운동가들이 흑인을 배척하던 태도와 충격적일 정
도로 비슷했다. 해방노예들이 백인 여성보다 먼저 투표권을
얻게 되리라는 걸 알자 운동가들이 흑인 남성들을 공격했듯
앤서니와 스탠턴은 노동계급 남성들을 비슷한 방식으로 몰
아세웠다. 스탠턴은 전미노동조합에서 앤서니가 배제된 일은
「레볼루션」이 말하고 또 말했던 것, 즉 여성참정권 최대의
적은 남성 노동계급일 거라는 말'을 입증한다고 주장했다.[11]

'여성'은 시험대였지만 모든 여성이 거기에 해당되는 것
같지는 않았다. 흑인 여성은 물론 지난한 여성참정권 운동 안
에서 사실상 눈에 보이지 않았다. 백인 노동계급 여성의 경우,
참정권 운동 지도자들은 아마 처음에는 이 노동계급 자매들
의 조직화 노력과 호전성에 감명을 받았을 것이다. 그런데 알
고 보니 노동계급 여성들은 여성참정권이라는 대의에 그렇게
큰 열의가 없었다. 수전 B. 앤서니와 엘리자베스 캐디 스탠턴
이 여성에게 참정권이 주어지지 않은 현실에 함께 저항하자
고 몇몇 여성 노동운동 지도자들을 설득하긴 했지만, 노동계
급 여성 대중은 임금, 노동시간, 노동조건 같은 당면한 문제에
워낙 골몰해서 터무니없이 추상적으로 느껴지는 대의를 위해
싸우지 못했다. 앤서니에 따르면,

이 공화국 노동자 남성들에게 주어진 엄청나고 탁월한 혜택은, 흑인이든 백인이든 가장 가난한 시민의 아들이 이 땅에서 가장 부유한 자의 아들과 동일한 기회를 누린다는 점이다.[12]

수전 B. 앤서니가 노동계급 가정의 현실에 익숙했더라면 절대 이런 말은 못 했을 것이다. 노동계급 여성들이 익히 잘 알고 있듯 투표권을 행사하던 그들의 아버지, 남자 형제, 남편, 아들들은 전과 다름없이 부유한 고용주들에게 비참하게 착취당했다. 정치적 평등이 경제적 평등에 이르는 문을 열어주지는 않았던 것이다.

수전 B. 앤서니는 노동계급 여성들을 참정권 투쟁에 끌어들이고자 할 때 '여성은 투표권이 아니라 빵을 원한다(Woman Wants Bread, Not the Ballot)'[13]라는 제목의 연설을 자주 했다. 이 제목이 시사하듯 앤서니는 눈앞의 필요에만 집중하는 노동계급 여성들의 경향에 비판적이었다. 하지만 이들이 당면한 경제문제에 대한 구체적인 해법을 추구하는 것은 당연했다. 그리고 이들은 투표권이 생기면 남자들과, 그러니까 착취로 신음하는 같은 계급 남자들과 평등해질 수 있다는 참정권 운동가들의 약속에도 별로 꿈쩍하지 않았다. 앤서니가 자기 신문사 사무실에서 조직한 여성노동자협회 회원들조차도 투표를 거쳐 참정권 투쟁에 나서지 않기로 결정했다. 여성 노동자협회 초대 부회장의 설명에 따르면 "스탠턴 부인은 여성 노동자들의 참정권 협회를 만들고 싶어서 안달이었다".

그 안은 표결에 부쳐졌다가 결렬되었다. 협회에는 한때 100명이 넘는 여성 노동자가 있었지만 노동조건을 개선하기 위해 아무런 실천도 하지 않았더니 점점 사라졌다.[14]

수전 B. 앤서니는 여성 권익 운동의 지도자로서 경력을 쌓기 시작한 지 얼마 되지 않았을 때 투표권에는 여성해방의 진정한 열쇠가 들어 있고, 성차별주의 자체는 계급불평등과 인종주의보다 훨씬 억압적이라는 결론을 내렸다. 앤서니가 보기에 '지구상에서 가장 끔찍한 과두제'[15]는 여성에 대한 남성의 지배였다.

부자가 빈자를 지배하는 부의 과두제, 교육받은 자가 무지한 자를 지배하는 배움의 과두제, 심지어는 색슨족이 아프리카인들을 지배하는 인종의 과두제는 참아낼 수도 있다. 하지만 아버지, 남자 형제, 남편, 아들을, 모든 가정의 어머니, 여자 형제, 아내와 딸의 통치자로 만드는 성별의 과두제, 모든 남성을 군주로, 모든 여성을 신민으로 지정하는 이 과두제는 이 나라의 모든 가정에서 불화와 반란을 초래한다.[16]

앤서니의 완고한 페미니즘적 태도는 부르주아 이데올로기의 완고한 반영이기도 했다. 그리고 앤서니가 노동계급 여성이나 흑인 여성이 근본적으로 성별을 구분하지 않는 계급착취와 인종주의적 억압에 의해 동류의 남성들과 연결되어 있다는 점을 깨닫지 못한 것은 아무래도 부르주아 이데올로

221

기 때문에 시야가 좁아져 있었기 때문일 것이다. 노동계급과 흑인 남성들의 성차별적 행동에는 분명 맞서야 했지만, 진짜 적—이들 공통의 적—은 사장, 자본가, 또는 비참한 임금과 견디기 힘든 노동조건에, 그리고 직장에서의 인종차별과 성차별에 책임이 있는 그 누군가였다.

노동계급 여성들은 20세기 초에 자체적인 투쟁을 위해 투표권을 요구해야 할 특별한 이유가 생기고 나서야 참정권 투쟁에 대대적으로 나섰다. 뉴욕의 의류산업 종사자 여성들이 1909년 말부터 1910년 초까지의 겨울 동안 그 유명한 '20,000의 봉기(Uprising of the 20,000)'*에서 파업을 벌였을 때 투표권은 노동계급 여성의 투쟁과 각별한 관련을 맺기 시작했다. 여성 노동운동 지도자들의 주장에 따르면 노동계급 여성들은 투표권을 이용해서 더 나은 임금과 노동조건 개선을 요구할 수 있었다. 여성참정권이 계급투쟁의 강력한 무기로 작용할 수 있다는 것이다. 뉴욕 트라이앵글 셔츠웨이스트 공장에서 일어난 비극적인 화재로 여성 146명이 목숨을 잃은 뒤 여성 노동자들이 위험한 환경에서 일하지 못하게 하는 법안의 필요성이 아주 확실해졌다. 다시 말해서 노동계급 여성들은 자신의 생존을 보장받기 위해 투표권이 필요했다.

여성노동조합연맹(Women's Trade Union League)은 임금노동자참정권연맹(Wage Earners' Suffrage Leagues)의 창설을 촉구했다. 뉴욕참정권연맹의 주도적인 회원이었던 리어

---

* 젊은 유대인 이민자 여성 20,000여 명이 참여한 파업 투쟁.

노라 오라일리(Leonora O'Reilly)는 노동계급의 입장에서 여성참정권을 옹호하는 강력한 논리를 개발했다. 오라일리는 참정권에 반대하는 정치인들을 겨냥해서 주류에서 횡행하던 모성숭배의 타당성 역시 문제 삼았다.

> 당신은 우리의 자리는 집이라고 말할지 모릅니다. 이 미합중국에는 매일 먹을 빵을 벌기 위해 집 밖으로 나서야 하는 우리 같은 사람이 800만 명 있고, 그래서 우리가 제분소에서, 광산에서, 공장에서, 상점에서 일하는 동안 마땅히 받아야 할 보호를 받지 못하고 있다고 당신에게 이야기하러 온 것입니다. 당신은 우리를 위해 법을 만들어왔지만 당신이 만든 법은 우리에게 이롭지 않았습니다. 수년간 일하는 여성들은 모든 주에 있는 입법기관에 가서 각자의 요구 사항을 전하려 노력해왔습니다.[17]

그래서 리어노라 오라일리와 노동계급 자매들은 이제 투표권을 얻기 위한 투쟁에 나서겠다고, 그리고 정말로 투표권을 무기 삼아서 대기업에 충성하는 모든 입법가들을 입법기관에서 몰아내겠다고 주장했다. 노동계급 여성들은 계급투쟁을 지속하는 데 보탬이 되는 무기로서 참정권을 요구했다. 여성참정권 운동 내에서 이 새로운 관점은 사회주의 운동의 영향력이 커지고 있음을 입증했다. 실제로 여성 사회주의자들은 참정권 운동에 새로운 에너지를 불어넣었고 노동계급 자매들의 경험에서 탄생한 투쟁의 비전을 옹호했다.

20세기 첫 10년 동안 유급노동을 했던 800만 여성들 가운데 200만 명 이상이 흑인이었다. 성별과 계급에 인종까지 더해진 삼중의 장애물에 시달리던 이들에게는 투표권을 요구해야 할 강력한 논거가 있었다. 하지만 여성참정권 운동 내부에 인종주의가 워낙 깊이 뿌리를 내려서 흑인 여성들에게는 실제로 문이 한 번도 열리지 않았다. 그러나 전미여성참정권협회의 배타적인 정책은 흑인 여성들이 투표권을 요구하는 목소리를 내는 것을 완전히 막지는 못했다. 아이다 B. 웰스, 메리 처치 테럴, 메리 맥클레오드 베순(Mary McCleod Bethune)은 가장 유명한 흑인 참정권 운동가들이었다.

전미유색인종여성협회(National Association of Colored Women)의 주도적인 인물이었던 마거릿 머리 워싱턴은 "개인적으로 여성참정권은 한 번도 나를 밤늦도록 깨어 있게 하지 못했다"라고 털어놓았다.[18] 이 태평한 무심함은 아무래도 전미여성참정권협회의 인종주의적 태도에 대한 반발이었을 것이다. 워싱턴은 이런 주장도 했기 때문이다.

유색인종 여성들은 유색인종 남성들 못지않게, 모든 법정의 보호조치가 모든 인종에게 공명정대하고 정정당당하기만 하면 여성도 남성들만큼이나 투표권을 통해 자신들의 선호를 드러낼 동등한 기회가 있어야 함을 절감한다.[19]

워싱턴의 지적대로 전미유색인종여성클럽협회는 회원들에게 정부의 일에 대한 지식을 전달함으로써 "여성들이 투표권을 지능적으로 그리고 현명하게 다룰 채비를 하게" 하려고 참정권 부서를 만들었다.[20] 흑인 여성 클럽 운동 전반에 여성 참정권의 정서가 스며들었고, 이들은 전미여성참정권협회에서 거부당했음에도 꾸준히 여성의 투표권을 옹호했다. 참정권 투쟁이 승리하기 겨우 1년 전인 1919년에 흑인북동부클럽연합(Black Northeastern Federation of Clubs)이 전미여성참정권협회에 회원 가입 신청을 했을 때 지도부는 수전 B. 앤서니가 25년 전 흑인 여성참정권 운동가들을 거부했던 것과 똑같은 방식으로 대응했다. 전미여성참정권협회는 흑인북동부클럽연합에 신청을 검토할 수 없다고 전달하면서 이렇게 설명했다.

> 만일 전미협회가 6,000명의 유색인종 여성 조직을 받아들였다는 소식이 이 중차대한 시기에 남부의 주 전역에 퍼지게 되면 적개심을 가진 사람들은 더 이상 노력을 기울이지 않을 수 있고 그러면 수정안의 무산이 불 보듯 뻔하다.[21]

그런데도 흑인 여성들은 마지막 순간까지 참정권 투쟁을 지지했다.

흑인 여성참정권 운동가들은 백인 자매들과는 달리 많은 흑인 남성들의 지지를 받았다. 19세기에는 흑인 남성 프레더릭 더글러스가 여성의 평등을 부르짖은 가장 눈에 띄는 남성 운동가였듯, 20세기에는 W. E. B. 듀보이스가 여성참정권을 지지하는 주도적인 남성으로 두각을 나타냈다. 1913년 워싱

턴에서 열린 참정권 퍼레이드에 대한 풍자적인 기사에서 듀
보이스는 물리적 폭력과 야유를 퍼부은—100여 명이 현장에
서 부상을 당했다—백인 남성들을 '앵글로색슨 남성성의 영
광스러운 전통'을 지키는 자들이라고 비꼬았다.[22]

영광스럽지 않던가? 그런 장한 행동이 문명의 지도자들에
의해 자행될 때 당신은 한낱 흑인일 뿐이라는 데서 뜨거운
수치심을 느끼지 않는가? 그것 때문에 당신은 '당신의 인종
을 부끄러워'하지 않는가? 그것 때문에 당신은 '백인이 되고
싶은' 마음이 들지 않는가?[23]

듀보이스는 이 기사를 진지한 어조로 마무리하면서 흑인
남자들이 모두 공손했다고 말한 한 백인 여성 퍼레이드 참가
자의 말을 인용한다. 퍼레이드를 구경한 흑인 남성 수천 명 가
운데 "한 명도 법석을 떨거나 무례하지 않았다. (…) 그들과
그 불손하고 뻔뻔한 백인 남자들의 차이가 확연했다".[24]

남성 구경꾼 중에서는 흑인이 제일 공감을 많이 표출했
던 이 퍼레이드는 백인 여성 조직자들에 의해 엄격하게 인종
이 분리된 상태로 진행되었다. 이들은 심지어 아이다 B. 웰스
에게 일리노이 대표단에서 나와서 별도로 분리된 흑인 집단
과 함께 행진하라는 지시를 내리기도 했다. 남부에서 온 백인
여성들을 존중하려고 말이다.

이 요청은 일리노이 대표단이 예행 연습을 하는 동안 공개

적으로 이루어졌다. 바넷 부인(아이다 웰스)이 지원군을 찾아 방 안에 있는 사람들을 눈길로 훑는 동안 숙녀들은 원칙과 편의라는 문제를 놓고 토론을 벌였다. 대부분은 남부 출신들이 참정권에 편견을 갖게 해서는 안 된다고 느끼는 게 분명했다.[25]

하지만 아이다 B. 웰스는 인종주의적인 지침을 따를 사람이 아니었고, 그래서 퍼레이드가 진행되는 동안 일리노이 사람들 사이에 슬쩍 끼어들어갔다.

여성참정권을 지지하는 남성이었던 W. E. B. 듀보이스는 흑인이건 백인이건 남성 중에서 필적할 만한 상대가 없었다. 호전성과 달변, 숱한 호소문에 담긴 원칙주의 때문에 당대의 많은 사람들이 듀보이스를 그 시대 여성의 정치적 평등을 옹호한 가장 걸출한 남성이라 생각했다. 듀보이스의 호소문이 인상적이었던 것은 내용이 명료하고 설득력이 있었을뿐만 아니라 상대적으로 남성우월주의적인 함의가 없었기 때문이다. 듀보이스는 연설과 글을 통해 "흑인의 지적 수뇌부를 향해 조용하지만 힘차게 이동하고 있는" 흑인 여성들이 지도자로서 점점 많은 역할을 하고 있는 상황을 두 팔 벌려 환영했다.[26] 일부 남성들은 여성의 힘이 이런 식으로 커지는 것을 확실한 경고의 신호로 해석했을 테지만 W. E. B. 듀보이스는 반대로 이 상황 때문에 흑인 여성에게 투표권을 확대해야 할 필요가 각별해진다고 주장했다. "이런 여성들에게 참정권을 부여한다면 이 나라에서 우리의 투표권과 목소리가 단순히 두

배로 늘어나는" 것이 아니라 "더 강력하고 더 정상적인 정치 생활"이라는 결과를 맞게 될 것이었다.[27]

1915년 듀보이스는 「크라이시스(The Crisis)」에 '여성에게 투표권을: 선도적인 미국 유색인종 사상가들의 심포지엄(Votes for Women: A Symposium by Leading Thinkers in Colored America)'이라는 제목의 기사를 발표했다.[28] 이 기사는 판사, 성직자, 대학 교수, 선출직 공무원, 교회 지도자, 교육가 등이 참가한 한 포럼의 내용을 그대로 옮긴 것이었다. 이 포럼에서 여성참정권을 지지하며 연설을 한 수많은 남성 중에는 찰스 체스넛(Charles Chesnutt), 프랜시스 그림케(Francis Grimke) 목사, 벤저민 브롤리(Benjamin Brawley) 그리고 로버트 테럴(Robert Terrell) 판사가 있었다. 여성으로는 메리 처치 테럴, 안나 존스, 조지핀 세인트 피에르 러핀이 있었다.

여성참정권 포럼에 참석한 대다수 여성들은 전미유색인종여성협회 소속이었다. 이들의 성명서에는 백인 여성참정권 운동가들이 자주 하는 여성의 '특별한 본능'에 관한 주장, 즉 여성의 가족 중심성과 태생적으로 방정한 품행 때문에 여성들은 투표권을 주장할 수 있다는 주장이 놀라울 정도로 거의 자취를 감추었다. 하지만 한 번 확연한 예외가 있었다. 교육가이자 교회 지도자였던 내니 H. 버로스(Nannie H. Burroughs)가 여성의 품행 이론을 흑인 여성이 흑인 남성보다 절대적으로 우월하다는 의미로 거론했던 것이다. 버로스의 주장에 따르면 흑인 남성들은 이 값진 무기를 '교환하고 판매해'버렸기 때문에 여성에게 투표권이 필요했다.

니그로 여성에게는 (…) 투표권이 필요하다. 투표권을 현명하게 **활용**해서 니그로 남성이 **오용**하다 잃어버린 것을 되찾기 위해서 말이다. 흑인 여성은 자기 인종의 속죄를 위해 그게 필요하다. (…) 도덕적인 면에서 흑인 남성과의 비교는 끔찍하다. 흑인 여성은 교회와 학교에서의 책임을 짊어지고, 가정에서는 자신의 경제적 몫보다 훨씬 많은 것을 책임진다.[29]

여성 참석자 10여 명 가운데 버로스만이 여성이 도덕적으로 우월하다는(물론 이는 대다수 다른 면에서는 여성이 남성보다 열등하다는 뜻이다) 이해하기 힘든 주장에 근거한 입장을 취했다. 메리 처치 테럴은 '여성참정권과 수정헌법 제15조'에 대해, 안나 존스는 '여성참정권과 사회개혁'에 대해, 조지핀 세인트 피에르 러핀은 여성참정권 운동에서 겪었던 역사적으로 중요한 경험들에 대해 이야기했다. 다른 사람들은 노동계급 여성, 교육, 아이들과 클럽생활에 발언의 초점을 맞췄다. 메리 텔버트(Mary Talbert)는 '여성과 유색인종 여성'에 대한 연설을 마무리하면서 포럼 내내 표출된 흑인 여성에 대한 경의를 이렇게 요약했다.

유색인종 여성은 그 독특한 지위를 통해 관찰과 판단이라는 분명한 권력을 손에 넣었다. 오늘날 이상적인 나라를 건설하는 데 특히 필요한 종류의 권력을 말이다.[30]

흑인 여성들은 여성의 정치적 권리를 획득하기 위한 다인종운동을 구성하는 데 그 '관찰과 판단이라는 분명한 권력'을 보탤 의지가 누구보다 더 컸다. 하지만 이들은 백합처럼 환한 백인 여성참정권 운동의 지도자들에게 번번이 배반당하고 퇴짜맞고 거부당했다. 참정권 운동가들에게도 여성 클럽 회원들에게도 흑인 여성들은 남부의 지지를 얻기 위해 하얀 피부색으로 아양을 떨어야 할 때가 되면 바로 갖다 버릴 수 있는 대상에 불과했다. 여성참정권 운동의 경우, 남부의 여성들을 위해 한 온갖 양보는 결국에 별 효과가 없었던 것으로 보인다. 수정헌법 제19조*에 대한 투표 결과를 분석해보니 남부의 주들은 여전히 반대 진영에 도열해 있었고 사실 이 수정안을 거의 부결시킬 뻔했다.

오랫동안 기다려온 여성참정권이 승리를 거둔 뒤에도 남부의 흑인 여성들은 이 새로 성취한 권리를 행사하지 못하도록 폭력적으로 저지당했다. 플로리다 오렌지 카운티 곳곳에서 쿠클럭스클랜(KKK, Ku Klux Klan)의 폭력 사태가 일어나 흑인 여성들과 그 자녀들이 다치고 목숨을 잃었다. 다른 곳에서는 이보다는 온건한 방식으로 흑인 여성들이 새로운 권리의 실행을 방해받았다. 예컨대 조지아 어메리커스에서는,

유색인종 여성 250여 명이 투표하러 갔지만 선거관리인에게 거부당하거나 투표용지를 받지 못했다.[31]

* 모든 미국 여성에게 투표권을 보장하는 조항으로 1920년에 비준됨.

여성참정권을 위해 그렇게 열렬히 싸웠던 운동 내부에서
는 저항의 외침이 거의 들리지 않았다.

10장
공산주의자 여성들

1848년 카를 마르크스와 프리드리히 엥겔스(Friedrich Engels)가 『공산당 선언(Manifest der Kommunistischen Partei)』을 발표했을 때 유럽은 헤아릴 수 없이 많은 혁명적 봉기의 현장이었다. 1848년 혁명에 참여했던 포병장교이자 마르크스와 엥겔스의 절친한 동료 요제프 바이데마이어(Joseph Weydemeyer)는 미국으로 이주해서 미국 역사상 최초의 마르크스주의 조직을 창설했다.[1] 바이데마이어가 1852년 프롤레타리아동맹(Proletarian League)을 설립했을 때 이 모임 관계자 중에는 여성이 단 한 명도 없었던 것으로 보인다. 여성이 있었더라도 역사의 익명성 속으로 오래전에 사라졌으리라. 이후 몇십 년 동안 여성들은 각자의 노동결사에서, 노예제 반대 운동에서, 날로 무르익어가는 여성 권익 운동 안에서 꾸준히 적극적인 활동을 펼쳤다. 하지만 마르크스주의적 사회주의운동에서는 완전히 종적을 감춘 것처럼 보인다. 프롤레타리아동맹처럼 전국노동자협회(Workingmen's National Association)와 공산주의자 클럽(Communist Club)은 완전히 남자들에게 장

악당했다. 심지어 사회주의노동당(Socialist Labor party) 역시 남자 일색이었다.[2]

1900년에 사회당이 창립될 무렵에는 사회주의운동의 구성이 바뀌기 시작했다. 여성 평등에 대한 일반적인 요구가 점점 거세어지면서 여성들은 사회 변화를 위한 투쟁에 갈수록 끌려들었다. 이들은 억압적인 사회구조에 대한 이 새로운 도전에 참여할 권리를 당당히 주장하기 시작했다. 1900년 이후로 마르크스주의 좌파들은 여성 지지자들의 영향력을 어느 정도는 느끼게 된다.

근 20년간 마르크스주의의 주요 대변인이었던 사회당은 여성 평등 투쟁을 지지했다. 사실 숱한 세월 동안 여성참정권을 옹호한 정당은 사회당이 유일했다.[3] 폴린 뉴먼(Pauline Newman)과 로즈 슈나이더만(Rose Schneiderman) 같은 여성 사회주의자들 덕택에 10년간 대중 투표권운동을 장악하던 중간계급 여성들의 독주가 깨지고 노동계급 참정권 운동이 구성되었다.[4] 1908년 사회당은 전국여성위원회를 만들었다. 그해 3월 8일 뉴욕 로어이스트사이드에서 활동하던 여성 사회주의자들은 평등한 참정권을 지지하는 대중집회를 조직했고, 이 날은 세계 여성의 날로 지정되어 전 세계에서 매년 꾸준히 기념되고 있다.[5] 1919년에 공산당이 창립됐을 때(사실은 두 개의 공산당이 창립됐다가 나중에 하나로 통합되었다.) 과거 사회당에 몸담았던 일부 여성들이 가장 초창기 지도자와 활동가로 일했다. '어머니' 엘라 리브 블로어('Mother' Ella Reeve Bloor), 아니타 휘트니(Anita Whitney), 마거릿 프레비(Margaret Prevey), 케이트 새들러 그린헬시(Kate Sadler Greenhalgh), 로즈 패스터 스토크스(Rose Pastor Stokes), 지넷 펄(Jeanette Pearl) 모두 사회당 좌익 집단과 관련이 있던 공산주의자들이었다.[6]

세계산업노동자연맹(Industrial Workers of the World)은 정당은 아니었지만—그리고 사실은 정당을 구성하는 데 반대했지만—공산당을 구성하는 데 두 번째로 중요한 영향력을 행사했다. 통상 '워블리(Wobblies)'라는 애칭으로 알려진 세계산업노동자연맹은 1905년 6월에 창립되었다. 스스로를 산별노조로 정의한 세계산업노동자연맹은 자본가계급과 그들이 고용한 노동자의 관계는 절대 조화로울 수 없다고 주장했다. 워블리의 궁극적인 목적은 사회주의였고, 이들의 전략은 가차 없는 계급투쟁이었다. '빅 빌' 헤이우드('Big Bill' Haywood)가 첫 모임을 개최했을 때 연단에 앉아 있던 주요 노조 조직책 중 두 명이 여성—'어머니' 메리 존스('Mother' Mary Jones)와 루시 파슨스(Lucy Parsons)—이었다.

사회당과 세계산업노동자연맹 모두 여성을 회원으로 받고 이들이 지도자와 선동가로 나서도록 격려하긴 했지만 직접적인 인종주의 반대투쟁을 보완적인 방침으로 포용한 곳은 세계산업노동자연맹뿐이었다. 대니얼 드리언(Daniel De Leon)이 주도하는 사회당은 흑인이 겪는 고유한 억압을 인정하지 않았다. 흑인 대다수는 소작농, 농장 노동자 같은 농업 노동자였는데 사회주의자들은 그들의 운동에는 프롤레타리아트만 관계가 있다고 주장했다. 걸출한 지도자 유진 데브스(Eugene Debs)마저도 흑인이 하나의 집단으로서 동등하고 자유로울 권리를 포괄적으로 내세워서는 안 된다고 주장했다. 사회주의자들은 무엇보다 자본과 노동의 투쟁에 골몰했기 때문에 데브스는 "우리에게는 니그로에게 특별히 해줄 만한 게 없다"라고 주장했다.[7] 세계산업노동자연맹의 경우 주목적은 임금소득계급을 조직하고 혁명적인 사회주의 계급의식을 고취하는 것이었다. 하지만 사회당과는 달리 세계산업노동자연맹은 흑인의 특수한 문제에 분명하게 관심을 기울였다. 메리 화이트 오빙턴(Mary White Ovington)에 따르면,

> 이 나라에는 니그로의 완전한 권리에 관심이 있음을 드러낸 조직이 두 곳 있다. 한 곳은 전미유색인종지위향상협회(National Association for the Advancement of Colored People)다. 니그로 분리 정책에 반대하는 두 번째 조직은 세계산업노동자연맹이다. (⋯) 세계산업노동자연맹은 니그로 편에 서왔다.[8]

흑인 사회주의자였던 헬렌 홀먼(Helen Holman)은 수감된 정당 지도자 케이트 리처즈 오헤어(Kate Richards O'Hare)를 지키기 위한 투쟁에서 선도적인 대변인 역할을 수행했다. 헬렌 홀먼은 사회당의 몇 안 되는 흑인 여성이었다. 제2차 세계대전 이전에는 산업계에서 일하는 흑인 여성이 거의 없었다. 때문에 이들은 사회당 조직책들에게 없는 사람 취급을 당하다시피 했다. 흑인 여성에 대한 사회주의자들의 방치에 가

까운 태도는 향후 공산당이 극복해야 하는 불운한 유산 중 하
나가 되었다.

공산주의 지도자이자 역사학자인 윌리엄 Z. 포스터(Wil-
liam Z. Foster)에 따르면 "1920년대 초에 당은 (…) 산업계에
종사하는 니그로 여성들의 특수한 요구를 도외시했다".[9] 하지
만 그후 10년간 공산주의자들은 미국 사회에서 인종주의 문
제가 중요하다는 사실을 인지하게 되었고, 중요한 흑인해방
이론을 개발하고 인종주의에 대한 전반적인 투쟁에서 지속적
인 활동을 이어가는 기록을 남겼다.

루시 파슨스(Lucy Parsons)

루시 파슨스는 미국 노동운동 연대기에서 때때로 이름이 등
장하는 몇 안 되는 흑인 여성 중 한 명이다. 하지만 대개는 헤
이마켓*의 순교자 앨버트 파슨스(Albert Parsons)의 '헌신적
인 아내'라는 단순화된 정체성으로 표현된다. 루시 파슨스는
분명 자신의 남편을 가장 호전적으로 옹호한 인물 중 하나였
지만, 남편을 옹호하고 복수를 하고자 했던 충실한 아내이자
성난 유족에만 그치지 않았다. 캐롤린 아쉬바(Carolyn Ash-
baugh)가 최근 출간한 전기[10]가 확인해주고 있다시피 파슨스
는 60여 년에 걸쳐서 노동계급 전체를 저널리즘적인 방식으
로, 그리고 선동적으로 변호했다. 그리고 헤이마켓 대학살이

---

* 1886년 시카고 헤이마켓 광장에서 진행 중인 노동집회에 폭탄이 터지
면서 사상자가 발생한 일을 말함.

있기 근 10년 전부터 노동투쟁에 몸담았고 이는 이후 55년간 지속되었다. 파슨스는 청년기에 아나키즘에 동조했다가 성인기에는 공산당에 가입하는 궤적을 그리며 정치적으로 성장해갔다.

1853년생인 루시 파슨스는 일찍이 1877년에 사회주의 노동당에서 적극적으로 활동했다. 이후 수년간 이 아나키스트 조직의 신문인 「소셜리스트(Socialist)」에 기사와 시를 발표하면서 시카고여성노동자연합(Chicago Working Women's Union)에서도 조직가로서 왕성한 활동을 펼치게 된다.[11] 시카고 헤이마켓 광장에서 1886년 5월 1일에 경찰의 사주로 폭동이 일어난 뒤 파슨스의 남편은 다른 일곱 명의 급진적인 노동운동 지도자들과 함께 당국에 체포되었다. 루시 파슨스는 즉각 헤이마켓의 피고들을 석방하라는 호전적인 캠페인에 돌입했다. 파슨스는 전국을 순회하면서 출중한 노동계 지도자이자 선도적인 아나키즘 지지자로 알려졌고, 명성이 높아지자 너무나도 빈번하게 탄압의 표적이 되었다. 가령 오하이오 콜럼버스에서는 시장이 파슨스가 3월에 하기로 정해놓은 연설을 금지했고, 이를 거부하자 경찰은 파슨스를 투옥했다.[12]

> (모든 도시에서) 마지막 순간에 강당의 문이 그녀 앞에서 폐쇄되었고, 형사들이 회의실 구석마다 서 있었고, 경찰은 그녀를 쉬지 않고 감시했다.[13]

심지어 남편이 처형당할 때마저도 루시 파슨스와 두 아이들은 시카고 경찰에게 체포당한 상태였다. 파슨스를 체포한 경찰 중 한 명은 "저 여자가 천 명의 폭도보다 더 두렵다"라고 논평했다.[14]

루시 파슨스는 흑인—혼혈법* 때문에 파슨스는 종종 이 사실을 숨겨야 했다—이었고 여성이었지만 노동계급에 대한 자본가의 전반적인 착취 때문에 인종주의와 성차별주의가 무색해진다고 주장했다. 흑인과 여성은 백인과 남성 못지않게 자본주의적 착취의 피해자이므로 모든 에너지를 계급투쟁에 쏟아야 한다는 것이다. 파슨스가 보기에 흑인과 여성은 특별한 억압에 시달리지 않았고 명시적으로 인종주의와 성차별주의에 반대하는 대중운동은 사실상 필요가 없었다. 루시 파슨스의 이론에 따르면 성별과 인종은 여성과 유색인종에 대한 더 심한 착취를 정당화하려는 고용주가 인간의 존재상태를 교묘하게 이용하는 것일 뿐이었다. 만일 흑인이 야만적인 린치에 시달린다면 그것은 집단으로서 흑인들의 빈곤 때문에 이들이 전체 노동자 중에서 가장 취약한 대상이기 때문이었다. 1886년 파슨스는 "그가 흑인이기 때문에 이런 잔혹 행위가 니그로에게 퍼부어진다고 믿을 정도로 멍청한 사람이 있을까?"라는 질문을 던졌다.[15]

아무도 없다. 그건 그가 **가난**하기 때문이다. 종속되어 있기

---

* 인종 간 결혼과 출산을 금지하는 법. 1967년에 위헌판결을 받았다.

때문이다. 북부에서 임금노예로 살아가는 백인 형제보다도 계급으로서 더 가난하기 때문이다.[16]

루시 파슨스와 '어머니' 메리 존스는 세계산업노동자연맹이라고 하는 급진적인 노동조직에 가입한 최초의 두 여성이었다. 노동운동 내에서 큰 존경을 받았던 두 사람은 1905년 세계산업노동자연맹 창립대회에서 유진 데브스와 빅 빌 헤이우드와 나란히 간부석에 앉아달라는 부탁을 받았다. 루시 파슨스는 연설에서 대회 사절들에게 자신이 보기에 전체 노동계급의 임금을 줄이려는 자본가에게 이용당하고 있는 여성 노동자들의 억압에 대한 각별한 감수성을 드러냈다.

> 우리, 이 나라의 여성들은 아무리 투표권을 사용하고 싶어
> 도 투표권이 없습니다. (⋯) 하지만 우리에게는 우리의 노동
> 이 있습니다. (⋯) 자본가계급은 임금 삭감을 하기 위해 언
> 제나 여성을 이용합니다.[17]

게다가 성매매 여성들의 곤경이 사실상 무시되던 이 시기에 파슨스는 자신이 '시카고 밤거리에서 볼 수 있는 내 자매들'을 위해서도 발언한다고 이 대회장에서 이야기했다.[18]

1920년대에 루시 파슨스는 신생 공산당의 투쟁과 관계를 맺기 시작했다. 1917년의 러시아 노동자혁명에 큰 감명을 받은 수많은 사람 중 하나였던 파슨스는 종국에는 미합중국에서도 노동계급이 승리할 수 있으리라 자신감을 품게 되었다.

공산주의자들과 그 외 진보적인 세력들이 1925년에 국제노동방위대(International Labor Defense)를 설립했을 때 파슨스는 이 새 조직의 적극적인 일꾼이 되었다. 또한 캘리포니아에서 톰 무니(Tom Mooney)의 자유를 위해, 앨라배마에서 스코츠보로 나인(Scottsboro Nine)*을 위해, 그리고 조지아주 당국이 투옥한 젊은 흑인 공산주의자 앤절로 헌든(Angelo Herndon)을 위해 싸웠다.[19] 파슨스의 전기작가가 조사한 바에 따르면 파슨스가 공식적으로 공산당에 가입한 것은 1939년이었다.[20] 1942년에 파슨스가 세상을 떠났을 때 「데일리워커(Daily Worker)」에 실린 부고는 루시 파슨스를 이렇게 묘사했다.

> 오늘날의 노동운동과 1880년대의 엄청난 역사적인 사건들의 연결 고리. (…)
>
> 그녀는 노동계급을 위해 두려움 없이 헌신한, 진정으로 위대한 미국 여성 중 한 명이었다.[21]

엘라 리브 블로어(Ella Reeve Bloor)

대중에게는 '어머니' 블로어로 더 잘 알려진 이 걸출한 노동조직가이자 여성 권익, 흑인 평등, 평화와 사회주의 운동가는 1862년에 태어나 사회당이 만들어진 직후 당원이 되었다. 꾸준히 활동을 이어가던 블로어는 사회주의자들의 지도자이자

---

* 앨라배마에서 백인 여성 두 명을 강간했다는 죄목으로 무고하게 기소된 10대 흑인 소년 아홉 명. 이들의 사건은 인종주의와 공정한 재판을 받을 권리의 측면에서 이정표가 된 일련의 재판들로 이어졌다.

미국 전역에서 노동계급의 살아 있는 전설이 되었다. 블로어
는 미국 한쪽 끝에서 반대편 끝으로 히치하이킹으로 이동하
면서 알려지지 않은 숱한 파업의 중심에 섰다. 필라델피아의
전차 운전원들은 블로어가 처음으로 한 파업 연설을 들었다.
그 외 다른 지역에서는 광부, 섬유 노동자, 소작인들이 블로어
의 소름 끼치는 웅변 재능과 조직자로서의 막강한 능력의 수
혜를 입었다. 어머니 블로어는 62세의 나이에도 이 주에서 저
주로 이동할 때 히치하이킹으로 차를 얻어 탔다.[22]

어머니 블로어는 78세가 되었을 때, 사회주의자가 되기
전부터 공산당에 가입해서 활동했던 시절까지 전 기간을 아
우르는, 노조 조직가로서 자신의 삶에 대한 이야기를 출간했
다. 사회주의자 시절의 블로어는 노동계급 의식 안에 흑인의
특수한 억압에 대한 분명한 인식을 가지지 못했다. 하지만 공
산주의자였을 때는 숱한 인종주의의 징후에 맞서 싸웠고 다
른 이들에게 자신의 본을 따르라고 촉구했다. 예컨대 1929년
국제노동방위대가 펜실베이니아 피츠버그에서 대회를 개최
했을 때,

> 우리는 모노가할라 호텔에 사절들이 묵을 방을 예약해놓았
> 다. 늦은 밤 우리가 니그로 사절 25명과 함께 도착하자 호텔
> 의 지배인이 우리에게 그날 밤에는 묵어도 되지만 다음 날
> 아침에는 바로 전부 나가달라고 말했다.
> 다음 날 아침 우리는 투표를 통해 모든 대회를 잠시 중
> 단하고 질서 있게 호텔로 향하기로 결정했다. 우리는 '차별

반대'를 부각하는 현수막을 들고 호텔로 행진했다. 우리가 줄지어 로비로 들어섰을 즈음에는 신문기자, 경찰, 호기심 가득한 군중이 로비를 가득 메웠다.[23]

어머니 블로어는 1930년대 초에 네브래스카 루프시티에 서 열린 한 모임에서 가금류 농장의 고용주에 맞서 파업을 벌 인 여성들을 지지하는 연설을 했다. 파업 집회는 그 모임에 흑 인이 있다는 데 반발한 인종주의 무리에게 무자비한 공격을 당했다. 출동한 경찰은 어머니 블로어와 함께 흑인 여성 한 명과 여성의 남편을 체포했다. 이 흑인 여성, 플로이드 부스 (Floyd Booth) 부인은 지역 반전위원회의 지도위원이었고 남 편은 그 마을 실업의회의 활동가였다. 지역 농부들이 어머니 블로어의 가석방을 위해 넉넉한 보석금을 모금했지만 블로어 는 부스 부부와 함께 석방되기 전까지는 나가지 않겠다면서 도움을 거절했다.[24]

나는 니그로를 향한 지독한 증오가 위험할 정도로 가득한 분위기에서 두 니그로 동지들을 감옥에 남겨둔 채 보석을 받아들이고 떠날 수는 없다고 느꼈다.[25]

이 즈음 어머니 블로어는 파리에서 열리는 세계여성대회 에 참석할 미국 사절을 조직했다. 사절에 포함된 여성 중 네 명이 흑인이었다.

사절단 전체에 생기를 불어넣는 키가 크고 우아한 앨라배마
의 소작농 캐피톨라 태스커(Capitola Tasker), 펜실베이니아
광부들이 선출한 룰리아 잭슨(Lulia Jackson), 스코츠보로
소년들의 어머니들을 대표하는 한 여성, 그리고 제네바 국
제노동사무소(International Labor Office)에서 자리를 잡고
있던 워싱턴대학의 젊고 총명한 우등 졸업생 메이블 버드
(Mabel Byrd).[26]

1934년 파리대회에서 캐피톨라 태스커는 대회 집행위원
회 회원으로 선출된 미국 여성 세 명 중 한 명이었다. 다른 두
명은 어머니 블로어와 사회당을 대표하는 여성이었다. 흑인
대학 졸업생이었던 메이블 버드는 대회 사무관 중 한 명으로
선출되었다.[27]

펜실베이니아 광부들의 흑인 대표였던 룰리아 잭슨은 파
리여성대회의 핵심인물 중 하나로 부상했다. 대회에 참석한
평화주의자 분파에게 설득력 있는 반론을 펼치면서 잭슨은
파시즘에 맞서는 전쟁을 지지하는 것이 의미 있는 평화를 보
장할 수 있는 유일한 방법이라고 주장했다. 이 여성들이 신중
한 논의를 이어가는 동안 한 신실한 평화주의자는 이렇게 불
평했다.

나는 이 (반전) 선언에 싸움에 대한 게 너무 많다고 생각합니
다. 선언은 전쟁에 반대해서 싸우라고, 평화를 위해 싸우라
고, 싸우고, 싸우고, 싸우라고 말합니다. (…) 우리는 여성이

고, 우리는 어머니예요. 우린 싸움을 원치 않습니다. 우린 아이들이 못되게 굴 때마저도 아이들을 상냥하게 대하고, 아이들은 싸움이 아니라 사랑에 설복된다는 사실을 알고 있습니다.[28]

룰리아 잭슨의 반론은 솔직하고 명료했다.

숙녀 여러분, 우린 싸워서는 안 된다고, 적들에게, 전쟁에 찬성하는 인간들에게 상냥하고 친절해야 한다는 말을 듣고 살았습니다. 나는 그 말에 동의하지 않아요. 다들 전쟁의 이유를 알잖아요. 자본주의 때문이라는 걸. 우린 그 나쁜 자본가들에게 저녁 식사를 차려줄 수 없고, 아이들에게 해주듯이 잠자리를 만들어줄 수 없습니다. 그들과 싸워야 합니다.[29]

어머니 블로어의 전기에 따르면 "모든 사람이 웃으며 박수를 쳤다, 그 평화주의자마저도".[30] 그리고 그 반전선언문은 참가자 전원의 동의로 가결되었다.

앨라배마에서 온 흑인 소작농 캐피톨라 태스커는 대회에서 연설을 하면서 당대의 유럽 파시즘을 미국 흑인들이 겪고 있는 인종주의 테러에 비유했다. 태스커는 남부의 집단살인들을 생생하게 묘사하면서, 앨라배마에서 조직을 꾸리려는 소작농에게 자행됐던 폭력적인 탄압을 파리에 모인 사절들에게 각인시켰다. 캐피톨라 태스터는 자신이 이미 몸소 끔찍한 유린의 피해를 당한 바 있기 때문에 파시즘에 온몸으로 반대

한다고 설명했다. 그리고 상황에 맞춰 개사한 〈소작농의 노래
(Sharecroppers' song)〉로 자신의 연설을 마무리했다.

물가에 서 있는 나무처럼
우리는 움직이지 않으리라.
우리는 전쟁과 파시즘에 반대한다.
우리는 움직이지 않으리라.[31]

미국 사절들이 배로 귀국했을 때 어머니 블로어는 파리
에서 했던 경험에 대한 캐피톨라 태스커의 감명 깊은 증언을
기록했다.

어머니, 내가 앨라배마로 돌아가서 작고 낡은 우리 오두막
뒤에 있는 목화밭에 나가면 거기 서서 혼자 생각할 거예요.
'캐피톨라, 너 정말로 거기 파리에 가서 그 온갖 멋진 여자
들을 만나고 그 온갖 멋진 말들을 들었던 거니? 아니면 네가
거기에 갔던 건 그냥 꿈이었던 거니?' 그리고 그게 정말 꿈
이 아니었다는 게 증명되면, 오 어머니, 나는 앨라배마 방방
곡곡에 내가 여기서 배운 걸 전부 떠들고 다니면서, 전 세계
여성들이 우리가 남부에서 상대하는 그런 테러를 끝장내기
위해, 그리고 전쟁을 끝장내기 위해 어떻게 싸우고 있는지
알릴 거예요.[32]

어머니 블로어와 공산당 동지들은 노동자가 인종주의라

는 사회적 독약에 맞서 가차 없이 투쟁하지 않으면 노동계급
은 혁명 세력으로서 그 역사적인 역할을 수행할 수 없다는 결
론에 도달했다. 엘라 리브 블로어의 이름이 개입된 그 많은 빛
나는 성취들은 이 백인 공산주의자 여성이 절대 원칙을 양보
하지 않는 흑인해방운동의 동지였음을 보여준다.

아니타 휘트니(Anita Whitney)

아니타 휘트니가 1867년 샌프란시스코의 한 부유한 가정에
서 태어났을 때만 해도 나중에 자라서 캘리포니아 공산당의
의장이 될 거라고 예상한 사람은 아무도 없었을 것이다. 하지
만 어쩌면 휘트니는 정치운동가가 될 운명이었는지도 모른다.
뉴잉글랜드의 명망 있는 여자대학인 웨즐리대학(Wellesley
College)에 입학하던 해에 자선 활동에 자발적으로 나서고 얼
마 안 가 적극적인 여성참정권 지지자가 된 걸 보면 말이다.
아니타 휘트니는 캘리포니아로 돌아오자마자 평등참정권동
맹(Equal Suffrage League)에 가입했고 캘리포니아가 미국에
서 여성에게 투표권을 확대한 여섯 번째 주가 된 시점에 대표
로 선출되었다.[33]

　　1914년 아니타 휘트니는 사회당에 입당했다. 사회당은
흑인들의 투쟁에 상대적으로 무심했지만 휘트니는 반인종주
의를 지지할 준비가 되어 있었다. 전미유색인종지위향상협
회 샌프란시스코 베이에어리어 지부가 만들어졌을 때 아니
타 휘트니는 집행위원으로 일해달라는 제의를 흔쾌히 받아
들였다.[34] 사회당에서도 좌익 진영으로 분류되었던 휘트니는

1919년 공산주의노동당(Communist Labor Party)을 설립한 사람들과 합류했다.[35] 그 직후 이 집단은 미국공산당으로 통합되었다.

1919년은 A. 미첼 파머(A. Mitchell Palmer) 법무부장관이 악명 높은 반공 공습을 개시한 해였다. 파머의 공습에 희생양이 된 수많은 사람 중에는 휘트니도 있었다. 휘트니는 캘리포니아 시민연맹오클랜드센터(Oakland Center of the California Civic League)와 관련이 있는 클럽에 소속된 여성들 앞에서 하기로 했던 연설이 당국에 의해 금지되었다는 통보를 받았다. 하지만 연설이 공식적으로 금지되었음에도 휘트니는 1919년 11월 28일에 '미국의 니그로 문제'에 대해 연설했다.[36] 연설 내용은 린치 문제를 집중 조명했다.

> 우리 나라에서 집계가 시작된 1890년 이후로 이 합중국에서는 유색 인종 남성 2,500명과 유색인종 여성 50명을 상대로, 린치가 3,228건 일어났습니다. 이 주제를 숫자가 기록된 그냥 그런 사실로 받아들일 수 있었으면 좋겠지만 저는 이 상황의 적나라한 야만성을 직면해야 한다고 느낍니다. 우리 나라의 기록에서 이 불명예를 지우는 데 우리가 맡은 역할을 하기 위해서 말입니다.[37]

아니타 휘트니는 이어서 백인 클럽의 여성들로 이루어진 청중에게 질문을 던졌다. 어떤 유색인종 남자가 "만약 자기가 지옥과 텍사스를 소유하게 된다면 텍사스는 다른 사람에게 임대하고 자신은 지옥에서 살겠다"라고 말한 사실을 알고 있느냐고.[38] 휘트니는 그의 말에는 텍사스가 남부에서 인종주의 폭도에 의한 살인이 세 번째로 많이 일어나는 주라는 사실이 배경에 깔려 있다고 설명했다. (그보다 더 많은 주는 조지아와 미시시피뿐이었다.)

　1919년까지만 해도 백인이 린치라는 사회악에 맞서자며 자기 인종 사람들에게 호소하는 일은 대단히 드물었다. 인종주의 선동이 보편화되고, 특히 상상 속의 흑인 강간범을 틈만 나면 들먹이는 통에 분할과 소외라는 목표가 언제나 달성되곤 했다. 진보적인 집단 내에서도 백인들은 린치에 반대하는 목소리를 높이길 주저할 때가 많았다. 린치는 남부에서 백인 여성을 상대로 자행된다고들 하는 흑인들의 성폭행에 대한 부적절한 반응이라는 식으로 정당화되었기 때문이다. 아니타 휘트니는 지배적인 인종주의 선동이 위력을 떨치는 상황에서도 시야가 흐려지지 않은 백인 중 한 명이었다. 그리고 자신의 반인종주의 입장에 따르는 결과를 감수할 의지도 있었다. 휘트니는 체포당할 게 분명한데도 오클랜드의 클럽에 소속된 백인 여성들에게 린치에 대한 연설을 하는 쪽을 택했다. 아니나 다를까 휘트니는 연설 말미에 체포되었고 당국에 의해 불법적인 생디칼리슴*으로 기소되었다. 이후 휘트니는 유죄 선고를 받고 샌퀜틴 감옥에 수감되어 몇 주를 보내다가 항소채

---

* 19세기 말에서 20세기 초에 프랑스와 이탈리아를 중심으로 일어난 무정부주의적인 노동조합 지상주의.

권*을 내고 풀려났다. 아니타 휘트니는 1927년이 되어서야 캘리포니아 주지사에게 사면을 받았다.[39]

20세기의 백인 여성이었던 아니타 휘트니는 인종주의 반대투쟁의 진정한 개척자였다. 휘트니와 동료들은 흑인 동지들과 함께 노동계급해방을 위한 공산당의 전략을 수립했다. 이 전략에서 흑인해방투쟁은 핵심적인 요소였다. 1936년 아니타 휘트니는 캘리포니아 공산당의 주 의장이 되었고 그 직후 전국위원으로 선출되었다.

> 한번은 누가 그녀에게 "아니타, 당신은 공산당을 어떻게 생각하나요? 당신에게 당은 어떤 의미죠?" 하고 물었다.
>
> "아." 그녀가 믿을 수 없다는 듯 미소를 지었다. 이런 놀라운 질문에 한 방 맞았다는 듯. "아… 당은 내 인생에 목적을 부여했죠. 공산당은 온 세상의 희망이에요."[40]

엘리자베스 걸리 플린(Elizabeth Gurley Flynn)

엘리자베스 걸리 플린은 근 60년간 사회주의와 공산주의운동에서 왕성하게 활동하다가 1964년 74세를 일기로 세상을 떠났다. 부모님이 사회주의 당원이었던 덕에 플린은 어린 나이부터 자본가계급에 대한 사회주의자들의 도전에 친숙했다. 어린 엘리자베스는 16세가 채 안 됐을 때 처음으로 사회주의를 옹호하는 대중 강연을 했다. 플린은 메리 울스턴크래프트

---

* 항소심 판결이 내려질 때까지 일정액을 담보로 묶어두는 것.

(Mary Wollstonecraft)의 『여성의 권리 옹호(Vindication of the Rights of Women)』와 아우구스트 베벨(August Bebel)의 『여성과 사회주의(Women and Socialism)』를 읽은 경험을 가지고 1906년 할렘 사회주의 클럽에서 '사회주의는 여성에게 무엇을 해줄 수 있나(What Socialism Will Do for Women)'라는 제목의 연설을 했다.[41] 다소 '남성우월주의적'이었던 아버지는 엘리자베스가 공개연설을 하는 것이 썩 내키지 않았지만 할렘의 열광적인 환대에 마음을 바꿨다. 플린은 아버지를 따라다니면서 당시 전형적인 급진적 전략이었던 길거리 연설에 익숙해졌다. 엘리자베스 걸리 플린은 그 직후 처음으로 체포를 경험했다. '허락 없이 연설함'이라는 죄목으로 기소된 플린은 아버지와 함께 교도소로 이송되었다.[42]

엘리자베스 걸리 플린은 16세 무렵 노동계급의 권리를 부르짖는 선동가로서 경력을 쌓기 시작했다. 플린의 첫 과제는 구리 신탁의 주도로 형사고발이 조작된 빅 빌 헤이우드를 옹호하는 것이었다. 플린은 헤이우드를 돕기 위해 서쪽으로 이동하는 동안 몬태나와 워싱턴주에서 세계산업노동자연맹의 투쟁에 합류했다.[43] 사회당원이 되고 2년이 지났을 때 엘리자베스 걸리 플린은 세계산업노동자연맹의 핵심 조직가가 되었다. 이후 "이 나라를 휩쓸고 있는 이 풀뿌리운동에 비하면 생산적이지 못하고 종파적이라는 확신을 품고" 사회당에서 탈퇴했다.[44]

엘리자베스 걸리 플린은 경찰과의 숱한 충돌을 비롯해서 풍부한 파업 경험을 쌓던 중 1912년 매사추세츠 로렌스에서 섬유 노동자들이 파업에 들어가자 그곳으로 향했다. 로렌스 노동자들의 불만은 단순하고도 강렬했다. 메리 히턴 보스 (Mary Heaton Vorse)의 말을 빌리면,

> 로렌스의 임금이 워낙 낮아서 노동자의 35%가 주당 7달러 이하를 벌었다. 주에 12달러 이상을 버는 사람은 5분의 1도 안 되었다. 이들은 국적으로 나뉘어 있었다. 이들은 40여 가지의 서로 다른 언어와 방언을 썼지만 변변찮은 생활을 했고 아이들이 세상을 떠났다는 공통점이 있었다. 아이 다섯 명 중 한 명이 한 살이 되기 전에 세상을 떠났다. (…) 미국에서 이보다 사망률이 더 높은 마을은 얼마 없었다. 그런 곳은 모두 공장촌이었다.[45]

「하퍼스위클리(Harper's Weekly)」에 이 사건에 대한 글을 쓴 보스에 따르면, 파업 모임에서 연설을 한 전체 연사 중에서 노동자들에게 가장 강력한 영감을 불어넣어준 인물은 엘리자베스 걸리 플린이었다. 플린의 말은 노동자들이 굴하지 않도록 용기를 불어넣었다.

> 엘리자베스 걸리 플린이 연설을 하면 군중이 흥분하는 게 눈에 보일 정도였다. 아일랜드인의 파란 눈에 목련처럼 새하얀 얼굴의 젊은 그녀는 구름처럼 풍성한 검은 머리칼을 늘어뜨린 채 거기에 서서 패기만만한 소녀 혁명 수장의 모습이 무엇인지를 보여주었다. 그녀는 사람들을 흥분시켰고

연대를 호소하며 사람들을 고무시켰다. (…) 마치 화염이, 무언가 마음을 뒤흔드는 강력한 것이, 해방을 가능하게 만든 어떤 감정이, 이 청중들 속에서 분출된 듯했다.[46]

엘리자베스 걸리 플린은 세계산업노동자연맹을 위해 이곳저곳을 떠돌며 파업을 선동하다가 이따금 유명한 미국 선주민 지도자 프랭크 리틀(Frank Little)과 함께 일하기도 했다. 가령 1916년 두 사람은 미네소타에서 메사비 철광석 산맥 파업이 진행되는 동안 워블리 대표자로 활동했다. 그로부터 1년도 되지 않아서 플린은 리틀이 몬태나 뷰트에서 린치를 당했다는 사실을 알게 되었다. 파업을 벌이던 광부들을 선동하는 연설을 하고 나서 폭도들에게 공격을 당한 것이다.

복면을 쓴 남자 여섯 명이 밤에 호텔로 찾아와서 문을 부수고 프랭크를 침대에서 끌어낸 뒤 마을 외곽에 있는 철도 교각으로 데려가 거기에 매달았다.[47]

프랭크 리틀이 살해되고 나서 한 달 뒤 연방은 '미국의 몇 가지 법 집행을 방해하기 위해' 168명이 그와 공모했다고 기소장에 적었다.[48] 엘리자베스 걸리 플린은 피의자 가운데 유일한 여성이었고, 필라델피아의 부두 노동자이자 세계산업노동자연맹 대표인 벤 플레처(Ben Fletcher)는 유일한 흑인으로서 기소장에 이름이 올라갔다.[49]

자서전에 담긴 성찰로 판단컨대 엘리자베스 걸리 플린은

정치활동을 시작할 때부터 흑인들이 겪는 특수한 억압을 의
식하고 있었다. 반인종주의 투쟁이 중요하다는 의식은 플린
이 세계산업노동자연맹에 가담하면서 의심의 여지없이 깊어
졌다. 워블리는 공개적으로 주장했다.

> 미국에는 유색인종 노동자를 백인과 절대적으로 동등하게
> 받아주는 노동조직이 단 한 군데 있다. 바로 세계산업노동
> 자연맹이다. (…) 세계산업노동자연맹에서는 남자든 여자든
> 유색인종 노동자는 다른 모든 노동자와 동등하다.[50]

하지만 세계산업노동자연맹은 산업 노동자에 집중하는
생디칼리슴 조직이었고, 산업 노동자는 인종주의적인 차별 때
문에 압도적인 다수가 여전히 백인이었다. 극소수의 흑인 산
업 노동자 중에는 사실상 여성이 전무했다. 여성은 산업 관련
직업에서 절대적으로 배제되어 있었기 때문이다. 사실 남자
든 여자든 대다수 흑인 노동자들은 아직도 농업이나 가사서
비스에 종사했다. 그래서 흑인이 산업계로 유입될 수 있도록
노조가 정력적으로 투쟁하지 않는 한 산별노조를 통해 접할
수 있는 흑인 인구는 얼마 되지 않았다.

엘리자베스 걸리 플린은 1937년에 공산당에서 왕성하게
활동했고[51] 곧이어 핵심인물 중 한 명으로 부상했다. 벤저민
데이비스(Benjamin Davis)와 클라우디아 존스(Claudia Jones)
같은 흑인 공산주의자들과 친밀한 관계를 맺으며 활동하면서
플린은 노동계급해방을 위한 전반적인 투쟁 안에서 흑인해방

의 핵심 역할을 새롭게 이해하게 되었다. 1948년 플린은 당의 이론지인 「폴리티컬어페어스(Political Affairs)」에 세계 여성의 날이 갖는 의미에 대한 글을 발표했다.

노동할 권리, 교육과 승진, 동등한 연공서열의 권리, 건강과 안전에 대한 보호장치, 적당한 보육시설, 이런 것들은 여전히 노조에 가입한 여성 노동자들의 시급한 요구 사항이며, 힘들게 일하는 모두에게, 그중에서도 특히 니그로 여성들에게 필요한 것들이다.[52]

플린은 참전용사 내 남녀불평등을 비난하면서 독자들에게 흑인 여성 참전용사들이 백인 자매들보다 훨씬 더 어려운 처지임을 상기시켰다. 실제로 흑인 여성들은 보통 삼중의 억압에 시달렸다.

미국 백인 여성들을 괴롭히는 모든 불평등과 장애가 니그로 여성들에게서는 천 배 악화된다. 이들은 삼중으로 착취당한다. 니그로로서, 노동자로서, 그리고 여성으로서.[53]

덧붙여 말하자면 나중에 현대 여성해방운동의 초기 단계에 영향력을 행사하고자 했던 흑인 여성들이 바로 이 '삼중의 위험' 분석을 제안했다.

엘리자베스 걸리 플린의 첫 번째 자서전 『나는 내 의견을 말한다(I Speak My Own Piece)』(또는 『소녀 반란자(The

Rebel Girl)』)를 보면 세계산업노동자연맹의 선동가로서의 경험들을 아주 흥미롭게 일별할 수 있지만, 두 번째 책『앨더슨 스토리(The Alderson Story)』(또는 『정치범으로서의 내 인생(My Life as a Political Prisoner)』)에서는 정치적으로 성숙한 플린의 새로운 모습과 인종주의에 대한 더 심화된 의식을 볼 수 있다. 매카시 시대에 공산당에 대한 공격이 진행되는 동안 플린은 다른 세 여성과 함께 뉴욕에서 체포되어 '정부의 폭력적인 전복을 지지하고 가르침'이라는 죄목으로 기소되었다.[54] 다른 세 여성은 매리언 바흐라흐(Marion Bachrach), 베티 개닛(Betty Gannet), 그리고 어릴 때 미국으로 이주한 트리니다드 출신의 흑인 여성 클라우디아 존스였다. 1951년 6월 이 공산주의자 여성 네 명은 경찰에 체포되어 뉴욕여성구치소(Women's House of Detention)로 끌려갔다. 그들이 구치소에서 지내는 동안 '활력이 된 한 즐거운 에피소드'는 엘리자베스, 베티, 클라우디아가 한 수감자를 위해 준비한 생일 파티와 관련된 것이었다. '풀이 죽고 외로워하는' 한 19세 흑인 여성이 "우연히 다음 날이 자기 생일이라고 언급했다".[55] 세 여성은 매점에서 케이크를 간신히 구했다.

우리는 휴지로 케이크에 꽂을 초를 만들고, 종이 냅킨을 최대한 예쁘게 테이블에 씌우고 생일 축하 노래를 불렀다. 우리가 그녀에게 축하 인사를 건네자 그녀는 놀라움과 행복을 이기지 못하고 눈물을 터뜨렸다. 다음 날 우리는 그녀에게서 이런 편지를 받았다. (맞춤법은 수정하지 않았다.)

클라우디아, 베티, 엘리자베스에게. 내 생일에 나를 위해서
당신들이 그런 일을 해줘서 너무 기뻐요. 어떻게 고마움을
표현해야 할지 진짜 모르게써요. (…) 어제는 내 인생 최고
의 며 년 중 하나였어요. 아무리 당신들이 모두 공산주의자
사람들이어도 당신들은 내가 만나본 최고의 사람들이에요.
내가 편지에 공산주의자를 쓰는 이유는 어떤 사람들은 그
냥 공산주의자 사람들이 미국 사람들한테 반대한다고 생각
한다는 이유로 공산주의자들을 좋아하지 안치만 나는 그러
케 생각하지 아나서에요. 나는 당신들이 내 19년 10대 인생
전체에서 만나본 사람들 중에 제일 착한 사람들에 속한다
고 생각해요. 어디에 있든 당신들을 절대 잊지 아늘거에요.
(…) 당신들 모두 이 곤경에서 빠져나가서 절대로 이런 곳에
돌아오지 아나야 하기를 희망해요.[56]

세 여성은 스미스법*에 따라 재판을 받고 난 뒤 (매리
언 바흐라흐는 건강 문제로 사건이 종결되었다) 유죄가 선고
되어 버지니아 앨더슨에 있는 연방여성감화원 복역형을 받았
다. 이들이 도착하기 직전 이 교도소는 법원 명령에 따라 시
설 운영 방침에서 인종분리정책을 철회해야 했다. 스미스법
의 또 다른 피해자인 볼티모어 출신의 도로시 로즈 블럼버그
(Dorothy Rose Blumberg)는 흑인 여성들과 함께 수감된 최초

---

* 일부 전복 행위를 금지한 반공주의 색채가 짙은 법. 1957년 대법원에
서 위헌판결을 받음.

의 백인 수감자 중 한 명으로서 3년 형기 중 일부를 복역한 상
태였다. "우린 공산주의자들을 불러들여서 교도소에서 인종
통합 정책을 시행하는 데 도움을 받고자 했다는 게 재밌기도
하고 우쭐한 기분도 들었다."[57] 하지만 엘리자베스 걸리 플린
의 지적처럼 교도소 숙박동의 법적인 인종분리의 해제가 곧
바로 인종차별을 종식시키는 결과로 이어지지는 않았다. 흑
인 여성들은 '농장에서, 통조림공장에서, 관리실에서, 양돈장
에서 그것이 철폐될 때까지'[58] 여전히 제일 힘든 일을 할당받
았다.

공산당 지도자로서 엘리자베스 걸리 플린은 흑인해방투
쟁에 깊이 헌신했고 흑인들이 항상 정치의식을 가지고 저항
하는 것은 아니라는 사실을 깨닫게 되었다. 플린은 앨더슨의
수감자들 사이에서 이런 점을 파악했다.

> 니그로 여성들 사이에서는 연대가 더 끈끈했는데, 이는 의심
> 의 여지없이 특히 남부 같은 곳의 바깥 생활이 가져온 결과
> 였다. 내가 보기에 그들은 대체로 백인 수감자들에 비해 인
> 품이 낫고, 더 강인하고 믿음직스러우며, 고자질을 하거나
> 끄나풀이 될 가능성이 낮았다.[59]

플린은 백인 수감자들보다는 흑인 수감자들과 더 쉽게
친구가 되었다. "솔직히 나는 백인 여성보다 니그로 여성을
더 신뢰했다. 그들은 더 세심하고, 히스테리가 적고, 예의가
있고, 성숙했다."[60] 그리고 흑인 여성들 역시 플린을 더 잘 받

아주었다. 어쩌면 이들은 이 백인 여성 공산주의자 안에서 본
능적으로 끌리는 투쟁 정신을 감지했던 건지 모른다.

클라우디아 존스(Claudia Jones)

아직 영국령 서인도제도였던 시절의 트리니다드에서 태어난
클라우디아 존스는 어릴 때 부모님과 함께 미국으로 이주했
다. 그러다가 나중에 스코츠보로 나인 석방운동에 뛰어든 미
국 전역의 숱한 흑인 중 한 명이 되었다. 존스는 스코츠보로변
호위원회(Scottsboro Defense Committee)에서 활동하다가 공
산당 당원들과 친해져서 열정을 가지고 입당했다.[61] 아직 젊
은 20대에 존스는 당의 여성위원회를 책임졌고 미국 전역에
서 투쟁하는 공산주의 여성들의 지도자이자 상징이 되었다.

클라우디아 존스가 「폴리티컬어페어스」에 발표한 숱한
글들 중에서 가장 눈에 띄는 것으로 1949년 6월 호에 실린 '니
그로 여성문제에 대한 홀대에 종언을(An End to the Neglect
of the Problems of Negro Women)'이라는 제목의 글이 있었
다.[62] 이 에세이에서 존스가 내세운 흑인 여성의 상은 여성의
역할에 대한 통상의 남성우월주의적 고정관념을 반박하기 위
한 의도를 담고 있었다. 존스의 지적에 따르면 흑인 여성의
통솔력은 자유를 쟁취하기 위한 흑인들의 투쟁에서 늘 필수
적이었다. 가령 정통의 역사에서는 거의 언급되지 않았지만
"1930년대 소작농의 파업에 불을 지핀 것은 니그로 여성들이
었다".[63] 게다가,

니그로 여성들은 노동자로서, 그리고 노동자의 아내로서 CIO* 이전의 파업과 여러 투쟁에서 엄청난 역할을 수행했고, 그 과정에서 자동차, 식품가공, 철강 등의 산업에서 산별 노동조합주의 원칙을 깨쳤다. 최근에는 식품가공공장 노동자 파업에서 니그로 여성 조합원들의 호전성이 표출되었고, 모란다 스미스(Moranda Smith)와 벨마 홉킨스(Velma Hopkins)가 출중한 노조 조합원으로 부상했던 담배 노동자 파업에서는 훨씬 더 그랬다.[64]

클라우디아 존스는 진보주의자들, 그리고 특히 노조원들이 조직을 꾸리고자 하는 흑인 가사 노동자들의 노력을 알아차리지 못했다며 꾸짖었다. 흑인 여성 노동자 대다수는 아직도 가사서비스에 고용되어 있었기 때문에 하녀에 대한 가부장적 태도가 집단으로서의 흑인 여성에 대한 지배적인 사회적 정의에 영향을 미쳤다는 것이다.

니그로 여성들을 가사노동에 계속 묶어두다 보니 모든 니그로 여성을 향한 남성우월주의가 수그러들 기미를 보이지 않고 강화되었다.[65]

존스는 주저하지 않고 백인 친구들과 동지들에게 "지나치게 많은 진보주의자들이, 그리고 심지어는 일부 공산주의자

* 미국 산별노조(Congress of Industrial Organizations).

들마저 아직도 니그로 가사 노동자를 착취하는 죄를 범하고 있다"라고 지적했다.[66] 그리고 때로는 "부르주아 이웃과 자기 가족들과 이야기를 나누다가 '하녀' 욕설에 참여하는" 죄를 범한다.[67] 클라우디아 존스는 내로라하는 공산주의자였다. 사회주의는 흑인 여성을 위해, 흑인 전체를 위해, 그리고 사실상 다인종으로 구성된 노동계급을 위한 유일한 해방의 가능성을 갖고 있다고 믿는 신실한 공산주의자였던 것이다. 그러므로 존스의 비판은 백인 동료들과 동지들이 인종주의적, 성차별주의적 태도를 떨쳐내야 한다는 건설적인 바람에서 비롯된 것이었다.

작업장과 지역사회에서 필요한 투쟁을 수행해야 하는 당원들이 분명한 이해를 갖출 수 있도록, 우리 클럽 안에서는 니그로 여성의 역할에 대해 심도 있는 논의를 해야 한다.[68]

이전의 수많은 흑인 여성들이 주장했다시피, 클라우디아 존스는 진보운동 내 백인 여성, 그리고 특히 백인 여성 공산주의자들에게 흑인 여성에 대한 특별한 책임이 있다고 주장했다.

니그로 여성과 백인 여성의 경제적 관계는 '마님–하녀' 관계를 영속시키고 남성우월주의적 태도에 먹잇감을 제공한다. 그러므로 백인 여성 진보주의자, 그리고 특히 공산주의자들은 잘 드러나든 드러나지 않든 백인우월주의의 모든 표현에 의식적으로 맞서 싸워야 한다.[69]

스미스법 판결로 앨더슨연방여성감화원에 수감된 클라우디아 존스는 자신이 익히 잘 안다고 생각했던 인종주의 사회의 진정한 축소판을 발견했다. 교도소는 법원의 명령에 따라 인종분리 운영 방식을 철회해야 했음에도 클라우디아는 두 백인 동지, 엘리자베스 걸리 플린과 베티 개닛과 떨어져 '유색인종 숙소동'에 배치되었다. 엘리자베스 걸리 플린은 이 분리 조치로 특히 힘들어했다. 플린과 존스는 동지이기도 했지만 절친한 친구였기 때문이다. 이 공산주의자 여성들이 앨더슨감화원에 오고 나서 10개월 뒤인 1955년 10월에 클라우디아가 석방되었을 때 엘리자베스는 클라우디아가 없으면 힘들어질 거라는 걸 알면서도 친구를 위해 행복해했다.

창문이 도로를 향해 있어서 클라우디아가 떠나는 걸 볼 수 있었다. 그녀는 뒤돌아 손을 흔들었다. 크고 가녀리고 아름다우며 황금빛이 도는 갈색 옷으로 차려입은 모습으로. 그러고는 사라졌다. 그날은 내가 감옥에서 보낸 날들 중에서 제일 힘든 날이었다. 너무 외로웠다.[70]

클라우디아 존스가 앨더슨감화원을 떠난 그날, 엘리자베스 걸리 플린은 '클라우디아 안녕(Farewell to Claudia)'이라는 제목의 시를 썼다.

조금씩 조금씩 이날이 다가왔어, 동지여,
내가 너에게서 슬픔을 안고 작별해야 하는 날이,

하루하루, 음울하고 불길한 슬픔이,
내 불안한 심장에서 기어 다녔어.

이제는 네가 복도를 성큼성큼 걷는 모습을 볼 수가 없겠지,
이제는 너의 미소 짓는 눈과 환한 얼굴을 볼 수가 없겠지.
이제는 너의 명랑하고 환한 웃음소리를 들을 수 없겠지,
이제는 이 슬픈 장소에서 너의 사랑에 둘러싸일 수 없겠지.

나는 네가 얼마나 그리울까, 말로는 담아낼 수가 없을 거야,
나는 내 생각들을 나누지 못하고, 이 지친 날들을 혼자서
        보내,
이 우울한 회색 아침에 나는 상실감과 공허함을 느껴,
감옥의 길에 둘러싸인, 내 외로운 미래를 바라보면서.

가끔은 네가 앨더슨에서 지낸 적이 없었던 것만 같아,
너는 너무나도 생기로 가득하고, 너무나도 초연해 보여.
너무나도 당당하게 걷고, 말하고, 일하고, 존재해서,
네가 여기 있었다는 게 마치 열병처럼 타올랐다가
        사그라드는 꿈만 같아.

하지만 지금 안개와 어둠을 뚫고 태양이 빛날 때,
난 불현듯 기쁨을 느낀다. 네가 가버렸다니,
네가 다시 한번 할렘의 거리를 걷는다니,
오늘이 최소한 너에게는 자유의 여명이라니.

나는 우리 공통의 믿음 안에서 강해질 거야, 동지여,
나는 스스로 자립할 거야, 굳건하고 진실된 우리의 이상을
　　향해,
나는 감옥 밖에서 내 마음과 영혼을 지키기 위해 강해질
　　거야,
사랑하는 너와의 추억에서 용기와 영감을 얻어서.[71]

　　클라우디아 존스는 앨더슨감화원에서 석방된 직후 매카
시즘의 압력 때문에 잉글랜드로 추방되었다. 한동안은 정치활
동을 이어가며 「웨스트인디언가제트(West Indian Gazette)」
라고 하는 잡지를 편집하는 일을 했지만 건강이 계속 나빠져
서 곧 병을 얻어 세상을 떠났다.

11장
강간, 인종주의, 흑인 강간범 신화

사회의 타락을 가장 노골적으로 드러내는 징후 중 어떤 것들은, 워낙 급속히 확산해서 해법도 듣지 않는 것처럼 보일 때만 심각한 문제로 인정받는다. 강간이 바로 그렇다. 오늘날 미국에서 강간은 가장 빠르게 늘고 있는 범죄 중 하나다.[1] 성폭력은 침묵과 고통과 그릇된 죄책감의 세월을 뒤로하고, 현대 자본주의사회의 시사적인 기능부전 중 하나로 폭발적으로 부상하고 있다. 미국에서 강간에 대한 대중들의 우려가 커지면서 여기에 자극을 받은 여러 여성들이 성폭력 가해자 또는 미수범과 맞닥뜨렸던 과거를 털어놓았다. 그 결과 놀라운 사실이 백일하에 드러났다. 성폭력 피해를 당하거나 피해를 당할 뻔한 적이 인생에서 한 번도 없는 여성이 소름 끼칠 정도로 적다는 것이다.

미국과 다른 자본주의국가들에서 강간법은 원래 대체로 상층계급 남성들을 보호하기 위한 틀로 짜여졌다. 그들의 딸과 아내가 성폭행 대상이 될 수도 있기 때문이다. 노동계급 여성에게 무슨 일이 일어나는지는 대개 법원의 관심 밖의 일이었다. 그래서 백인 남성은 이런 여성들을 대상으로 성폭력을 저질러도 놀라울 정도로 거의 기소되지 않았다. 강간범들이 법의 심판을 받는 일이 극히 적긴 했지만 강간 기소는 죄가 있든 없든 편향적일 정도로 흑인 남성들에게 쏠렸다. 그래서 1930년부터 1967년 사이에 강간 판결로 처형된 남성 455명 가운데 405명이 흑인이었다.[2]

미국 역사에서 허위 강간 고발은 인종주의가 발명한 가장 가공할 만한 책략 중 하나로 두드러진다. 흑인 공동체를 대상으로 폭력과 테러의 물결이 일어나서 이를 정당화할 만한 설득력 있는 이유가 필요할 때면 언제든 흑인 강간범이라는 신화가 조직적으로 소환되었다. 흑인 여성들이 현대의 강간 반대 운동에서 이상할 정도로 눈에 띄지 않는다면, 아마 그것은 그 운동이 인종주의 공격을 선동하기 위해 날조된 강간 고발에 무심한 태도를 취했던 것도 부분적으로 한몫했을 것이다. 흑인 여성들이 경찰과 판사에게서 안도감을 얻는 사람들과 함께하기에는 너무 많은 무고한 사람들이 가스실과 무기징역수 감방에 희생 제물로 보내졌다. 게다가 그들 자신이 강간 피해 당사자인 흑인 여성들은 제복과 법복을 입은 남자들에게서 위안을 얻어본 적이 거의 없었다. 흑인 여성을 상대로 경찰이 성폭행을 저질렀다는 이야기 — 강간 피해자는 때로 2차 강간을 당한다 — 는 일탈로 치부하기에는 너무 자주 들려온다. 가령 이런 식이었다.

버밍햄에서 민권운동이 가장 강렬했던 시절에마저, 젊은 운동가들은 무슨 수를 써봐도 흑인 여성들이 버밍햄 경찰에게 강간당하는 걸 막을 방법이 없다고 말하곤 했다. 최근인 1974년 12월에도 시카고에서 17세 흑인 여성이 경찰 열 명에게 집단강간을 당했다고 밝혔다. 이 중 일부는 정직을 당했지만 결국 모든 사건이 종적을 감췄다.³

현대 강간 반대 운동의 초기 단계에서는 강간 피해자로서의 흑인 여성을 둘러싼 이런 특수한 환경을 진지하게 분석한 페미니스트 이론가가 거의 없었다. 백인 남성에 의해 시스템 차원에서 학대와 멸시를 당하던 흑인 여성들과, 강간 기소라는 인종주의적 조작 때문에 불구가 되고 목숨을 잃는 흑인 남성들을 묶고 있는 역사적인 매듭은 이제 막 의미 있는 수준으로 인정받기 시작한 상태였다. 흑인 여성들이 강간에 저항할 때면 그것이 흑인 남성을 상대로 강간 기소를 날조하기 위한 치명적인 인종주의적 무기로 사용될 위험이 거의 동시에 제기된다. 극한의 통찰력을 보여주는 한 작가의 표현에 따르면,

백인 여성을 범한 흑인 강간범 신화는 못된 흑인 여자 신화의 쌍생아다. 둘 다 흑인 남성과 여성을 계속 착취하는 데에 대한 변명으로, 또한 그 착취를 용이하게 하기 위한 방편으로 고안된 것이다. 흑인 여성들은 이 관계를 아주 명료하게 인지했고 그래서 일찍부터 린치에 반대하는 투쟁의 선두에 섰다.⁴

이 글을 쓴 거다 러너(Gerda Lerner)는 1970년대 초에 인종주의와 성차별주의가 흑인 여성에게 복합적으로 미치는 영향을 깊이 있게 연구하며 강간을 주제로 글을 쓴 몇 안 되는 백인 여성 중 하나다. 1975년 여름에 재판이 진행된 조앤 리틀(Joanne Little)⁵의 사례는 러너의 주장을 예시했다. 이 젊은 흑인 여성은 자신이 유일한 여성 재소자였던 노스캐롤라이나의 한 교도소에서 백인 간수를 살해했다는 혐의로 재판을 받았다. 증언대에 선 리틀은 간수가 감방에서 자신을 어떻게 강간했는지, 그리고 스스로를 방어하기 위해서 어떻게 간수가 자신을 위협할 때 쓰던 얼음송곳으로 그를 살해하게 되었는지 털어놓았다. 미국 전역에서 흑인 공동체, 그리고 여성운동에 몸담고 있는 젊은 개인과 조직 들의 열성적인 지지가 밀어닥쳤고, 리틀은 무죄를 선고받았으며, 이는 대중운동 덕분에 가능했던 중요한 승리로 자리매김하였다. 리틀은 무죄선고 직후 백인 여성을 강간했다는 허위사실로 기소당해 플로리다에서 사형을 앞두고 있던 델버트 팁스(Delbert Tibbs)라는 흑인 남성을 위해 심금을 울리는 호소문을 수차례 제출했다.

많은 흑인 여성들이 델버트 팁스를 지지해달라는 리틀의 호소에 화답했다. 그러나 남부의 인종주의에 노골적인 제물로 바쳐진 이 흑인 남자의 자유를 위해 함께 목소리를 내달라는 리틀의 제안을 따른 백인 여성은 거의 없었고 강간 반대 운동 내부의 조직들도 물론 거의 호응하지 않았다. 리틀의 대표 변호사 제리 폴(Jerry Paul)이 델버트 팁스를 변호하기로 결정했다는 사실을 밝혔을 때도 많은 백인 여성들은 팁스를 옹호하기 위해 발벗고 나서지 않았다. 하지만 1978년 팁스에 대한 모든 기소가 취하되자 백인 강간 반대 운동가들이 점점 팁스 석방운동에 합류하기 시작했다. 아무리 그래도 이들이 초반에 드러냈던 마뜩잖음은 강간 반대 운동이 흑인들의 특수한 우려에는 대체로 무지하다는 많은 흑인 여성들의 의심을 확인시켜주는 역사적인 사건 중 하나였다.

그러므로 흑인 여성들이 대대적으로 강간 반대 운동에 합류하지 않아온 것은 강간과 싸우는 전반적인 방식에 동의하지 않는다는 의미이다. 클럽 소속의 선도적인 흑인 여성들은 19세기가 끝나기 전에 성폭력에 반대하는 최초의 대중시위 하나를 조직했다. 그들이 강간에 맞서 조직적인 투쟁을 벌인 역사가 80년에 달한다는 사실은 흑인 여성들이 성폭력의 위협에 얼마나 광범위하게, 그리고 심하게 시달렸는지를 보여준다. 인종주의의 두드러지는 역사적 특징 중 하나는 늘 백인 남성, 그중에서도 특히 경제적 권력을 휘두르는 남성이 흑인 여성의 몸에 접근할 권리를 반론의 여지없이 소유한다는 가정이었다.

노예제는 채찍에 의지했던 것만큼이나 일상적인 성폭력에 의지했다. 백인 남성 개인에게 실제로 있든 없든, 과도한 성욕은 사실상 제도화된 강간과는 전혀 무관했다. 그보다 성적 억압은 노예 소유주와 노예의 사회적 관계에서 본질적인 측면이었다. 다시 말해서 노예 소유주가 주장하는 권리, 그리고 여자 노예의 몸에 대한 그들의 권력 행사는 전체 흑인에 대해 그들이 상정하는 재산권의 직접적인 표현이었다. 강간 면

허는 노예제의 소름 끼치는 특징인 가혹한 경제적 지배에서 비롯되었고, 동시에 그 경제적 지배를 용이하게 했다.[6]

흑인 여성에 대한 제도화된 성폭력의 패턴은 워낙 위력적이어서 노예제가 폐지된 뒤에도 생명을 이어갔다. 쿠클럭스클랜과 남북전쟁 이후의 여타 테러리스트 조직들이 자행했던 집단강간은 흑인평등운동을 좌절시키겠다는 의도를 노골적으로 드러내는 정치적 무기가 되었다. 가령 1866년 멤피스 봉기가 있었을 때 집단살상과 함께 흑인 여성에 대한 성폭력이 조직적으로 자행되었다. 이 봉기 이후 숱한 흑인 여성들이 자신이 겪은 야만적인 집단강간에 대해 국회위원회에서 증언하기도 했다.[7] 엘런 파튼(Ellen Parton)이라고 하는 한 흑인 여성은 1871년 미시시피 머리디안 봉기에서 일어난 유사한 사건에 대해 이렇게 증언했다.

> 나는 머리디안에 살아요. 여기 산 지는 9년 됐어요. 하는 일은, 빨래하고 다림질하고 광을 내는 거예요. 수요일 밤이 그 사람들이 우리 집에 온 마지막 밤이었어요. '그 사람들'이라는 건 남자들 여럿을 말하는 거예요. 그 사람들이 월요일, 화요일, 수요일에 왔어요. 월요일 밤에는 우리한테 해를 끼치러 온 게 아니라 그랬어요. 화요일 밤에는 무기 때문에 왔다 그랬어요. 무기 같은 건 없다고 그랬더니 그 사람들이 내 말을 믿어보겠다 그랬어요. 수요일 밤에는 옷장하고 여행용 트렁크를 열어보더니 나를 강간했어요. 집에 들어온 사람만 여덟 명이었어요. 밖에는 몇 명이 있었는지 몰라요.[8]

물론 흑인 여성에 대한 성적 가해가 언제나 이렇게 공개적이고 공적인 폭력으로 표현되는 것은 아니었다. 흑인 여성과 백인 가해자의 수많은 특색 없는 조우에서는 일상적인 인종주의의 드라마가 펼쳐졌다. 그리고 남자들은 자신의 행동이 그저 자연스럽다고 확신했다. 이런 공격은 정치인, 학자, 언론인을 통해 이데올로기적으로 승인받아왔다. 흑인 여성들을 문란하고 정조 관념이 없다고 묘사하곤 하는 문학가들도 빼놓을 수 없다. 걸출한 작가 거트루드 스타인(Gertrude Stein)조차도 자신의 작품에 나오는 흑인 여성 등장인물 중한 명이 '흑인의 단순하고 난잡한 문란함'을 지니고 있다고 묘사했다.[9] 이러한 편견을 노동계급 백인 남성에게 뒤집어씌운 것은 인종주의 이데올로기의 발전에서 승전보를 울린 순간이었다.

인종주의는 언제나 성적 억압을 북돋는 능력에서 힘을 얻었다. 흑인 여성들과 유색인종 자매들이 이런 인종주의에 고무된 공격의 주 먹잇감이었지만 백인 여성들 역시 이런 공격에서 자유롭지 않았다. 백인 남자들이 뒤탈 없이 흑인 여자에게 성폭행을 저지를 수 있다는 설득에 한번 넘어가면 자기 인종 여성에 대한 태도가 훼손되지 않기가 힘들었다. 인종주의는 늘 강간의 핑계로 기능해왔고 미국의 백인 여성들은 이런 공격의 유탄에 시달리지 않을 수 없었다. 인종주의는 이런 방식으로 성차별주의를 조장했고, 백인 여성들을 유색인종 자매를 겨냥한 특수한 억압의 간접적인 희생양으로 전락시켰다.

베트남전쟁은 인종주의가 강간의 빌미로 기능할 수 있는

정도를 더 심도 깊게 예시했다. 자기가 열등한 인종과 싸우고 있다는 생각이 머릿속에 주입되어 있었던 미군들은 베트남 여자들을 강간하는 것이 필연적인 군사적 의무라고 학습했다. 심지어는 자기 페니스로 이 여자들을 '수색'하라는 지침을 받아들이기도 했다.[10] 강간은 극도로 효과적인 대량 테러리즘의 무기였으므로 조직적으로 강간을 장려하는 것이 미군 사령부의 암묵적인 정책이었다. 이 참상을 직접 목격하고 참여했던 그 수천 수만의 베트남 참전용사들은 어디에 있을까? 그 야만적인 경험은 여성 일반에 대한 이들의 태도에 얼마나 영향을 미쳤을까? 베트남 참전용사들을 성범죄의 주범으로 지목하는 것은 상당히 잘못된 일이지만, 베트남전의 끔찍한 반향을 오늘날에도 여전히 모든 미국 여성이 느끼고 있다는 데는 의심의 여지가 별로 없을 것 같다.

일부 강간반대 이론가들이 강간을 부추기는 인종주의의 역할을 무시하면서, 유색인종 남성들이 여성에게 성범죄를 저지르는 경향이 있다고 주저 없이 주장하는 것은 고통스러운 아이러니이다. 수전 브라운밀러는 강간에 대한 아주 인상적인 연구에서 흑인 남성들은 역사적으로 억압당해왔기 때문에 남성우월주의의 '적법한' 많은 표현들을 사용할 수 없었다고 주장한다. 그래서 이들은 누구나 알 수밖에 없는 성폭력에 의지해야 했다는 것이다. 브라운밀러는 '게토 거주자'를 이렇게 묘사한다.

통상적으로 기업 중역들의 정찬실과 에베레스트산 등반은

폭력이라는 하위문화를 형성하는 사람들에게는 접근 가능하지가 않다. 반면 폭력을 동원해서 여성의 신체에 접근하는 것은 그들이 가진 능력 범위 안의 일이다.[11]

브라운밀러의 책 『우리의 의지에 반하여: 남성, 여성, 그리고 강간(Against Our Will: Men, Women and Rape)』이 출간되었을 때 일각에서는 칭찬이 자자했다. 브라운밀러를 1976년 올해의 여성 중 한 명으로 선정한 「타임(Time)」은 그 책을 "페미니즘운동에서 출현한 학술서 가운데 가장 엄밀하고 도발적인 책"이라고 묘사했다.[12] 하지만 다른 진영에서는 흑인 강간범이라는 낡은 인종주의 신화를 부활시켰다며 혹독하게 비판했다.

브라운밀러의 책이 강간에 대한 오늘날의 문헌에 선구적인 학술적 기여를 했다는 사실은 부정할 수 없다. 하지만 애석하게도 브라운밀러의 많은 주장에는 인종주의적 사고가 스며 있다. 브라운밀러가 1953년 14세의 에밋 틸(Emmett Till)에게 자행된 린치를 재해석하는 방식은 그런 관점을 잘 보여준다. 이 어린 소년이 미시시피에서 백인 여성을 향해 휘파람을 불고 난 뒤 탤러해치강 바닥에서 소년의 훼손된 시신이 발견되었다. 브라운밀러는 "틸의 행동은 꼬마의 당돌한 장난을 넘어선 것이었다"라고 말했다.[13]

에밋 틸은 자신의 흑인 친구들에게 자신은, 그리고 추론컨대 **그들은**, 백인 여성을 손에 넣을 수 있음을 보여주려 했고

캐롤린 브라이언트는 그들에게 가장 가깝고 편리한 대상이었다. 구체적으로 표현하면 그들은 **모든** 백인 여성에게 쉽게 접근 가능하다고 생각했다. (…) 그리고 늑대의 휘파람은, 틸의 '청소년기의 허세가 섞인 제스처'는 무엇이 문제인가? (…) 그 휘파람은 매끈한 발목에 대한 듣기 좋은 인정이나 작고 앙증맞은 환호 같은 게 아니었다. (…) 그건 육체적인 폭력만 빠져 있는 의도적인 모욕이요, 캐롤린 브라이언트에게 이 흑인 소년 틸이 그녀를 손에 넣을 생각을 품고 있음을 알리는 마지막 신호였다.[14]

브라운밀러는 에밋 틸에게 가해진 사디즘적인 처벌을 개탄하기는 하지만 그럼에도 불구하고 이 흑인 소년을 죄를 저지른 성차별주의자로 표현한다. 그를 살해한 백인 인종주의자들만큼 죄가 무거운 범죄자로 말이다. 어쨌든 브라운밀러는 틸과 그를 살해한 사람들 모두가 여성을 소유할 자신들의 권리에만 철저하게 관심이 있었다고 주장한다.

안타깝지만 오늘날 강간에 대해 글을 쓰는 사람들 가운데 인종주의 이데올로기의 영향에서 헤어나지 못한 작가는 브라운밀러만이 아니다. 『강간: 미끼와 함정(Rape: The Bait and the Trap)』을 쓴 진 맥켈러(Jean MacKellar)는 이렇게 말한다.

게토에서 힘들게 자란 흑인들은 원하는 걸 손에 넣고 싶으면 빼앗으면 된다고 배운다. 폭력은 생존게임의 규칙이다.

여자들은 적당한 먹잇감이다. 여자는 굴복시켜서 손에 넣는
다.[15]

맥켈러는 인종주의 선동에 완전히 홀린 나머지 부끄러
운 줄도 모르고 미국에서 신고된 전체 강간의 90%가 흑인 남
성들이 저지른 것이라고 주장한다.[16] FBI에서 집계한 수치가
47%라는 점만 고려해도[17] 맥켈러의 진술이 의도적인 도발이
아니라고 믿기가 힘들다.

미국에서 일어난 강간에 관한 가장 최근의 연구들은 경
찰에 신고된 사건과 실제로 발생한 사건에 차이가 있음을 인
정한다. 가령 수전 브라운밀러에 따르면 신고로 이어지는 강
간은 5건 중 1건에서 20건 중 1건 사이이다.[18] 「뉴욕래디컬페
미니스트(New York Radical Feminists)」에 발표된 연구는 강
간이 신고로 이어지는 비율은 겨우 5% 수준이라고 결론을 내
렸다.[19] 사정이 이런데도 오늘날 강간에 대한 많은 문헌에서
는 '경찰 사건기록부의 강간범'을 '전형적인 강간범'과 등치시
키는 경향이 있다. 이런 양상이 이어질 경우 강간의 진정한 사
회적 원인을 드러내기는 사실상 불가능할 것이다.

다이애나 러셀(Diana Russell)의 『강간의 정치학(Politics
of Rape)』은 불행하게도 전형적인 강간범은 유색인종 남자라
는, 아니면 백인일 경우 가난하거나 노동계급 남자라는 지금
의 관념을 강화한다. '피해자의 관점'이라는 부제가 달린 러셀
의 책은 샌프란시스코 베이에어리어의 강간 피해자들을 대상
으로 실시한 일련의 인터뷰를 근거로 삼는다. 러셀이 설명한

강간 사건 22건 가운데 흑인, 멕시코계, 미국 선주민 남성이 가해자인 사건은 절반이 조금 넘는 12건이었다. 그러나 러셀이 실시한 원래의 인터뷰 95건 가운데 유색인종 남성이 관계 있는 사건은 26%뿐이었다는 사실은 시사하는 바가 크다.[20] 이 미심쩍은 선발 과정이 인종주의에 대한 깊은 의혹을 자아내기에 충분하지 않다면 러셀이 백인 여성들에게 하는 다음 충고에 대해 한번 생각해보자.

> 만일 일부 흑인 남성들이 백인 여성을 강간하는 것을 복수 행위나 백인에 대한 적개심의 정당한 표현으로 바라본다면 나는 백인 여성이 흑인 남자들을 잘 믿지 못하는 게 똑같이 현실적이라고 생각한다.[21]

브라운밀러, 맥켈러, 러셀이 과거의 인종주의 이론가들에 비하면 그렇게 노골적이지 않은 것은 분명하다. 하지만 이들의 결론은 비극적이게도 윈필드 콜린스(Winfield Collins) 같은 학계의 인종주의 지지자들의 사고에 비견될 만하다. 콜린스는 『린치에 대한 진실과 남부의 흑인(The Truth About Lynching and the Negro in the South)』을 1918년에 출간했다.

> 니그로의 가장 두드러진 특징 두 가지는 정조 관념과 정직함이 완전히 결여되어 있다는 점이다. 백인 남자의 문명에서는 너무 부도덕하거나 심지어는 범죄로 여겨지는 니그로의 성적 방종은 니그로의 출신지에서는 거의 미덕에 가까웠

을 수도 있다. 거기서는 자연이 니그로의 내면에 강렬한 성적 충동을 발달시켜서 높은 사망률을 상쇄했던 것이다.[22]

콜린스는 생물학으로 위장한 주장에 의지했고 브라운밀러, 러셀, 맥켈러는 환경중심적인 설명을 하고 있지만, 최종 분석에서 이들은 모두 흑인 남자는 여성에 대한 성폭력을 저지를 동기가 충분히 강하다고 단정짓는다.

슐라미스 파이어스톤(Shulamith Firestone)의 『성의 변증법: 페미니스트 혁명을 위하여(The Dialectic of Sex: The Case For Feminist Revolution)』는 강간과 인종이라는 주제를 다룬 가장 초기의 이론적 저작으로 오늘날의 페미니즘운동과 관련이 깊다. 파이어스톤의 주장에 따르면 일반적으로 인종주의는 사실상 성차별주의의 연장이다. 파이어스톤은 "인종은 남자 가문의 여러 부모와 형제자매일 뿐"이라고 하는 성서 속 개념을 끌고 와서[23] 백인 남자를 아버지, 백인 여자를 아내이자 어머니, 흑인들을 그 자녀로 규정하는 사고를 진전시킨다. 파이어스톤은 프로이트의 오이디푸스 콤플렉스 이론을 인종주의적으로 변형하여 흑인 남자들은 백인 여성과의 성관계에 대한 욕망을 억누르지 못한다고 암시한다. 이들은 아버지를 죽이고 어머니와 자고 싶어 한다.[24] 게다가 흑인 남자는 '남자가 되기' 위해,

백인 여성과의 유대에서 벗어나 오직 모멸적인 방식으로 그녀와 관계를 맺어야 한다. 게다가 그녀의 소유자인 백인 남

성에 대한 악의에 찬 증오심과 질투 때문에 '백인 남자에게 복수를 하려면 정복해야 할 대상'으로서 백인 여성에게 욕정을 품게 될 수 있다.[25]

브라운밀러나 맥켈러, 러셀처럼 파이어스톤은 피해자를 탓하는 낡은 인종주의적 궤변에 굴복한다. 의식했든 하지 않았든 이들의 선언은 흑인 강간범이라는 해묵은 신화의 부활을 용이하게 만들었다. 이들은 역사적 근시안 때문에 흑인 남자들을 강간범으로 그리는 것이 백인 남자들에게 흑인 여성의 몸을 성적으로 이용해도 된다는 인종주의적 구실을 더 강화해준다는 사실을 파악하지 못한다. 강간범 흑인 남자라는 가상의 이미지는 항상 대책 없이 난잡한 흑인 여자의 이미지를 강화했다. 흑인 남자들이 통제 불가능한 동물적인 성욕을 품고 있다는 개념을 받아들이면 그 인종 전체가 동물 수준으로 격하되기 때문이다. 흑인 남자들이 백인 여자들을 성적인 대상으로 바라본다면 흑인 여자들은 분명 백인 남자들의 성적 관심을 반길 수밖에 없다. '헤픈 여자'이자 매춘부로 인식되는 흑인 여자들은 강간의 순간에 비명을 질러도 타당성을 인정받지 못할 수밖에 없다.

1920년대에 남부의 한 유명 정치인은 14세가 넘은 '정숙한 유색인종 소녀' 같은 건 없다고 선언했다.[26] 알고 보니 이 백인 남성은 두 집 살림을 하고 있었다. 백인 아내와 꾸린 가정 하나와 흑인 여성과 꾸린 또 다른 가정에서. 뛰어난 린치 반대 운동의 지도자이자 전미유색인종지위향상협회의 사무

총장인 월터 화이트(Walter White)는 그 정치인이 "'열등한 인종'의 여성이 '부도덕'하다고 강조함으로써 자신의 도덕적 태만을 변명"하고 있다며 타당하게 꼬집었다.[27]

흑인 작가 캘빈 헌튼(Calvin Hernton)은 불행하게도 흑인 여성에 대한 이와 유사한 날조에 굴복했다. 그는 연구서인 『성과 인종주의(Sex and Racism)』에서 "노예제 시기에 니그로 여성은 여성으로서뿐만 아니라 인간으로서 스스로를 깎아내리는 개념을 발전시키기 시작했다"라고 주장한다.[28] 헌튼은 이렇게 분석한다.

> 백인 중심의 남부에서 부단히 성적인 부도덕을 경험한 니그로 여성은 '문란하고 헤퍼'졌고, '마음만 먹으면 가질' 수 있는 대상이 되었다. 실제로 니그로 여성은 남부 사람들이 그녀를 바라보고 대하는 방식대로 스스로를 여기게 되었다. 자신의 여성성을 형성하는 데 기준으로 삼을 만한 다른 도덕률이 전혀 없었기 때문이다.[29]

헌튼의 분석은 흑인 여성을 상대로 꾸준히 자행되는 성폭력을 대수롭지 않게 여기는 결과를 낳는 이데올로기적 베일을 전혀 걷어내지 못한다. 그는 피해자가 역사적으로 감내할 수밖에 없었던 야만적인 형벌을 피해자의 탓으로 돌리는 함정에 빠진다.

미국 역사 속에서 흑인 여성들은 그들의 성적 피해에 대

한 집단의식을 꾸준히 표출해왔다. 또한 린치의 핑계로 사용
되는 가짜 강간 고발을 동시에 공격하지 않고서는 자신들에
게 가해지는 성폭력에 제대로 저항할 수 없다는 사실도 이해
했다. 백인우월주의 테러의 수단으로서 강간이 사용되어온
역사는 린치라는 관습보다 여러 세기 앞선다. 노예제 시기에
흑인에 대한 린치는 그렇게 광범위하게 일어나지 않았다. 노
예 소유주들은 값진 재산이 망가지는 걸 원치 않았기 때문이
다. 매질은 괜찮지만 린치는 아니었다. 매질과 더불어 강간은
흑인 여성과 남성을 모두 제어하는 데 대단히 효과적인 방법
이었다. 그것은 일상적인 억압 무기였다.

　남북전쟁 이전에도 린치는 있었지만 시장에서 현금가치
가 전혀 없는 백인 노예제 폐지론자들을 대상으로 자행될 때
가 더 많았다. 윌리엄 로이드 개리슨의 「리버레이터」에 따
르면 1836년 이후 20년간 300명이 넘는 백인이 린치를 당했
다.[30] 그러다가 노예제 반대 운동의 힘과 영향력이 커지면서
린치 발생 건수가 늘어났다.

　　자신들에게 반대하는 싸움이 이어지는 모습을 본 노예 소유
　　주들은 이 세력들을 억제하려고 필사적으로 투쟁하면서도
　　갈수록 밧줄과 장작에 의지하는 일이 많아졌다.[31]

　월터 화이트의 결론에 따르면 "린치 가해자들은 노예 소
유주들의 이익을 충직하게 수호하는 사람으로서 그 현장에
발을 들였다".[32]

노예해방과 함께 흑인들은 더 이상 옛 노예 소유주들에게 시장가치가 없었고, 그래서 "린치 산업이 혁명기를 맞았다".[33] 린치에 대한 최초의 연구 소책자를 1895년에 '붉은 기록(The Red Record)'이라는 제목으로 출간한 아이다 B. 웰스는 1865년부터 1895년 사이에 1만 건 이상의 린치가 일어났다고 계산했다.

지난 30년 동안 백인 남자들이 저지른 모든, 또는 거의 모든 살인이 밝혀진 것은 아니다. 그러나 백인 남자들이 수집하고 보유하고 있음에도 심문 대상이 된 적은 없는 통계에 따르면, 이 기간 동안 1만 명 이상의 니그로들이 잔인하게 살해되었고 재판과 법적인 처벌은 전혀 이루어지지 않았다. 백인 남자들이 니그로를 과감하게 살해하고도 아무런 처벌을 받지 않는다는 증거로서, 같은 기록에 따르면 이 전체 기간 동안, 그리고 이 전체 살인에 대해서 재판에서 유죄판결을 받고 처형된 백인 남자는 단 세 명이었다. 백인 남자는 유색인종을 살해했다는 이유로 린치를 당하는 일이 전무했으므로, 이 세 건의 처형은 니그로를 살해했다는 이유로 백인 남자들이 사형을 당한 유일한 사례이다.[34]

이 같은 린치와 그 숱한 잔혹 행위와의 관계 속에서 흑인 강간범 신화가 날조되었다. 이 신화는 비합리적인 인종주의 이데올로기의 세계 안에서만 끔찍한 설득력을 얻을 수 있었다. 아무리 비합리적이라 해도 그 신화는 충동적인 일탈이 아

니었다. 도리어 흑인 강간범 신화는 대단히 정치적인 발명품
이었다. 프레더릭 더글러스의 지적처럼 노예제 시기에는 흑
인 남자들에게 강간범이라는 꼬리표가 무차별적으로 붙지 않
았다. 실제로 남북전쟁 기간 내내 백인 여성을 강간했다는 혐
의가 공개적으로 제기된 흑인 남자는 단 한 명도 없었다.[35] 더
글러스는 흑인 남자들에게 정말 동물적인 강간 충동이 존재
한다면 분명 남부연합군에서 싸우느라 백인 남자들이 집을 비
우는 바람에 백인 여자들이 아무런 보호도 받을 수 없었을 때
이 강간 본능이 활성화되었을 것이라고 주장했다.

　　남북전쟁 직후에도 흑인 강간범이라는 위협적인 신화는
아직 역사적 현장에 등장하지 않았다. 하지만 노예제 시기에
백인 노예제 폐지론자들을 향했던 린치는 귀중한 정치적 무
기로서 서서히 입증되어갔다. 그래도 린치가 대중적 관습으
로 용인되려면 그것의 야만성과 참상이 확실하게 정당화되어
야 했다. 이런 환경 속에서 흑인 강간범 신화가 퍼져나갔다.
흑인에 대한 린치를 정당화하려는 여러 시도 가운데 강간 고
발이 가장 위력적이라는 사실이 증명된 것이다. 결국 흑인 여
성에 대한 지속적인 강간이 가미된 린치는 남북전쟁 이후 인
종주의 테러의 전략에서 빠질 수 없는 요소가 되었다. 이런 식
으로 흑인 노동에 대한 야만적인 착취가 승인되었고, 재건의
배신 이후 흑인 전체에 대한 정치적 지배가 확실해졌다.

　　처음으로 거대한 린치의 물결이 밀어닥쳤을 때 흑인 남
자들의 억제할 수 없는 강간 충동에서 백인 여성을 보호하자
고 촉구하는 선동은 거의 없었다. 프레더릭 더글러스의 관찰

처럼 불법적인 흑인 살해는 대부분의 경우 흑인 대중이 봉기하지 못하게 저지하려는 예방책으로서 기능했다.[36] 그 시기에 린치에 의한 살해의 정치적 기능은 백일하에 드러나 있었다. 린치는 반란을 진압하는 노골적인 수단이자, 흑인들은 시민 자격과 경제적 평등이라는 목표를 달성하지 못한다는 확인 도장 같은 것이었다. 더글러스는 이렇게 지적했다.

> 이 시기에 니그로 살해는 니그로의 음모, 니그로의 반란 기도, 백인을 모조리 살해하려는 니그로의 계획, 마을에 불을 지르고 폭력을 저지르려는 니그로의 책략 때문이었다고 정당화됐다. (…) 백인 여성과 아이들에 대한 니그로의 분노에 관한 말이나 언급은 단 한마디도 없었다.[37]

그러다가 이런 음모, 책략, 반란 기도가 절대 실현되지 않을 거짓말임이 분명해지자 린치의 대중적인 정당성이 변경되었다. 1872년 이후 쿠클럭스클랜과 흰동백기사단(Knights of the White Camellia) 같은 자경집단들이 득세한 몇 년 동안 새로운 구실이 만들어졌다. 린치는 흑인이 백인보다 우월해지지 않도록 예방하는 데, 다시 말해서 백인의 우월함을 재확인하는 데 필요한 조치로 묘사되었다.[38]

재건이 배반당하고 이와 함께 흑인들이 참정권을 박탈당한 뒤에는 흑인의 정치적 우월함이라는 망령을 린치의 구실로 삼기에는 시대 상황과 맞지 않았다. 그런데 전쟁 이후 경제구조가 형태를 갖추고, 흑인 노동력에 대한 과도한 착취가 굳어지고 있는데도 린치의 수가 계속해서 늘어났다. 이때가 바로 강간의 비명이 린치를 정당화하는 중요한 구실로 부상하게 된 역사적 시점이었다. 프레더릭 더글러스는 신화적인 흑인 강간범을 창조해낸 이면에 있는 정치적 동기를 설명하면서 새로운 역사적 조건에 맞춰 이데올로기가 어떻게 변형되는지를 명민하게 분석한다.

시절이 변하자 니그로 고발자들은 거기에 맞춰 변화를 꾀할 필요를 느꼈다. 이들은 시대에 맞추어 니그로를 비난할 새로운 이유를 찾아야 했다. 과거의 이유들은 더 이상 타당성이 없었다. 그것들만으로는 북부를, 그리고 인류를 위한 좋은 의견이 뒷받침될 수가 없다. 정직한 남자들은 더 이상 니그로의 우월함을 걱정해야 할 근거가 없다고 믿었다. 시대와 사건들은 이런 낡은 거짓말의 피난처들을 쏠어버렸다. 그 거짓말은 한때 강력했다. 그 시절에는 자기 역할을 충분히 했고, 끔찍할 정도로 넘치는 에너지를 가지고 효과적으로 그 일을 해냈지만 이제는 무용지물이었다. 그 거짓말은 이제 사람들을 기만하는 능력을 상실한 것이다. 변화된 환경에 맞춰 남부의 야만을 더 공고히 하고 강력하고 효과적으로 정당화할 수 있는 새 이유가 필요해졌고, 그래서 니그로의 우월함이나 반란 기도보다 더 충격적이고 폭발력 있는 비난거리를 찾아내야 했다는 것이 나의 생각이다.[39]

여기서 말하는 더 충격적이고 폭발력 있는 비난거리는

당연히 강간이었다. 이제 린치는 남부의 백인 여성들을 성폭행한 흑인 남자들에게 복수를 하는 방법이라고 설명되고 합리화되었다. 한 린치 지지자의 주장처럼 '비범한 수단으로 비범한 상황을 충족시킬 방법, 그러므로 남부에서 니그로를 억제하기 위한 린치의 방법'을 찾아낼 필요가 있었다.[40]

린치의 대부분은 성폭력 혐의와는 관련조차 없었음에도, 강간을 인종주의적 구실로 갖다 붙이는 것은 흑인에 대한 집단폭행을 정당화하려고 갖다 붙였던 과거의 두 이유보다 훨씬 효과적이고 인기 있는 설명 방식이 되었다. 남성의 패권이 확고한 사회에서는 자기 여자를 지킬 의무에서 행동한 남자들은 어떤 난폭한 행동을 해도 면죄부를 받을 수 있었다. 이들의 동기가 숭고하다는 것은 그 결과로 나타난 야만성을 정당화해주는 충분한 사유였다. 사우스캐롤라이나의 상원의원 벤 틸먼은 20세기 초 워싱턴의 동료들에게 이렇게 말했다.

슬픈 표정의 근엄한 백인 남자들이 백인 여자를 유린한 인간의 탈을 쓴 피조물의 숨통을 끊어놓을 때, 그들은 가장 큰 잘못, 가장 어두운 범죄에 복수를 감행한 것입니다.[41]

그는 이러한 범죄가 개화된 남자들이 "그런 상황에서 항상 '살인, 살인, 살인' 충동을 느끼던 원래의 야만적인 형태로 되돌아가게" 만든다고 말했다.[42]

이 새로운 신화는 파급력이 엄청났다. 개별 린치에 대한 반대가 종적을 감췄을 뿐만 아니라—누가 감히 강간범을 싸고돌 수 있겠는가?—인종평등이라는 일반적인 대의를 지지하던 백인들의 움직임이 주춤거리기 시작했다. 19세기 말이 되자 백인 여성으로 구성된 최대의 대중조직인 여성기독교절제연맹(Women's Christian Temperance Union)의 대표 자리를, 백인 여성을 공격한다며 흑인 남성을 공개적으로 비난한 프랜시스 윌러드(Frances Willard)라는 여성이 맡게 되었다. 게다가 윌러드는 흑인 남자들은 특히 알코올 중독에 약하고, 이 때문에 강간 충동이 더 강하다고 주장하기에 이르렀다.

선술집은 니그로의 힘이 모이는 곳이다. '더 좋은 위스키, 더 많은 위스키'는 거대하고 낯빛이 어두운 폭도들의 구호이다. 유색인종은 이집트의 메뚜기 떼처럼 증식한다. 선술집은 니그로의 힘이 모이는 곳이다. 여성, 어린이, 가정의 안전이 이 순간 수천 곳에서 위협당하고 있고, 남자들은 자기 지붕이 보이지 않는 곳으로 감히 발걸음을 떼지 않는다.[43]

흑인 남자들을 강간범으로 지목하는 것은 진보운동에 믿을 수 없을 정도로 심한 혼란을 초래했다. 프레더릭 더글러스와 아이다 B. 웰스 모두 린치에 대한 각자의 분석에서, 선동을 위해 조작된 강간 고발이 린치의 적법한 핑계가 되자마자 과거에는 흑인평등을 지지하던 백인들이 흑인해방투쟁에 연루되는 것을 점점 꺼리게 되었다고 지적한다. 이들은 침묵하거나 프랜시스 윌러드처럼 성범죄를 흑인 남자들의 탓으로 싸잡아서 공격적으로 성토했다. 더글러스는 거짓 강간 고발이

흑인평등운동 일반에 미치는 재앙에 가까운 영향을 이렇게
설명했다.

> 그것은 (니그로의) 친구들에게 찬물을 끼얹었다. 적들을 과
> 열시켰고, 착한 남자들이 니그로의 개선과 향상을 위해 하
> 던 관대한 노력들을 국내외에서 다소 억제시켰다. 그것은
> 북부에 있는 니그로의 친구들을, 남부에 있는 많은 좋은 친
> 구들을 기만했다. 거의 전부가 니그로에 대한 이런 비난을
> 어느 정도는 사실로 받아들였기 때문이다.[44]

이 몸서리쳐질 정도로 강력한 흑인 강간범 신화의 이면
에 있는 진실은 무엇이었을까? 분명 백인 여성을 강간한 흑
인 남성의 사례는 어느 정도는 존재했다. 하지만 실제로 일어
난 강간의 수는 이 신화가 암시하는 주장에 비하면 터무니없
이 적었다. 앞서 지적했다시피 남북전쟁의 전 기간 동안 노예
에게 강간을 당했다고 신고한 백인 여성은 단 한 명도 없었다.
사실상 남부의 모든 백인 남자들이 전쟁터에 있는 동안 강간
의 비명이 단 한 번도 터져나오지 않았다. 프레더릭 더글러스
는 흑인 남성 전체에게 강간 혐의를 뒤집어씌우는 것은 흑인
들의 정신적, 도덕적 성격이 한순간에 급변했다는 뜻이므로
설득력이 없다고 주장한다.

역사적으로 어느 계급이든 남성의 성격이 이 비난이 시사
는 것처럼 이렇게 극단적으로, 이렇게 부자연스럽고 완전하

게 바뀐 사례가 없다. 변화는 너무 엄청나고 그 기간은 너무 짧다.[45]

실제로 벌어진 대다수 린치 상황마저도 흑인 강간범 신화에 부합하지 않았다. 살인을 저지른 폭도 대다수는 강간 혐의를 개입시키지도 않았다. 강간이 린치 일반을 정당화하는 보편적인 이유로 활용되었는데도 대다수 린치는 그와는 다른 이유로 일어났다. 남부린치연구위원회(Southern Commission on the Study of Lynching)가 1931년에 발표한 한 연구에 따르면, 1889년부터 1929년 사이에 폭도에게 공격을 당한 피해자 가운데 실제로 강간 고발을 당한 경우는 6분의 1뿐이었다. 37.7%가 살인, 5.8%가 중범죄폭행, 7.1%가 절도, 1.8%가 백인을 모욕함, 24.2%가 기타 이유의 고발이었다. 대다수가 놀라울 정도로 사소한 이유였다. 이 위원회가 밝힌 수치에 따르면 린치 피해자의 16.7%가 강간으로, 6.7%가 강간 기도로 고발당했다.[46]

린치가 강간 때문이라는 주장은 사실에 의해 논박을 당했음에도 린치를 옹호하는 대부분이 흑인 남자들을 그렇게 야만적으로 공격하는 것은 오직 자기 여자를 지켜야 하는 백인 남자들의 의무 때문이라는 주장을 포기하지 않았다. 1904년 토머스 넬슨 페이지(Thomas Nelson Page)는 「노스아메리칸리뷰(North American Review)」에 쓴 글에서 린치의 모든 책임을 흑인 남자들, 그리고 성범죄를 저지르지 않고서는 못 배기는 이들의 성향에 떠넘겼다.

린치 범죄는 여성과 아이 들을 강간하고 살해하는 범죄가 지금까지보다 줄어들기 전까지는 중단되지 않을 것이다. 그리고 거의 전적으로 니그로 종에게만 국한되는 이 범죄는 니그로 자신들이 억제하고 근절하기 전까지는 크게 줄지 않을 것이다.[47]

그리고 미국 상원의원 벤 틸먼은 남부의 백인 남자들이 "우리 아내와 딸을 상대로 자신의 욕망을 충족시키려는 니그로들에게 린치도 하지 않고 마냥 굴복하지는 않을" 것이라고 말했다.[48] 1892년 틸먼이 사우스캐롤라이나 주지사였을 때, 그는 흑인 남성 여덟 명이 교수형을 당한 그 현장에서 어떤 흑인 남자든 감히 백인 여성을 강간한다면 자신이 개인적으로 린치를 주도할 것이라고 선언했다. 그는 주지사로 일하던 기간 중에 강간을 당했다고 소리쳤던 백인 여성이 공개적으로 해당 흑인 남자에게 면죄부를 주었음에도 그를 백인 폭도들에게 인계하여 린치의 피해자로 만들었다.[49]

북부의 자본가들이 남부의 경제를 식민화하면서 린치는 가장 강한 추진력을 얻게 되었다. 테러와 폭력을 동원해서 흑인을 점점 늘어나는 노동계급 내에서 가장 야만적인 착취의 대상으로 유지할 수 있다면 자본가들은 이중의 이익을 향유할 수 있었다. 흑인 노동의 초과 착취에서 추가적인 이익이 발생하고, 고용주를 향한 백인 노동자들의 적개심은 누그러들 것이기 때문이다. 린치에 찬성하는 백인 노동자들은 필연적으로 실제로는 자신을 억압하는 백인 남자들과 인종 연대의 태도를 취했다. 이는 인종주의 이데올로기의 대중화에서 중요한 순간이었다.

만일 흑인들이 그냥 자신들의 경제적, 정치적 열등함을 받아들였더라면 폭도들의 살인은 아마 진정되었을 것이다. 하지만 수많은 옛 노예들이 나은 삶에 대한 꿈을 버리지 않은 까닭에 남북전쟁 이후 30년간 1만 건이 넘는 린치가 일어났다.[50] 인종 위계에 도전한 사람은 누구든 폭도의 잠재적 피해자로 낙인 찍혔다. 끝없는 사망자 명단에는 성공한 흑인 사업체 소유주와 임금 상승을 요구하는 노동자들에서부터, '남자애'라고 불리기를 거부한 사람들과 백인의 성폭행에 저항한 강인한 여성들까지 온갖 종류의 모반자들이 포함되었다. 하지만 여론은 이미 노획되어, 린치가 백인 여성을 상대로 자행되는 야만적인 성범죄에 대한 대응일 뿐이라는 게 당연시되었다. 그리고 중요한 질문은 던져지지도 않았다. 린치를 당한, 그리고 때로는 강간당한 뒤에 폭도들에게 살해당하는 여자들은 뭐란 말인가? 아이다 B. 웰스는,

> 텍사스 샌안토니오에서 발생한 한 끔찍한 사건을 언급한다. 한 여성을 통에 넣고 못을 박은 뒤 통을 옆으로 굴려서 언덕 밑으로 굴러 떨어뜨리는 바람에 결국 이 여성이 목숨을 잃게 된 그 사건을 말이다.[51]

1915년 12월 18일 「시카고디펜더(Chicago Defender)」

는 '니그로 어머니를 강간하고 린치하다(Rape, Lynch Negro Mother)'라는 제목으로 이런 기사를 실었다.

미시시피, 콜럼버스, 12월 17일. 지난주 목요일 이른 아침에 코르델라 스티븐슨이 아무것도 걸치지 않고 나무에 매달려 죽은 채로 발견되었다. (⋯) 집에서 자고 있던 그녀를 낚아채 아무런 저항도 하지 못하는 그녀를 질질 끌고 다닌 피에 굶주린 폭도들에 의해 스티븐슨은 전날 밤부터 그곳에 매달려 있었다. 폭도들은 외딴 장소로 스티븐슨을 데려갔고 자기들 욕심을 채운 다음 그녀를 목매달아 죽였다.[52]

노예제 폐지 이후 인종주의가 그 꼴을 갖추는 데에 가상의 흑인 강간범이 중요한 역할을 했다는 사실을 감안했을 때, 흑인 남성을 가장 빈번한 성폭행범으로 묘사하는 것은 아무리 좋게 말해도 무책임한 주장이다. 나쁘게 말하면 이는 흑인 전체에 대한 공격이다. 가상의 강간범은 가상의 매춘부를 연상시키기 때문이다. 흑인 여성들은 조작된 강간 고발을 흑인 공동체 전체에 대한 공격으로 받아들임으로써 린치 반대 운동의 선봉에 발빠르게 섰다. 아이다 B. 웰스는 린치에 맞서 수십 년간 이어진 성전의 배후에 있던 원동력이었다. 1892년 이 흑인 여성 기자의 세 지인이 테네시주 멤피스에서 린치를 당했다. 이들이 흑인 동네에 문을 연 가게가 백인이 소유한 가게와 성공적으로 경쟁하게 되었다는 이유로 인종주의 폭도들에게 살해당한 것이었다. 아이다 B. 웰스는 서둘러서 자신의 신문 「프리스피치(The Free Speech)」에서 이 린치에 반대하는 목소리를 높였다. 3개월 뒤 웰스가 뉴욕에 나와 있는 동안 신문사 사무실이 전소해버렸다. 자신마저 린치당할 수 있다는 위협을 느낀 웰스는 동부에 남기로, 그리고 "끔찍함과 빈도가 점점 늘어나기만 하는 니그로 린치의 진짜 이야기를 처음으로 들려주기로" 결심했다.[53]

「뉴욕에이지」에 실린 웰스의 기사들은 흑인 여성들이 웰스를 지원하는 캠페인을 조직하는 동기가 되었고, 이 캠페인은 흑인 여성 클럽의 설립으로 이어졌다.[54] 웰스의 선구적인 노력 덕분에 미국 전역의 흑인 여성들이 린치에 저항하는 성전에 적극적으로 뛰어들게 되었다. 웰스는 직접 이 도시 저 도시를 떠돌면서 성직자, 전문직, 노동자 들을 향해 비이성적인 린치에 반대하는 목소리를 냈다. 웰스가 해외를 순방하는 동안 중요한 연대운동이 영국에서 조직되었고 이는 미국의 여론에 의미 있는 영향을 미쳤다. 얼마나 큰 성공을 거두었던지 웰스는 「뉴욕타임스」의 노여움을 샀다. 이 악의에 찬 사설은 웰스가 1904년에 잉글랜드에 갔다 온 뒤에 발표되었다.

웰스 양이 미국으로 돌아온 직후 한 니그로 남자가 '성욕과 강탈을 목적으로' 뉴욕시에서 한 백인 여성을 공격했다. (…) 이 사악한 범죄의 여러 정황들은 이 흑백혼혈의 해외선교 활동가에게, 뉴욕에서 니그로가 잔혹 행위의 대상이라는 그녀의 이론을 발표하는 것은 아직 시기상조라는 확신을 심어줄지도 모르겠다.[55]

린치 반대 투쟁에 헌신한 걸출한 또 다른 흑인 여성 지도자로는 전미유색인종여성협회의 초대 회장 메리 처치 테럴이 있었다. 1904년 테럴은 토머스 넬슨 페이지가 쓴 악랄한 기사 '니그로에 대한 린치─그 원인과 예방책(The Lynching of Negroes─Its Cause and Prevention)'에 화답했다. 페이지의 기사가 실린 「노스아메리칸리뷰」에 '니그로의 관점에서 본 린치(Lynching From a Negro's Point of View)'라는 제목의 에세이를 발표한 것이다. 테럴은 백인 여성에게 자행되는 성폭력에 대한 이해 가능한 대응이라며 린치를 정당화하는 페이지의 주장을 거부할 수 없는 논리로 하나하나 논박했다.[56]

아이다 B. 웰스가 린치반대캠페인을 개시한 지 30년 뒤 린치반대십자군(Anti-Lynching Crusaders)이라고 하는 조직이 설립되었다. 전미유색인종지위향상협회의 원조하에 메리 탤버트를 대표로 1922년에 설립된 이 조직의 목표는 린치에 반대하는 흑백 통합 여성운동을 만들어내는 것이었다.

메리 B. 탤버트는 이제 뭘 할까? 미국의 유색인종 여성들은 그녀의 주도하에 이제 뭘 할까? 유색인종 여성들의 노력으로 인종과 피부색이 각양각색인 여성 100만 명이 1922년 11월 린치 반대를 한목소리로 외치게 만든 조직이 결성되었다.

조심할지어다, 린치꾼들이여!

이 여성들은 자기가 노리는 건 대개 손에 넣는다.[57]

흑인 여성들이 백인 자매들에게 손을 내민 것은 이번이
처음이 아니었다. 이들은 소저너 트루스와 프랜시스 E. W. 하
퍼 같은 역사적 거인들의 전통 속에서 투쟁해왔다. 아이다 B.
웰스는 같은 시대를 살았던 메리 처치 테럴이 그랬듯 백인 여
성들에게 개인적으로 호소하기도 했다. 그리고 클럽에 소속
된 흑인 여성들은 백인 여성의 클럽운동이 린치반대캠페인에
에너지의 일부를 쏟도록 집단적으로 설득해보기도 했다.

백인 여성들이 이런 호소에 집단적으로 반응을 보인 것
은 1930년 린치예방남부여성협회(Association of Southern
Women for the Prevention of Lynching)가 제시 대니얼 에임
스(Jessie Daniel Ames)의 주도로 설립된 뒤였다.[58] 이 협회는
남부 여성을 보호하기 위해 린치가 필요하다는 주장을 거부
하며 출범했다.

> 남부 여성들의 프로그램은 린치가 그들을 보호하기 위해 필
> 요하다는 주장의 허구성을 드러내기 위한, 그리고 가정과
> 종교의 모든 가치에 린치가 얼마나 위험한지를 강조하기 위
> 한 방향으로 설정되었다.[59]

이 협회가 결성된 애틀랜타 대회에 참석했던 작은 무리
의 여성들은 최근의 린치에서 백인 여성이 했던 역할에 대한
의견을 나눴다. 일반적으로 여성들은 폭도의 모임에 참석했
고 어떤 경우에는 린치를 가할 때 적극적으로 참여하기도 했
다고 이들은 지적했다. 게다가 아이들이 흑인 살해 장면을 구

경하도록 내버려둠으로써 아이들에게 남부식의 인종주의를 주입하기도 했다. 이 여성모임이 있기 전해에 출간된 월터 화이트의 인종주의 연구 자료는 이런 집단살인의 최악의 영향 중 하나가 남부의 백인 아이들의 마음이 비뚤어지는 것이라고 주장했다. 화이트가 린치를 조사하려고 플로리다에 갔을 때 9세나 10세 정도 된 어린 소녀가 그에게 "우리가 검둥이를 불에 태우는 장난을 했다"라고 이야기하기도 했다.[60]

1930년 제시 대니얼 에임스와 린치예방남부여성협회의 다른 공동설립자들은 남부의 백인 여성들을 규합하여 흑인살해에 골몰하는 인종주의 폭도의 기세를 꺾는 운동을 대대적으로 벌이기로 결의했다. 결국 이들은 이 협회의 서약에 동의하는 서명을 4만여 건 받았다.

우리는 린치가 정부의 모든 원칙을 파괴하고, 종교와 인류애의 모든 이상을 증오하고 적대하며, 관련된 모든 사람들의 품위를 떨어뜨리는, 옹호할 수 없는 범죄임을 선언한다. (…) 여론은 자기들이 여성을 지키기 위해 행동할 뿐이라는 린치꾼들과 폭력배들의 주장을 너무도 쉽게 받아들였다. 우리는 사실을 근거로 더 이상 이런 주장을 좌시하거나, 개인적인 복수와 폭력 행위에 골몰하는 자들이 여성의 이름으로 폭력과 무법 행위를 저지르도록 내버려두지 않을 것이다. 우리는 남부에서 새로운 여론을 만들어내겠다고 스스로에게 엄숙히 다짐한다. 어떤 이유로도 폭도나 린치꾼들의 행동을 용납하지 않을 그런 여론을. 우리는 집에서, 학교에서,

교회에서 아이들에게 법과 종교에 대한 새로운 해석을 가르칠 것이다. 우리는 모든 공무원들이 취임 선서를 준수할 수 있도록 협조할 것이고 결국 모든 성직자, 편집자, 교사, 애국 시민들과 함께 우리 땅에서 린치와 폭도를 영원히 박멸하는 교육 프로그램을 진행할 것이다.[61]

이 용감한 백인 여성들은 일상에서 반대와 적개심, 심지어는 육체적 위협에 맞닥뜨렸다. 전반적인 린치 반대 운동에서 이들의 기여는 그 가치를 평가할 수 없을 정도였다. 이들의 끈질긴 서명운동과 편지 캠페인, 회의와 시위가 없었더라면 린치의 물결이 그렇게까지 신속하게 반전되지는 않았으리라. 하지만 린치예방남부여성협회는 40년 늦게 시작된 운동이었다. 40여 년간 흑인 여성들은 외로이 린치 반대 운동을 이끌었고, 그만큼 오랫동안 백인 자매들에게 함께하자고 호소했다. 수전 브라운밀러의 강간 연구의 큰 약점 중 하나는 린치 반대 운동에 흑인 여성들이 선구적인 노력을 기울였다는 사실을 철저하게 무시했다는 점이다. 브라운밀러는 당연하게도 제시 대니얼 에임스와 남부여성협회를 상찬하면서도 아이다 B. 웰스, 메리 처치 테럴, 메리 탤버트, 그리고 린치반대십자군은 지나가듯이 언급하지도 않는다.

린치예방남부여성협회가 흑인 자매들의 호소에 대한 뒤늦은 반응이긴 해도 이 여성들의 지대한 성취는 인종주의 반대 투쟁에서의 백인 여성들의 특수한 위치를 극적으로 예시한다. 백인 여성들에게 손을 내민 메리 탤버트와 린치반대십자군은 백인 여성들이 여성으로서 억압당해본 경험 때문에 흑인의 대의에 더 쉽게 공감할 수 있다고 느꼈다. 게다가 공포를 자극하는 인종주의의 도구인 린치는 그 자체로 남성의 지배를 강화하는 기능도 수행했다.

> 경제적 의존, '공손하고, 고상하고, 여성적인' 활동을 제외한 나머지 전부와의 단절, 가정이 아닌 다른 영역에서는 불가능한 정신적 활동, 남성이 강요한 이 모든 제약이 이 나라의 다른 어느 지역보다도 남부에서 여성들을 무겁게 짓눌렀고 더 엄격하게 유지되었다.[62]

린치 반대 운동이 진행되는 내내, 인종주의적으로 악용되는 강간 고발을 비판하는 사람들은 실제로 성폭력 범죄를 저지른 개별 흑인 남성에게까지 면죄부를 줄 생각은 없었다. 프레더릭 더글러스는 1894년에 이미 자신이 흑인 강간범 신화에 반대한다고 해서 강간 자체를 옹호하는 걸로 오해해선 안 된다고 선을 그었다.

> 난 니그로가 성자나 천사인 척할 생각은 없다. 그들이 스스로가 책임져야 할 범죄를 저지를 수 있음을 부정하지도 않는다. 하지만 이들이 인류의 다른 어떤 종보다도 그런 범죄를 저지르는 데 중독되어 있다는 주장은 완전히 거부한다. (…) 나는 이런 잔혹한 범죄를 저지른 남자는 누구든 옹호할 생각이 없지만 계급으로서의 유색인종은 옹호한다.[63]

1970년대 중반 인종주의가 다시 득세하면서 흑인 강간범 신화 역시 같이 부활했다. 불행하게도 이 신화는 강간 반대 운동에 관계된 백인 여성에 의해 종종 정당화됐다. 가령 수전 브라운밀러의 책에서 '인종문제'라는 장의 결론 단락을 살펴보자.

> 상상 속 강간범의 어렴풋한 환영, 특히 남성성의 이름으로 일조하는 강간범으로 신화화된 흑인 남자의 망령과 관련된 오늘날의 실제 강간 사건들은, 흑백을 막론하고 모든 여성의 자유와 이동성, 포부를 저지하는 통제 메커니즘으로 이해돼야 한다. 인종주의와 성차별주의의 교차 지점은 폭력의 집결장일 수밖에 없다. 그런 게 존재하지 않는 척해봐야 소용없다.[64]

스코츠보로 나인, 윌리 맥기(Willie McGee), 에밋 틸 같은 역사적인 사건에 대한 브라운밀러의 도발적인 왜곡은 가짜 강간 고발의 피해자인 흑인 남성에 대한 일체의 동정을 불식시키기 위한 것이다. 에밋 틸에 대해 브라운밀러는 이 14세짜리 소년이 백인 여성을 향해 휘파람을 불고 난 뒤 머리에 총을 맞고 탤러해치강에 버려지지 않았더라면 다른 백인 여성을 강간하는 데 성공했으리라는 암시를 분명하게 준다.

수전 브라운밀러는 흑인 남성 엘드리지 클리버(Eldridge Cleaver)가 도발을 의도하고 강간을 '백인 사회'에 대한 '반란행위'로 부른 어처구니없는 언행이 흑인 남성들의 보편적인 인식이라고 독자를 설득하려 한다. 가장 편리한 장소에 놓여 있는 백인 여성들을 향해 발기한 채로 전속력으로 돌진하는 흑인 남성 군대를 독자들이 의도적으로 상상하게 만들려는 듯하다. 이 군대의 병사 중에는 에밋 틸의 유령, 강간범 엘드리지 클리버, 그리고 "오너라, 검은 다다 니힐리스무스여. 백인 소녀들을 강간하라. 그들의 아버지를 강간하라. 어머니의 목을 따라"라는 글을 남긴 이마무 바라카(Imamu Baraka)가 있다. 하지만 브라운밀러는 거기서 더 들어간다. 이 명단에 명백히 성차별주의적인 책을 쓴 캘빈 헌튼 같은 남자들뿐만 아니라, 한 번도 강간을 정당화하려 했던 적이 없는 조지 잭슨(George Jackson) 같은 사람들까지 포함시킨다. 브라운밀러는 이렇게 주장한다.

> 엘드리지 클리버의 생각은 1960년대 말 꽤 유행하게 된 흑인 남자 지식인과 작가 들의 사고방식을 반영한다. 그리고 백인 남성 급진주의자들과 기성의 백인 지식인들 일부마저도 이 생각을 흑인 남자들이 저지른 강간에 대한 완벽하게 용인 가능한 핑계로서 믿을 수 없을 정도로 열렬히 받아들였다.[65]

강간과 인종에 대한 수전 브라운밀러의 논의는 인종주의에 가까운 무모한 당파성을 드러낸다. 브라운밀러는 모든 여성의 대의를 옹호하는 척하면서 때로는 그 함의에 관계없이 **백인** 여성의 특수한 대의를 방어하는 위치에 스스로를 가둬

버린다. 스코츠보로 나인 사건에 대한 검토는 시사하는 바가 큰 사례이다. 브라운밀러 자신의 지적처럼 이 소년 아홉 명은 두 백인 여성이 증인석에서 위증을 하는 바람에 강간으로 기소되어 유죄판결을 받고서 감옥에서 인생의 긴 세월을 보냈다. 하지만 브라운밀러는 이 흑인 남성들과 이들을 변호하는 운동에 차디찬 경멸을 보낼 뿐이다. 그리고 이 두 백인 여성에 대해서는 눈부실 정도로 환한 공감을 표한다.

> 좌파는 인종적 부정의의 상징을 위해 가열차게 투쟁했고, 남부의 법률에 꽉 붙들려서 오로지 처벌을 면할 생각밖에 없는 한심한 반문맹인 동료 몇 명으로 어리벙벙한 영웅을 만들어냈다.[66]

반면 위증으로 스코츠보로 나인을 감옥에 보낸 두 백인 여성에 관해선 이렇게 말한다.

> 그들은 강간이 일어났다고 이미 믿고 있는 백인 남자 패거리에 둘러싸인 상태였다. 혼란과 공포심 때문에 이들은 시키는 대로 움직였다.[67]

두 여성이 앨라배마의 인종주의자들에게 조종당했다는 사실을 부인할 수는 없다. 하지만 이 여성들을 인종주의 세력과 공모한 책임도 없는 무고한 인질로 묘사하는 것은 잘못이다. 브라운밀러는 정황에 상관 없이 백인 여성들의 편에 서는 쪽을 택하면서 인종주의에 투항한다. 인종주의에 맞서는 치열한 도전과 성차별주의에 맞서는 필수적인 투쟁을 시급하게 통합할 필요를 백인 여성들에게 알리지 못한 브라운밀러의 패착은 오늘날의 인종주의 세력에게 중대한 호재이다.

흑인 강간범 신화는 지금도 간악한 인종주의 이데올로기를 꾸준히 퍼나른다. 신고도, 재판도, 유죄판결도 받지 않은 숱한 익명의 강간범들의 신원을 대부분의 강간 반대 이론가들이 알아내지 못한 실패의 책임 가운데 상당 부분은 여기에 있을 것이다. 이들의 분석이 신고와 체포가 이루어진 기소된 강간범에 중점을 두는 한, 흑인 남성 그리고 그 외 유색인종 남성들은 어쩔 수 없이 오늘날의 만연한 성폭력에 책임이 있는 악당으로 비춰질 수밖에 없다. 그 결과 대다수 강간범이 익명인 것은 지엽적인 통계적 사실로, 아니면 그 의미를 알 수 없는 수수께끼로 취급된다.

하지만 애당초 어쩌다가 그렇게 많은 익명의 강간범이 존재하게 된 걸까? 이 익명성이 자신의 지위를 방패 삼아 기소를 피할 수 있는 남자들이 누리는 특권은 아닐까? 백인 남성인 고용주, 임원, 정치인, 의사, 교수 등이 사회적 약자라고 여기는 여성을 '이용한다'고 알려져 있긴 해도 이들의 성적 비행이 법정에서 조명되는 일은 거의 없다. 그러니까 자본가와 중간계급에 속하는 이런 남자들이 신고되지 않은 강간의 상당 비중을 차지하는 건 아닐까? 이런 미신고 강간 중에는 피해자가 흑인 여성인 경우가 당연히 많다. 이들의 역사적 경험은 인종주의 이데올로기가 강간을 대놓고 조장하는 것이나 마찬가지라는 사실을 입증한다. 노예제 시기에 흑인 여성을 강간할 수 있는 자격의 근간이 노예 소유주의 경제 권력이었듯, 자본주의사회의 계급 구조 역시 강간을 장려하는 장치를 내장하고 있다. 사실 자본가계급과 중간계급 남성들은 일하는 사람들의 노동과 존엄을 일상적으로 짓밟을 수 있게 해주는 바로 그 무소불위의 권한을 가지고 성폭력을 저지르기 때문에 기소당할 걱정을 할 필요가 없는 듯하다.

직장에 만연한 성희롱이 대단한 비밀이었던 적은 한 번도 없다. 사실 여성들이 특히 노조에 가입하지 않았을 때 가장 취약한 곳은 바로 직장이다. 고용주, 관리자, 현장 감독은 이미 여성 부하직원을 경제적으로 지배하고 있기 때문에 성적인 측면에서 권위를 주장하려 할 수 있다. 노동계급 여성이 남성보다 더 집약적으로 착취를 당한다는 점은 성폭력에 대한 이들의 취약성을 가중시키고, 성적인 억압은 동시에 경제적 착취에 대한 이들의 취약성을 강화한다.

어떤 인종이건 노동계급 남성은 자신이 남성이라는 사실만으로도 여성을 지배할 특권이 부여된다는 믿음에서 강간을 할 동기를 얻을 수 있다. 하지만 이들에게는 기소당할 위험을 확실하게 제거해주는 사회적 또는 경제적 권한이 없으므로—그들이 유색인종 여성을 강간하는 백인 남자가 아닌한—자본가계급 남성만큼 그 동기가 그렇게 강하지 않다. 노동계급 남성이 남성우월주의에서 연장된 강간의 유혹을 받아들일 경우 그는 자신의 무력함에 대한 공허한 보상을, 뒤탈을 걱정할 수밖에 없는 뇌물을 수락하는 것이다.

자본주의 계급 구조는 경제와 정치 영역에서 권력을 행사하는 남성들에게 성착취의 일상적인 대행자가 되라고 부추긴다. 강간이 만연한 오늘날은 자본가계급이 국내외의 도전 과제 앞에서 자신의 권한을 맹렬히 재천명하고 있는 시기이다. 경제적 착취 증대라는 국내 전략의 핵심인 인종주의와 성차별주의 모두 유례없을 정도로 장려되고 있다. 여성 노동자의 지위가 눈에 띄게 악화되고 있는 시기에 강간 사건이 빈발하는 것은 단순한 우연이 아니다. 여성의 경제적 손실이 워낙 심각해서 남성과 비교했을 때 여성의 임금은 10년 전보다도 더 낮다. 이런 경제적 착취가 일어나면 일반적으로 성차별주의가 격화될 수밖에 없다. 성폭력의 기승은 이런 격화된 성차별주의의 야만적인 얼굴이다.

인종주의를 통해 확립된 패턴에 따르면, 여성에 대한 공격은 유색인종 노동자의 상황이 악화되어가고, 사법시스템과 교육기관, 그리고 흑인과 다른 유색인종에 대한 정부의 학습된 홀대 속에서 인종주의의 영향력이 커지고 있음을 반영한다. 인종주의의 위험한 부활을 가장 극적으로 보여주는 신호는 쿠클럭스클랜이 새롭게 눈에 띄고, 이와 관련하여 흑인, 멕시코계 미국인, 푸에르토리코인, 미국 선주민에 대한 폭력적인 공격이 기승을 부리고 있는 것이다. 근래 폭증하고 있는 강간은 인종주의가 불을 지핀 이 폭력과 기이할 정도로 닮아 있다.

오늘날 강간의 사회적 맥락이 복잡함을 감안했을 때 이를 고립된 현상으로 다루려는 일체의 시도는 실패할 수밖에 없다. 강간에 맞서는 실효성 있는 전략은 강간의, 심지어는 성차별주의의 박멸 이상을 목적으로 삼아야 한다. 인종주의에 맞서는 투쟁이 강간 반대 운동의 지속적인 주제가 되어야 한다. 강간 반대 운동은 유색인종 여성뿐만 아니라 인종주의에 의해 조작된 강간 고발의 많은 피해자들 역시 방어해야 하기 때문이다. 성폭력의 위기적 측면들은 자본주의의 깊고 지속적인 위기의 여러 양상들 중 하나를 구성한다. 여성에 대한 전반적인 억압이 자본주의에 없어서는 안 되는 버팀목으로 남는 한, 성차별주의의 폭력적인 얼굴인 강간의 위협은 꾸준히 존재할 것이다. 강간 반대 운동, 그리고 이 운동의 주요 활동들—정서적, 법적 지원에서부터 자기방어와 교육 캠페인에 이르기까지—은 독점자본주의의 궁극적 혁파를 염두에 둔 전략적 맥락 안에 자리 잡아야 할 것이다.

12장
인종주의, 출산통제, 재생산권

19세기 페미니스트들이 '자발적인 모성'을 요구했을 때 출산통제 캠페인이 탄생했다. 그 지지자들은 급진주의자라고 불렸고 초기 여성참정권 지지자들이 겪었던 조롱을 당했다. 아내에게는 남편의 성욕 충족 요구를 거부할 권리가 없다고 주장하던 사람들은 '자발적인 모성'이 뻔뻔하고 터무니없고 별스럽다고 생각했다. 물론 결국 출산통제권은 여성의 투표권처럼 미국의 여론에서 어느 정도 당연하게 받아들여지게 된다. 하지만 한 세기를 꽉 채운 뒤인 1970년, 합법적이고 손쉽게 접근할 수 있는 임신중지에 대한 요구는 미국에서 처음으로 출산통제운동의 문을 연 '자발적인 모성' 사안 못지않은 논란을 일으켰다.

출산통제—개인의 선택, 안전한 피임 방법, 필요할 때는 임신중지—는 여성해방의 핵심 선결 조건이다. 출산통제권은 모든 계급과 인종의 여성에게 명백하게 이롭기 때문에, 차이가 아주 큰 여성단체들조차도 이 사안에 대해서만은 힘을 모으려고 했을 것이라고 생각하기 쉽다. 하지만 현실에서 출산통제운동은 사회적 배경이 서로 다른 여성들을 규합하는 데 성공하지 못했고, 이 운동의 지도자들은 노동계급 여성들의 진짜 우려를 대중화하지도 못했다. 게다가 출산통제 지지자들이 내세운 주장은 때로 대놓고 인종주의적인 전제를 발판으로 삼았다. 출산통제의 진보적인 잠재력은 여전히 반박 불가능하다. 하지만 현실에서 이 운동의 역사적 기록을 보면 인종주의와 계급 착취에 대한 도전이라는 측면에서 아쉬운 점이 많다.

현대의 출산통제운동에서 가장 중요한 승리는 임신중지가 합법이라는 선언이 마침내 터져 나온 1970년대 초에 이루어졌다. 여성해방운동이 막 태동한 시기에 등장한 임신중지 합법화 투쟁은 이 젊은 운동의 모든 열정과 호전성을 끌어냈다. 1973년 1월 임신중지권 캠페인은 기세등등하게 절정에 도달했다. 로 대 웨이드(Roe v. Wade) 재판과 도 대 볼턴(Doe v. Bolton) 재판에서 대법원이 여성의 개인 프라이버시권은 임신중지를 할지 여부를 결정할 권한을 의미한다는 판결을 내린 것이다.

임신중지권 운동에는 유색인종 여성이 많이 합류하지 않았다. 전체 여성해방운동의 인종 구성을 고려했을 때 이는 전혀 놀라운 사실이 아니었다. 여성운동과 임신중지권 캠페인 모두에서 피억압인종 여성들이 부재하다는 사실에 대해 의문이 제기되면 이 시기의 논의와 문헌에서는 일반적으로 두 가지 설명이 나왔다. 하나는 유색인종 여성들이 인종주의에 맞서는 투쟁의 부하에 짓눌려 있었다는 것이고, 다른 하나는 그들이 아직 성차별주의의 중요성에 눈을 뜨지 못했다는 것이다. 하지만 임신중지권 캠페인이 거의 백합처럼 희디흰 사람들로만 이루어졌던 상황의 진짜 의미는 유색인종 여성의 미성숙하고 근시안적인 의식에서 찾을 수 없었다. 진실은 출산통제운동 자체의 이데올로기적 토대 안에 묻혀 있었다.

임신중지권 캠페인에 제대로 된 역사적 자기 평가가 이루어지지 않는 바람에 출산통제 일반에 대한 흑인들의 의혹 어린 시선 역시 위험할 정도로 피상적으로 판단되었다. 물론 일부 흑인들이 출산통제를 집단학살과 주저없이 동일시하는 것은 과장된, 심지어는 편집증적인 반응으로 비춰졌다. 하지만 백인 임신중지권 운동가들은 집단학살이라는 비명 뒤에 출산통제운동의 역사에 대한 중요한 단서가 숨어 있음을 알아차리지 못했다. 가령 이 운동은 강제 불임수술을 지지한 것으로 알려져 있었는데, 이는 인종주의적 형태의 대대적인 '출산통제'였다. 여성이 자신의 계획에 따라 임신할 권리가 보장된다면 합법적이고 접근이 용이한 출산통제 수단과 임신중지 방법이 보급되는 한편 불임수술 남발은 종식되어야 마땅할 것이다.

임신중지권 캠페인 그 자체에 대해서, 유색인종 여성들은 어째서 그 시급성을 파악하지 못했을까? 이들은 불법행위에서 이윤을 뽑아내는 데 눈이 멀어 사람 목숨을 제물로 바치는 돌팔이 임신중지 시술자들의 어설픈 메스질에 백인 자매들보다 훨씬 익숙했다. 예컨대 뉴욕에서 임신중지가 비범죄화되기 전의 몇 년 동안 불법 임신중지수술로 인한 사망자의 약 80%가 흑인과 푸에르토리코인 여성이었다.[1] 임신중지의 비범죄화 직후 합법적인 전체 임신중지수술 가운데 절반 가까이를 유색인종 여성들이 받았다. 1970년대 초의 임신중지권 캠페인은, 유색인종 여성들이 무허가 돌팔이 시술자들에게서 절박하게 벗어나기를 원했지만 동시에 바로 그 여성들이 선뜻 임신중지에 찬성하지는 않았다는 사실을 의식했어야 했다. 유색인종 여성들은 **임신중지권**에 찬성했지만 그렇다고 해서 그들이 임신중지를 지지한다는 의미는 아니었다. 수많은 흑인과 라틴계 여성이 임신중지에 의지하면서도, 임신에서 해방되고자 하는 욕망보다는 새 생명을 이 세상에 내놓기를 포기하게 만드는 비참한 사회적 환경에 대해 이야기하고 싶어 했다.

흑인 여성들은 가장 초창기 노예제 시절부터 임신중지를 해왔다. 많은 노예 여성들이 여성에게 성적 학대와 매질과 족쇄가 일상인, 지긋지긋한 강제 노동의 세상에서 아이를 낳기를 거부했다. 지난 세기 중반에 조지아에서 일했던 한 의사는 자신이 치료한 여성들 가운데 백인 여성보다는 노예 환자들 사이에서 임신중지와 유산이 훨씬 일상적이라는 사실을 알아차렸다. 이 의사에 따르면 흑인 여성들은 너무 심하게 일을 했다.

그게 아니면 흑인들은 농장주들이 믿듯이 임신 초기에 태아를 사멸시키는 비법을 가지고 있었다. (…) 온 나라의 의사들이 아프리카 여자들은 자기 자식의 숨통을 부자연스러울

정도로 쉽게 끊어놓는다며 (…) 투덜대는 농장주들의 잦은 불만을 알고 있다.[2]

이 의사는 "모든 여성 가족이 자식을 일절 갖지 않는다"[3]라고 경악하면서도 노예제하에서 아이를 키우는 게 얼마나 '부자연'스러운지는 전혀 살피지 못했다. 앞서 언급한 내용 중에서 추격꾼들에게 잡히자 자기 딸을 살해하고 자살을 기도했던 도망노예 마거릿 가너가 바로 이런 사례에 해당한다.

그녀는 딸의 죽음을 크게 기뻐했고—"이제 그 애는 여자가 노예로서 겪게 되는 고초를 절대 알지 못하겠구나."—살인으로 재판을 받게 해달라고 애원했다. "노예제로 돌아가느니 노래를 흥얼거리며 교수대로 향하겠어요!"[4]

어째서 자발적인 임신중지와 마지못한 영아살해 행위가 노예제 기간 동안 그렇게까지 일상적이었을까? 흑인 여성들이 곤경에 대한 해법을 발견했기 때문이 아니라 오히려 그들이 절박했기 때문이다. 임신중지와 영아살해는 생물학적 출산 과정이 아니라 노예제라는 억압적인 조건이 동기로 작용하는, 극한의 상황이 빚어낸 행동이다. 당연히 이런 여성 대부분은 누군가가 자신의 임신중지를 자유를 향한 디딤돌이라고 추켜세운다면 있는 힘껏 분통을 터뜨릴 것이다.

임신중지권 캠페인 초기에는 합법적인 임신중지가 가난에서 비롯되는 숱한 문제에 대한 현실적인 해법으로 이어지리라는 기대가 지나칠 정도로 자주 고개를 들었다. 마치 아이를 적게 낳으면 일자리가 많아지고, 임금이 올라가고, 교육의 질이 나아질 거라는 듯이. 이런 기대에는 **임신중지권**과 임신중지에 대한 일반적인 지지 사이의 구분을 흐리는 경향이 그대로 녹아 있다. 임신중지권 캠페인은 합법적인 임신중지권을 요구하는 동시에 아이를 더 낳을 수 없게 만드는 사회 조건을 개탄하는 여성들의 목소리를 담아내는 데에는 실패하곤 했다.

1970년대 후반에 임신중지권에 대한 공격이 새롭게 터져나오면서 가난한 피억압인종 여성들의 요구에 좀 더 예리하게 초점을 맞출 필요가 절실해졌다. 1977년에 이르자 국회에서 하이드 수정안(Hyde Amendment)이 통과되어 임신중지에 대한 연방지원금을 철회시켰고, 이에 많은 주 의회가 그 전철을 따랐다. 흑인, 푸에르토리코인, 멕시코계 미국인, 선주민 여성, 그리고 가난한 백인 여성 들이 사실상 합법적인 임신중지 권리를 박탈당했다. 보건교육복지부가 자금을 지원하는 불임수술은 여전히 요구만 하면 무료였기 때문에 갈수록 많은 가난한 여성들이 어쩔 수 없이 영구 불임수술을 받았다. 모든 여성, 특히 경제적 환경 때문에 재생산권 자체를 어쩔 수 없이 포기하곤 하는 그런 여성들의 재생산권을 지키는 폭넓은 투쟁이 시급하다.

자신의 재생산 체계를 통제하고자 하는 여성들의 욕구는 아마 인류의 역사만큼이나 유구할 것이다. 이미 1844년에 『합중국 실용 요리책(United States Practical Receipt Book)』

에는 숱한 음식, 가정용 약물, 의약품의 레시피 속에 '출산 예
방 로션(birth preventive lotions)'의 '처방'이 담겨 있다. 예를
들어 '하네이 예방 로션(Hannay's Preventive Lotion)'을 만들
려면,

> 진주회(眞珠灰)와 물을 1:6의 비율로 혼합한 뒤 여과한다.
> 밀봉한 병 안에 넣어둔다. 정을 통한 직후에 비누와 함께 또
> 는 비누 없이 사용한다.[5]

'애버네티 예방 로션(Abernethy's Preventive Lotion)'은,

> 염화제 2, 수은 25, 아몬드밀크 400, 알코올 100, 장미수
> 1,000. 약간의 혼합액에 분비샘을 담가둔다. (⋯) 적당 시간
> 사용하면 확실하다.[6]

여자들은 아마 언제나 확실한 출산통제 방법을 꿈꿔왔을
테지만, 재생산권은 여성의 권익 일반이 조직된 운동의 초점
이 되고 난 뒤에야 적법한 요구로 부상할 수 있었다. 사라 그
림케는 1850년대에 쓴 '결혼(Marriage)'이라는 제목의 에세이
에서 "여성의 입장에서 **언제**, 얼마나 자주, 어떤 환경에서 어
머니가 될지를 결정할 권리"를 주장했다.[7] 그림케는 한 의사
의 유머 있는 관찰을 언급하며 만일 아내와 남편이 번갈아 가
면서 아이를 낳는다면 "그 어떤 가족도 남편이 낳은 하나와
아내가 낳은 둘, 이렇게 셋 이상은 낳지 않을 것"이라는 데 공

감했다.[8] 하지만 그림케의 주장에 따르면 "이 문제를 결정할 **권리**는 거의 전적으로 여성에게는 허락되지 않은 상태"였다.[9]

사라 그림케는 여성의 성적 금욕권을 지지했다. 그와 거의 같은 시기에 루시 스톤과 헨리 블랙웰의 그 유명한 '해방된 결혼(emancipated marriage)'이 등장했다. 노예제 폐지론자이자 여성 권익 운동가였던 두 사람은 결혼식에서 여성이 인격과 이름과 재산에 대한 권리를 모두 포기하는 전통에 저항하는 의식을 거행했다. 헨리 블랙웰은 남편으로서 자신은 '아내의 인신을 통제할'[10] 권리가 전혀 없다는 데 동의하고서 아내에게 자신의 성욕을 강요하지 않겠다고 약속했다.

여성이 남편의 성적 요구에 순응하지 않을 수 있다는 생각은 '자발적인 모성'을 부르짖는 데 핵심 사고가 되었다. 1870년대에 이르러 여성참정권 운동이 절정에 달하자 페미니스트들은 자발적인 모성을 공개적으로 지지했다. 빅토리아 우드홀(Victoria Woodhull)은 1873년 한 연설에서 이렇게 주장했다.

> 자신의 바람이나 욕구와는 달리 성행위에 순종한 아내는 사실상 자살행위를 한 것입니다. 그리고 그것을 강요한 남편은 살인을 저지른 것입니다. 따라서 남편이 자신을 거부했다는 이유로 아내를 목 졸라 죽였다면, 그런 남편은 그에 대한 처벌을 받아 마땅합니다.[11]

물론 우드홀은 '자유연애(free love)' 지지자로 상당히 악명이 자자했다. 결혼 제도 안에서 임신을 통제하는 수단으로 서 성관계를 거부할 여성의 권리를 지지한 우드훌의 입장은 결혼 제도 일반에 대한 공격과 맞닿아 있었다.

여성의 정치적 평등을 위해 조직된 운동 안에서 여성들 이 자신의 재생산권에 대한 의식에 눈을 뜨게 된 것은 우연 이 아니었다. 실제로 여성들이 끝없는 출산과 잦은 유산의 짐 을 영원히 지고 있었더라면 이제 막 획득한 정치적 권리를 행 사하지도 못했을 것이다. 게다가 결혼과 모성 밖에서 커리어 와 다른 자기개발의 길을 추구하려는 여성의 새로운 꿈은 이 들이 출산을 제한하고 계획할 수 있을 때만 실현될 수 있었 다. 이런 의미에서 '자발적인 모성' 슬로건에는 진정으로 진보 적인 새로운 여성상이 담겨 있었다. 하지만 동시에 이 비전은 중간계급과 부르주아 여성들이 누리는 생활양식에 견고하게 묶여 있었다. '자발적인 모성'에 대한 요구 기저에 있는 열망 은 노동계급 여성의 조건과는 거리가 멀었다. 노동계급 여성 들은 경제적 생존을 위해 훨씬 본질적인 투쟁에 몸담고 있었 다. 이 최초의 출산통제 요구는 물질적 부를 보유한 여성들만 달성할 수 있는 목표들과 관련이 있었기 때문에 많은 수의 가 난한 노동계급 여성들은 맹아적 단계의 출산통제운동을 자기 일로 여기기 힘들었을 것이다.

19세기가 끝나갈 즈음 미국의 백인 출산율은 크게 감소 하고 있었다. 혁신적인 피임법이 공개적으로 도입되거나 하 지는 않았기 때문에 출산율 하락은 여성들이 사실상 성적인 활동을 크게 줄이고 있다는 의미였다. 1890년에 이르자 일반적인 미국 본토 태생 백인 여성은 아이를 네 명까지만 낳았다.[12] 미국 사회가 날로 도시화되고 있었다는 사실을 감안하면 이 새로운 출산 패턴은 별로 놀랄 만한 일이 아니었다. 농장생활에는 대가족이 필요했지만 도시생활에는 대가족이 어울리지 않았다. 하지만 신흥독점자본주의 이론가들은 이 현상을 공개적으로 인종주의적이고 반노동계급적인 방식으로 해석했다. 본토 태생의 백인 여성들이 아이를 적게 낳으면서 '인종자살(race suicide)'이라는 망령이 공무원계에 등장하게 된 것이었다.

1905년 시어도어 루스벨트 대통령은 링컨의 날 기념만찬 연설을 "인종의 순수성을 지켜야 한다"라는 선언으로 마무리했다.[13] 1906년에 이르자 그는 본토 태생 백인 여성들의 출산율 하락을 '인종자살'의 임박한 위험에 대놓고 등치시켰다. 그 해 국정연설에서 루스벨트는 "의도적인 불임, 그러니까 국가의 죽음과 인종자살이라는 불이익을 가져올 죄악"에 몸담은 부유한 백인 여성들을 꾸짖었다.[14] 이 연설이 나온 시점은 인종주의 이데올로기가 과열되고 인종 폭동과 가정까지 난입하는 린치가 물밀듯 밀어닥치던 때였다. 게다가 루스벨트 대통령 자신은 미국에서 가장 최근에 벌인 제국주의적 모험인 필리핀 점령에 대한 지지를 끌어모으려던 중이었다.

출산통제운동은 자신들의 대의가 인종자살을 조장한다는 루스벨트의 비난에 어떻게 대응했을까? 출산통제운동에 대한 대표적인 역사학자의 말에 따르면 대통령의 선동 전략이 실패한 것은 아이러니하게도 그것이 찬성 측의 더 큰 지지

로 이어졌기 때문이었다. 하지만 린다 고든(Linda Gordon)의
주장처럼 이 논란은 "페미니스트를 노동계급 및 빈민과 가장
분리시켰던 사안을 전면에 부각시키기도" 했다.[15]

　이것은 두 가지 방법으로 벌어졌다. 첫째, 페미니스트들은
점점 커리어와 고등교육에 이르는 방편으로, 그러니까 피임
을 하든 하지 않든 빈민들은 손에 넣을 수 없는 목표에 이르
는 방법으로 출산통제를 강조했다. 전체 페미니스트 운동이
라는 맥락에서 인종자살 사건은 페미니즘을 이 사회에서 특
권을 더 많이 누리는 여성들의 열망과 거의 전적으로 일치
시키는 추가적인 요인이었다. 둘째, 출산통제에 찬성하는
페미니스트들은 빈민들에게는 가족 규모를 제한할 도덕적
의무가 있다는 생각을 퍼뜨리기 시작했다. 대가족은 부자들
의 세금과 자선 지출을 먹어 치우는 하마이고, 가난한 아이
들은 '우수할' 가능성이 낮기 때문이다.[16]

　줄리아 워드 하우나 아이다 허스티드 하퍼(Ida Husted
Harper) 같은 여성들이 인종자살 이론을 어느 정도 수용했다
는 사실은 참정권 운동이 남부 여성들의 인종주의적 태도에
굴복했음을 뜻했다. 참정권 운동가들이 투표권을 여성에게
확대하자는 주장을 백인우월주의의 가호를 들먹이며 묵인했
다면, 출산통제 지지자들은 출산통제를 '하층계급'의 확산을
예방하는 방편으로, 그리고 인종자살의 해결책으로 들먹이며
새로운 주장을 묵인하거나 지지했다. 인종자살은 흑인과 이

민자와 일반 빈민들에게 출산통제 방법을 도입함으로써 예방할 수 있었다. 이렇게 하면 순수한 양키 혈통의 부유한 백인들은 인구집단 내에서 수적 우월함을 유지할 수 있었다. 이렇게 출산통제운동의 초기에는 계급편향과 인종주의가 스며들었다. 출산통제 찬성 집단 내에서는 가난한 여성, 흑인 여성, 이민자 여성 모두가 '가족의 규모를 제한할 도덕적 의무'를 가진다는 생각이 점점 퍼져나갔다.[17] 특권층은 '권리'로 요구했던 것이 빈민에게는 '의무'로 해석되었던 것이다.

마거릿 생어(Margaret Sanger)가 출산통제—'출산통제'란 용어는 생어가 만들어서 대중화한 것이다—를 위해 일생에 걸친 성전을 시작했을 때는 앞선 시기의 인종주의적이고 반노동계급적인 어조가 극복될 것 같았다. 마거릿 히긴스 생어 자신이 노동계급 출신인 데다 가난의 처절한 압력에 아주 익숙했기 때문이다. 생어의 어머니는 아이를 자그마치 열한 명 낳은 뒤 48세 나이에 세상을 떠났다. 자기 가족의 고난에 대한 생어의 이후 기억들은, 노동계급 여성에게는 자신의 임신을 자율적으로 계획하고 주기를 조절할 권리가 특히 필요하다는 믿음이 옳음을 확인시켜주었다. 성인이 된 생어는 사회주의운동에 가담했는데, 이는 출산통제 캠페인이 더 진보적인 방향으로 움직일 수 있다는 희망을 품을 만한 또 다른 이유였다.

마거릿 생어가 1912년 사회당에 가입했을 때 뉴욕의 여성 노동자 클럽에 있는 여성들을 당원으로 모으는 역할을 맡왔다.[18] 당 기관지인 「더콜(The Call)」에 있는 여성의 지면에는 생어의 기사가 실렸다. 생어는 '모든 어머니가 알아야 하는 것(What Every Mother Should Know)'과 '모든 소녀가 알아야 하는 것(What Every Girl Should Know)'이라는 제목의 연재기사를 썼고 여성 관련 파업을 현장에서 보도했다. 생어가 뉴욕의 노동계급 지역에 익숙한 것은 숙련된 간호사로서 이 빈민 지역을 숱하게 드나들었기 때문이었다. 생어는 자신의 자서전에서 이곳을 방문하면서 출산통제에 대한 지식을 절박하게 원하는 무수한 여성들을 만났다고 밝혔다.

마거릿 생어의 자전적 회고에 따르면 뉴욕의 로어이스트 사이드를 간호사로서 숱하게 방문하다가 출산통제를 위한 사적인 성전을 벌여야겠다는 확신을 심어준 일이 일어났다. 일상적인 전화에 응대하던 생어는 사디 색스(Sadie Sachs)라는 28세 여성이 혼자서 임신중지를 시도했다는 사실을 알게 되었다. 응급 상황이 지나간 뒤 이 젊은 여성은 주치의에게 출산 예방에 대한 조언을 부탁했다. 생어의 이야기에 따르면 의사는 충고랍시고 색스에게 "잭(색스의 남편)한테 지붕 위에서 자라고 말하라"고 했다.[19]

나는 빠르게 색스 부인의 안색을 훑었다. 나도 모르게 갑자기 눈물이 터져나오는 와중에도 그녀의 얼굴이 완전한 절망으로 무참해지는 것을 볼 수 있었다. 우리는 의사가 나가고 문이 닫힐 때까지 말없이 서로를 그저 바라보았다. 그러다가 그녀가 푸른 핏줄이 드러난 가녀린 손을 들어올려 애원하듯 그러쥐었다. "의사는 이해 못해요. 그 사람은 남자잖아요. 하지만 당신은 이해하잖아요, 그죠? 제발 비법을 알려줘요. 아무한테도 얘기 안 할게요. 제발요!"[20]

3개월 뒤 사디 색스는 혼자서 다시 한번 임신중지를 시도하다가 세상을 떠났다. 그날 밤 마거릿 생어는 자신의 모든 에너지를 피임법을 습득하고 배포하는 데 쏟겠다고 맹세했다.

나는 어떤 대가를 치르게 되더라도 임시방편과 피상적인 치료를 끝장내겠다고 생각하면서 잠자리에 들었다. 악의 뿌리를 찾아내고, 하늘만큼 광활한 비참함을 감내해야 하는 어머니들의 운명을 바꾸기 위해 뭔가를 하기로 다짐했다.[21]

생어는 출산통제운동을 개시한 초기에는 사회당에 계속 소속되어 있었고, 이 운동은 노동계급의 날로 상승하는 호전성과도 밀접한 관련이 있었다. 든든한 지지자 중에는 유진 데브스, 엘리자베스 걸리 플린, 엠마 골드먼이 있었는데 이들은 각각 사회당, 국제산업노동자연맹, 아나키스트 운동을 대표했다. 한편 마거릿 생어는 "여성 노동자의 이익에 헌신하는"「여성반역자(Woman Rebel)」라는 잡지에서 자신의 운동이 반자본주의에 충실함을 표명했다.[22] 생어는 개인적으로는 계속해서 파업 중인 노동자들과 함께 피켓을 들고 행진을 벌였고, 이들을 향한 야만적인 공격을 공공연하게 비난했다. 가령 주방위군이 1914년 콜로라도 러들로에서 멕시코계 광부 수십

명을 학살했을 때 생어는 노동운동에 합류해서 이 학살에서
존 D. 록펠러가 했던 역할을 폭로했다.[23]

애석하게도 출산통제 캠페인과 급진적인 노동운동의 동
맹은 오래가지 못했다. 사회주의자들과 다른 노동계급 활동
가들은 꾸준히 출산통제 요구를 지지하긴 했지만 전체 전략
에서 그것이 큰 비중을 차지하지는 않았다. 그리고 생어 자신
부터가 자식이 지나치게 많으면 노동자들이 끔찍한 곤경에
빠지게 된다고 주장하면서 빈곤에 대한 분석에서 자본주의
적 착취의 중심성을 저평가하기 시작했다. 게다가 생어는 "여
성들이 노동시장에 계속해서 새로운 노동자를 넘치도록 공
급함으로써 의도치 않게 노동계급에 대한 착취를 영속화하는
데 일조하고 있다"라고 믿었다.[24] 아이러니하게도 생어가 이
런 입장을 채택하게 된 것은 일부 사회주의 집단에서 포용한
신맬서스주의＊적 사고 때문이었을 수 있다. 아나톨 프랑스
(Anatole France)와 로자 룩셈부르크(Rosa Luxemburg) 같은
유럽 사회주의운동의 일부 걸출한 인물들은 자본주의 시장에
꾸준히 노동이 유입되는 것을 막기 위해 '출산 파업'을 제안한
바 있었다.[25]

마거릿 생어가 독립적인 출산통제 캠페인의 기틀을 다지
기 위해 사회당과의 연계를 끊어버리면서 생어와 그 동료들은
당대의 반흑인, 반이민자 선동에 그 어느 때보다 취약해졌다.

＊ 인구 증가는 기하급수적이지만 식량 증산은 산술급수적이므로 인구
증가에 도덕적 제한이 필요하다는 맬서스의 인구론에 입각해 인공적인
산아제한을 주장한 학설.

'인종자살' 선동에 속았던 선배들이 그랬듯 출산통제 지지자
들은 지배적인 인종주의 이데올로기를 받아들이기 시작했다.
우생학 운동의 치명적인 영향력은 얼마 안 가 출산통제 운동
의 진보적인 잠재력을 궤멸시키게 된다.

　　20세기 초 몇십 년간 우생학 운동이 날로 인기를 얻게 된
것은 우연한 사건이 아니었다. 우생학의 사고는 신흥독점자본
가들의 이데올로기적 필요에 완벽하게 들어맞았다. 남부에서
흑인 노동자들에 대한, 북부와 서부에서 이주 노동자들에 대
한 착취의 강도가 심해지는 데 대해서도, 라틴아메리카와 태
평양에서 벌어진 제국주의적 침략에 대해서도 정당화할 논리
가 필요했다. 우생학 캠페인과 관련된 유사과학에 기반한 인
종 이론들은 신흥독점기업들의 행태를 극적으로 변호해주었
다. 그 결과 이 운동은 카네기, 해리먼, 켈로그 같은 유수의 자
본가들로부터 뜨거운 지지를 받았다.[26]

　　1919년에 이르자 출산통제운동에 미친 우생학의 영향력
은 누가 봐도 명확해졌다. 마거릿 생어는 미국출산통제연맹
(American Birth Control League)의 저널에 발표한 한 논문
에서 '출산통제의 중대 사안'을 "적합한 자에게는 더 많은 아
이, 부적합한 자에게는 적은 아이"로 정의했다.[27] 이즈음 미국
출산통제연맹은 『백인의 세계 패권에 맞서는 유색인종의 기
승(The Rising Tide of Color Against White World Suprem-
acy)』의 저자를 열렬히 환영하며 그 내실로 안내했다.[28] 하
버드대학의 교수이자 우생학 운동 이론가인 로스롭 스토더
드(Lothrop Stoddard)가 이사직을 맡게 된 것이다. 미국출산

통제연맹의 저널에는 미국우생학협회의 대표 가이 어빙 버치 (Guy Irving Birch)의 글이 실리기 시작했다. 버치는 이런 주장을 펼쳤다.

> 출산통제는 미국인들이 이민에 의해서든 이 나라의 타자들의 심하게 높은 출산율에 의해서든 외국인이나 니그로로 대체되는 것을 막아주는 무기이다.[29]

1932년이 되자 우생학협회는 최소 26개 주가 강제불임수술법을 통과시켰고 수천 명에 달하는 '부적합한' 사람들이 이미 수술을 통해 생식을 하지 못하게 되었다고 우쭐댈 수 있었다.[30] 마거릿 생어는 이런 상황을 공개적으로 지지하며 라디오 연설에서 '천치, 정신박약자, 뇌전증 환자, 문맹자, 극빈자, 실업자, 범죄자, 매춘부, 마약 상습자'는 불임수술을 받아야 한다고 주장했다.[31] 물론 이들에게 선택지를 주지 않을 정도로 고집을 부릴 생각은 없었다. 이들이 원한다면 일생 동안 노동수용소에 격리된 상태로 지내는 쪽을 택할 수도 있어야 한다고 생어는 말했다.

미국출산통제연맹 내에서의 흑인에 대한 출산통제 요구에는 강제불임수술 요구와 동일한 인종주의적 색채가 입혀졌다. 1939년 그 후신인 미국출산통제연합(Birth Control Federation of America)은 '니그로 프로젝트'를 계획했다. 이 연합의 말에 따르면,

니그로들은 특히 남부에서 아직도 부주의하게 파멸을 자청하며 자식을 낳는다. 그로 인해 니그로 내에서 가장 적합하지 않은, 그리고 자식을 적당히 키울 능력이 가장 부족한 인구 집단의 증가세가 백인의 증가세보다 훨씬 크다.[32]

지역의 출산통제위원회를 이끌 흑인 성직자들을 모집하면서 출산통제연합은 흑인들을 출산통제 선동에 넘어갈 수 있도록 최대한 취약한 상태로 만들어야 한다고 주장하기도 했다. 마거릿 생어는 동료에게 보내는 편지에서 이렇게 밝혔다.

우리가 니그로 인구를 전멸시키려고 한다는 말이 퍼져서는 안 됩니다. 그리고 성직자는 만약 그 말이 반항적인 사람들의 귀에 들어가게 되었을 때 그 생각을 바로잡을 수 있는 사람입니다.[33]

출산통제운동에서 이 일화는 우생학적 사고와 연계된 인종주의가 이데올로기적으로 승리했음을 확인시켜준다. 출산통제운동은 그 진보적인 잠재력을 탈취당하고서 유색인종들의 개별적인 출산통제 권리가 아니라 인종주의적인 인구통제 전략을 옹호했다. 심지어 미국 정부의 제국주의적이고 인종주의적인 인구정책을 실행하는 데 운동의 핵심역량을 쏟아달라는 요청까지 받게 된다.

1970년대 초의 임신중지권 운동가들은 운동의 역사를 면밀하게 살펴보았어야 했다. 그랬더라면 어째서 그 많은 흑인 자매들이 그들의 운동에 의혹의 눈길을 보내는지를 이해했으리라. 강제불임수술과 출산통제를 '부적합한' 인구 집단을 제거하는 수단으로서 옹호했던 선배들의 인종주의적 행실을 바로잡는 게 얼마나 중요한지를 이해했으리라. 그래서 젊은 백인 페미니스트들은 자신들의 임신중지권 캠페인이 그 어느 때보다 남발되는 불임수술에 대한 강력한 비판을 포용해야 한다는 제안에 더 수용적인 태도를 취할 수도 있었으리라.

불임수술의 남발이라는 판도라의 상자가 결국 활짝 열린 것은 미디어가 앨라배마 몽고메리에서 두 흑인 소녀를 상대로 태평하게 불임수술을 감행한 사건이 보도할 만한 스캔들이라고 판단한 뒤였다. 하지만 이 렐프(Relf) 자매의 사건이 터졌을 때는 임신중지권 운동의 정치학에 영향을 미치기에는 사실상 너무 늦은 시기였다. 이때는 1973년 여름이었고 1월에 이미 대법원이 임신중지를 합법화하는 판결을 발표한 상태였던 것이다. 그럼에도 불구하고 불임수술 남발에 대한 대대적인 반대운동이 절실하다는 것이 가슴 아플 정도로 명백해졌다. 렐프 자매와 관련된 사실들은 소름 끼치게 단순했다. 12세였던 미니 리(Minnie Lee)와 14세였던 메리 앨리스(Mary Alice)는 아무런 의심 없이 수술실로 실려갔고, 의사는 이들의 출산능력을 회복 불가능한 방식으로 강탈했다.[34] 이 수술은 이 소녀들에게 앞서 출산통제 조치로 주입했던 약물 데포프로베라(Depo-Provera)가 실험동물에게 암을 유발했음이 발견된 뒤 몽고메리 지역사회 행동위원회가 보건교육복지부의 자금을 받아서 명령한 것이었다.[35]

남부빈곤법센터(Southern Poverty Law Center)가 렐프 소녀들을 대신해서 소송을 제기한 뒤 이 소녀들의 어머니는 딸들을 담당하는 사회복지사에게 속아서 그 수술에 제대로 알지도 못하고 '동의'했다고 밝혔다. 이들은 글씨를 모르는 렐프 부인에게 서류에 'X' 표를 하라고 요청했고, 그 내용에 대해서는 설명하지 않았다. 어머니는 그게 딸들이 데포프로베라 주사를 계속 맞는 걸 찬성하는 서류라고 생각했다고 말했다. 나중에서야 어머니는 자신이 딸들의 불임수술을 승인했음을 알게 되었다.[36]

렐프 자매의 사건이 언론의 관심을 받게 되자 이와 유사한 사건들이 드러나기 시작했다. 몽고메리에서만 역시 10대인 소녀 열한 명이 비슷한 방식으로 불임수술을 받았다. 다른 주에서도 보건교육복지부가 자금을 지원하는 출산통제 시술소들이 어린 소녀들에게 불임수술을 남발했음이 드러났다. 게다가 개별 여성들이 똑같이 분통 터지는 이야기들을 털어놓았다. 가령 니알 루스 콕스(Nial Ruth Cox)는 노스캐롤라이나주를 상대로 소송을 제기했다. 소송을 제기하기 8년 전, 콕스가 18세였을 때 공무원들이 콕스에게 불임수술을 받지 않으면 가족의 복지수당을 중단시키겠다고 위협했던 것이다.[37] 콕스는 수술에 동의하기 전에 불임 상태는 일시적이라는 확인을 받았다.[38]

니알 루스 콕스의 소송은 우생학 이론을 부지런히 실행해온 노스캐롤라이나주를 겨냥했다. 이에 노스캐롤라이나 우생학위원회(Eugenics Commission of North Carolina)의 비호

하에 1933년 이후로 불임수술이 7,686건 집행되었음이 밝혀
졌다. 수술에는 '정신박약자'의 재생산을 예방하는 조치라는
이유가 붙었지만, 피시술자 중 약 5,000명이 흑인이었다.[39] 니
알 루스 콕스를 대리한 미국시민자유연맹의 변호사 브렌다 파
이건 패스토(Brenda Feigen Fasteau)에 따르면 노스캐롤라이
나의 최근 기록은 이보다 크게 나아지지 않았다.

> 내가 판단할 수 있는 한 통계에 따르면 1964년 이후로 노스
> 캐롤라이나에서 불임수술을 받은 여성의 약 65%가 흑인이
> 고 약 35%가 백인이었다.[40]

봇물 넘치듯 터져나온 불임수술 남발 폭로 보도들이 밝
혔듯, 이웃한 사우스캐롤라이나주에서는 더 심한 악행이 자
행되고 있었다. 사우스캐롤라이나 에이킨의 여성 열여덟 명
은 1970년대 초에 클로비스 피어스(Clovis Pierce) 박사에게
불임수술을 당했다고 고발했다. 이 작은 마을에서 유일한 산
과 전문의였던 피어스는 자녀가 둘 이상인 의료 보조금 수급
자들에게 한결같이 불임수술을 해왔다. 그의 병원에서 일하
는 한 간호사에 따르면 피어스 박사는 복지수당을 받는 임신
부에게 자신이 아이의 분만을 돕기를 바란다면 "자발적인 불
임수술에 복종"하라고 주장했다.[41] 피어스 박사는 "사람들
이 어울리면서 아이를 낳고 이들을 위해 내 세금을 지출하는
데 신물 나"라고 하면서도[42] 불임수술의 대가로 약 6만 달러
를 납세자의 돈으로 받았다. 재판이 진행되는 동안 피어스 박

사를 지지한 사우스캐롤라이나의료협회의 회원들은 의사에게는 "수술이 첫 방문에서 이루어질 경우 환자를 받기에 앞서 불임수술 승인을 역설할 도덕적, 법적 권리가 있다"라고 선언했다.[43]

　이 시기에 불임수술 남발에 대한 폭로가 터져나오면서 연방정부의 공모가 백일하에 드러났다. 처음에 보건교육복지부는 연방 프로그램의 후원으로 여성 약 16,000명과 남성 8,000명이 1972년에 불임수술을 받았다고 주장했다.[44] 하지만 나중에 이 수치는 크게 수정되었다. 보건교육복지부의 인구청 담당자 칼 슐츠(Carl Shultz)가 그해 연방정부에서 실제로 비용을 댄 불임수술이 10만 건에서 20만 건 사이라고 추정한 것이다.[45] 공교롭게도 독일은 히틀러 치하에서 나치 유전보건법(Hereditary Health Law)에 따라 불임수술을 25만 건 진행했다.[46] 나치가 전체 통치 기간 동안 시행한 불임수술의 건수가 미국 정부가 단 한 해 동안 자금을 지원한 불임수술 건수와 거의 똑같을 수도 있다는 게 진짜로 가능하단 말인가?

　미국이 선주민을 상대로 자행한 역사적인 대량학살을 고려하면 미국 선주민들은 정부의 불임 캠페인에서 면제를 받았으리라고 넘겨짚을 수 있다. 하지만 상원위원회의 한 청문회에서 촉토족 의사인 코니 우리(Connie Uri) 박사가 했던 증언에 따르면 1976년까지 전체 가임기 인디언 여성의 약 24%가 불임수술을 당했다.[47] 우리 박사는 상원위원회에서 "우리 혈통이 끊어지고 있다. 우리의 미출생 자녀들은 앞으로 태어나지 않을 것이다. (…) 이것은 우리 민족에 대한 학살"이라고 말했다.[48] 우리 박사에 따르면 오클라호마 클레어모어에 있는 인디언보건서비스병원(Indian Health Services Hospital)은 이 연방시설에서 출산을 하는 여성 네 명당 한 명에게 불임수술을 하고 있다.[49]

미국 선주민들은 정부의 불임수술 선동의 각별한 목표물이다. 인디언을 대상으로 한 보건교육복지부의 한 소책자에는 **아이 열 명과 말 한 마리**가 있는 가족과, **아이 한 명과 말 열 마리**가 있는 가족이 그려져 있다. 이 그림은 아이가 많을수록 가난해지고 아이가 적을수록 부자가 된다는 암시를 주려 한다. 출산통제와 불임수술만 있으면 아이가 하나인 가족에게 말 열 마리가 마법처럼 펑하고 생기기라도 한다는 듯이.

미국 정부의 국내 인구정책에는 부인할 수 없는 인종주의적 색채가 있다. 미국 선주민, 멕시코계 미국인, 푸에르토리코인, 흑인 여성들은 계속해서 이상할 정도로 너무 많이 불임수술을 받는다. 1970년 프린스턴대학의 인구통제청에서 실시한 국가 출산율 연구에 따르면 전체 흑인 기혼 여성 가운데 20%가 영구 불임수술을 받았다.[50] 거의 같은 비중의 멕시코계 여성들도 불임수술을 받았다.[51] 게다가 연방 보조금 프로그램을 통해 불임수술을 받은 여성의 43%가 흑인이었다.[52]

불임수술을 받은 푸에르토리코 여성이 놀랄 만큼 많다는 사실은 1939년부터 이어지는 특수한 국가정책을 반영한다. 그해 루스벨트 대통령의 푸에르토리코 부처간위원회는 이 섬나라의 경제문제를 인구 과잉 탓으로 돌리는 입장문을 발표했다.[53] 이 위원회는 출산율을 사망율보다 낮추기 위한 노력

을 이행하자는 안을 내놓았다.[54] 그 직후 푸에르토리코에서
는 실험적인 불임수술 캠페인이 진행되었다. 처음에는 가톨
릭 교회가 이 실험에 반대해서 1946년에 프로그램을 강제로
중단시켰지만, 1950년대 초에 이 프로그램은 인구 통제 교육
과 실천으로 전환되었다.[55] 이 기간 동안 출산통제 클리닉이
150여 곳 문을 열었고, 그 결과 1960년대 중반에 이르자 인구
성장률이 20% 감소했다.[56] 1970년대에 이르자 전체 푸에르
토리코 가임 여성 가운데 35% 이상이 불임수술을 받았다.[57]
미국 정부의 인구정책을 강하게 비판하는 보니 마스(Bonnie
Mass)는 이렇게 말한다.

> 순수하게 수학적으로 진지하게 추정해보면, 매달 19,000건
> 이라는 지금의 불임수술 속도가 이어질 경우 이 섬나라의
> 노동자와 농민 인구는 향후 10~20년 내에 소멸될 수 있다.
> (…) 그렇게 하면 세계사에서 처음으로 한 세대 전체를 제거
> 할 수 있는 체계적인 인구 통제법이 확립된다.[58]

푸에르토리코 실험의 파괴적인 함의는 1970년대에 몰라
볼 수 없을 정도로 분명하게 부상하기 시작했다. 푸에르토리
코에서는 고도로 자동화된 야금산업과 제약산업 때문에 실업
문제가 꾸준히 악화되었다. 실업자가 훨씬 많아질 거라는 전
망은 대대적인 불임수술 프로그램을 부채질했다. 오늘날 미
국에서는 막대한 수의 유색인종—그리고 특히 피억압인종
청년들—이 영구 실업자군의 일부를 이루고 있다. 푸에르토

리코의 사례를 고려하면 점점 늘고 있는 불임수술이 높은 실업률과 보조를 맞추는 것은 우연이라고 보기 힘들다. 갈수록 많은 백인이 야만적인 실업에 시달리고 있다는 점에서 이들 역시 공식적인 불임선동의 목표물이 될 가능성이 있다.

1970년대 하반기에는 불임수술이 그 어느 때보다 심하게 남용되었을 수 있다. 보건교육복지부가 1974년에 강제 불임수술을 예방할 목적으로 작성된 지침을 발표하긴 했지만 그런데도 상황은 더 악화되었다. 미국시민자유연맹의 재생산 자유 프로젝트가 1975년 의과대학부속병원에서 설문조사를 실시해보니 이런 기관의 40%가 보건교육복지부가 발행한 지침을 알지도 못했다.[59] 미국시민자유연맹이 조사한 병원 가운데 이 지침을 따르려고 시도하고 있는 병원은 30%뿐이었다.[60]

1977년 하이드 수정안은 강제 불임수술 관행에 새로운 국면을 추가했다. 이 법이 의회에서 통과됨에 따라 임신중지에 대한 연방의 예산은 강간과 사망 또는 중병의 위험과 관련된 경우를 제외한 모든 경우에서 사라졌다. 캘리포니아 공중보건부의 샌드라 살라사르(Sandra Salazar)에 따르면 하이드 수정안의 첫 피해자는 텍사스 출신의 27세 멕시코계 여성이었다. 이 여성은 텍사스가 임신중지에 대한 정부 지원을 중단한 직후 멕시코에서 불법적인 임신중지를 하다가 목숨을 잃었다. 그 외에도 많은 피해자가 있었다. 경제적 사정으로 임신중지를 할 수 없어서 유일한 대안이 불임수술이 된 그런 여성들이 피해자였다. 불임수술은 가난한 여성들에게는 언제든 연방의 자금이 지원되기 때문에 무료였다.

지난 10년 동안 불임수술 남발에 반대하는 투쟁을 수행한 사람들은 주로 푸에르토리코인, 흑인, 멕시코계, 미국 선주민 여성들이었다. 전체 여성운동은 이들의 이상을 아직 포용하지 못했다. 중간계급 백인 여성들의 이익을 대변하는 조직은 불임수술 남발에 반대하는 캠페인을 지지하는 데에 거부감이 있다. 이 여성들은 본인이 원하는데도 불임수술을 할 개별적인 권리를 거부당하곤 하기 때문이다. 유색인종 여성들은 어떤 상황에서도 영구 불임수술을 받으라는 강권에서 벗어나기가 힘들지만 경제적 여유를 누리는 백인 여성들은 같은 힘에 의해 자녀를 출산하라는 권유에 시달린다. 그러므로 이들은 때로 '대기 시간'과 불임수술에 관한 '사전 고지에 의한 동의'의 세세한 요구 사항들을 자기 같은 여성들에게는 추가적인 불편이라고 여기기도 한다. 하지만 백인 중간계급 여성들이 어떤 불편을 겪든 피억압인종 여성과 빈민 여성들의 근본적인 재생산 권리가 위태롭다. 불임수술 남발은 중단되어야 한다.

13장
가사노동의 다가오는 종말: 노동계급의 관점

'가사노동'이라고 뭉뚱그려진 숱한 잡일—요리, 설거지, 빨래, 침구 정리, 청소, 장보기 등—은 평균적으로 연간 주부의 시간을 약 3,000에서 4,000시간 정도 잡아먹는 것으로 보인다.[1] 이 통계가 너무 충격적일 수도 있겠지만 여기에는 어머니가 자녀에게 쉼 없이 쏟아야 하는 정량화할 수 없는 관심은 들어가지도 않았다. 여성의 모성 의무가 항상 당연시되듯 주부의 끝없는 노역에 대해 가족 안에서 감사를 표하는 일은 드물다. 어쨌든 가사노동은 사실상 눈에 띄지 않는다. "그것을 하지 않을 때까지 아무도 알아차리지 못한다. 우리는 닦아서 반짝반짝한 바닥은 알아차리지 못하지만 정리되지 않은 침대는 알아차린다."[2] 가사노동은 본성상 눈에 띄지 않고, 반복적이고, 진 빠지고, 비생산적이고, 창조적이지 않다.

　오늘날 여성운동과 관련된 새로운 의식이 싹트면서 갈수록 많은 여성들이 남자들에게 이 단순노동의 짐을 일부 덜어갈 것을 요구하고 있다. 그래서 이미 전보다 많은 남성들이 집에서 반려자를 거들기 시작했고 심지어는 가사일에 동등한 시간을 할애하는 남자들도 있다. 하지만 이 가운데 얼마나 많은 남자들이 가사노동은 '여자의 일'이라는 생각에서 스스로 자유로워졌을까? 얼마나 많은 남성들이 자신의 집 청소를 여성 반려자를 '돕는 것'이라고 인식하지 않을까?

가사노동은 여자의 일이라는 생각을 일소하는 동시에 남자와 여자에게 똑같이 재분배하는 게 가능하다면 이걸 만족스러운 해법으로 여기면 되는 걸까? 여성에게 일방적으로 들러붙어 있다가 풀려나면 이제 가사노동은 더 이상 억압적이지 않은 게 될까? '전업주부 남편'의 등장을 반기지 않을 여자는 없겠지만 가사노동의 탈성별화가 사실 그 노동의 억압적인 본질 자체를 바꿔놓지는 못할 것이다. 결국 여자도 남자도 흥미롭거나 창의적이지도, 생산적이지도 않은 일에 인생의 소중한 시간을 낭비해서는 안 된다.

선진 자본주의사회에서 가장 철저하게 지켜지는 비밀 중 하나는 가사노동의 본질이 급진적으로 바뀔 가능성—진짜 가능성—과 관련이 있다. 주부가 하는 가사노동 가운데 상당 부분이 사실 산업경제에 통합될 수 있다. 다시 말해서 더 이상 가사노동은 필연적으로 사적이라고 생각할 필요가 없다. 첨단 청소 기구를 조작하며 이 집 저 집을 돌아다니는 숙련된 고소득 노동자들로 이루어진 팀이 오늘날 주부들이 힘들게 원시적인 방식으로 하는 일을 신속하고 효율적으로 끝낼 수 있다. 어째서 가사노동의 성질을 급진적으로 재규정할 수 있는 이 잠재력에 대해 침묵만 감도는 걸까? 자본주의사회는 구조적으로 가사노동의 산업화에 적대적이기 때문이다. 사회화된 가사노동을, 이런 서비스가 가장 절실하게 필요한 노동계급 가정이 접근할 수 있게 하려면 막대한 정부 보조금이 있어야 한다. 이윤의 측면에서는 별로 남는 게 없을 것이므로 산업화된 가사노동은 수익이 나지 않는 모든 기업이 그렇듯 자본주의경제와는 상극이다. 그럼에도 불구하고 여성 노동력의 급속한 확대는 갈수록 많은 여성들이 전통적인 기준에 따라 주부로서 뛰어난 실력을 발휘하기가 점점 어려워질 것임을 시사한다. 다시 말해서 가사노동의 산업화는 가사노동의 사회화와 함께 객관적인 사회적 요구 사항으로 부상하고 있다. 개별 여성의 사적 책임이자 원시적인 기술 환경에서 수행되던 여성 노동으로서의 가사노동은 결국 역사 속으로 사라져갈 수도 있다.

　오늘날 우리가 알고 있는 가사노동이 결국 역사 속으로 사라진 유물이 될 수 있을지는 몰라도 지배적인 사회적 태도는 아직 여성의 항구적인 조건을 빗자루와 쓰레받기, 대걸레와 들통, 앞치마와 스토브, 냄비와 팬의 이미지에 연결시키고 있다. 그리고 지금껏 모든 역사적 시대에서 여성의 일은 일반적으로 집과 관련이 있었던 것도 사실이다. 하지만 여성의 가사노동이 항상 오늘날과 같은 모습은 아니었다. 모든 사회 현상이 그렇듯 가사노동은 인류 역사의 유동적인 산물이기 때문이다. 경제시스템이 등장했다가 사라지는 과정에서 가사노동의 범위와 성격은 대대적인 변화를 겪곤 한다.

　프리드리히 엥겔스가 자신의 고전 『가족, 사유재산, 국가의 기원(Origin of the Family, Private Property and the State)』

에서 주장하듯[3] 우리가 오늘날 알고 있는 성불평등은 사유재
산이 등장하기 전에는 존재하지 않았다. 인류 역사의 초기에
는 경제적 생산시스템 내에서의 성별분업이 위계적이지 않고
보완적이었다. 남자들이 야생동물 사냥을, 여자들은 야채와
과일 채집을 책임지던 사회에서는 두 성 모두 공동체의 생존에
똑같이 필수적인 경제행위를 수행했다. 이런 시기에는 공동체
가 본질적으로 대가족이었기 때문에 집안일에서 여성이 중심
적인 역할을 맡는다는 것은 공동체의 생산적인 구성원으로서
그에 맞게 평가받고 존중받는다는 의미였다.

　　나는 1973년 지프를 타고 마사이 평원을 가로지르는 여
행을 해본 개인적인 경험을 통해 여성의 집안일이 전 자본주
의 문화에서 핵심적이라는 사실을 더 극적으로 인지했다. 탄
자니아의 외딴 흙길에서 나는 마사이족 여성 여섯 명이 엄청
나게 큰 판자를 머리 위에 이고 불가사의하게 균형을 맞추며
걸어가는 모습을 보았다. 탄자니아 친구들의 설명에 따르면
이 여성들은 아무래도 아직 짓고 있는 새 마을로 주택의 지붕
을 옮기는 중이었던 것 같다. 나는 마사이족 안에서는 여성들
이 모든 집안일을, 따라서 이 유목민족이 거처를 옮길 때마다
새로운 집을 짓는 일까지도 책임진다는 사실을 알게 되었다.
마사이 여성에 관한 한 가사노동에는 요리, 청소, 양육, 바느
질 등뿐만 아니라 집 짓기까지 해당됐다. 여성들의 '집안일'은
남자들의 가축 사육일만큼 중요하다는 점에서 마사이 남자들
의 경제적 공헌 못지않게 생산적이고 필수적이다.

　　마사이족의 전 자본주의 유목경제에서 여성의 가사노동

은 남자들이 수행하는 목축일만큼 경제에 필수적이다. 이들은 생산자로서 이에 걸맞은 중요한 사회적 지위를 누린다. 반면 선진 자본주의사회에서 노동의 실물 증거를 거의 만들어내지 못하는 주부의 서비스 중심의 가사노동은 여성의 사회적 지위 일반을 축소시킨다. 부르주아 이데올로기에 따르면 결국 주부는 남편의 종신 하인이다.

여성이 남자의 평생 하인이라는 부르주아 개념의 근원은 그 자체로 시사하는 바가 크다. 상대적으로 짧은 미국 역사에서 완결된 역사적 산물로서의 '주부'가 등장한 것은 겨우 한 세기 정도밖에 되지 않았다. 식민지 시절의 가사노동은 오늘날 미국 주부의 일상적인 일과와는 판이했다.

여성의 일은 동틀 때 시작해서 눈을 뜨고 있을 때까지 등불을 밝혀놓고 길게 이어졌다. 두 세기 동안 가족들이 사용하거나 먹는 거의 모든 것이 여성의 지시하에 집에서 제작되었다. 여성은 실을 잣고 염색해서 옷감을 짜고 잘라서 손바느질로 옷을 만들었다. 가족이 먹는 음식 중 많은 것을 길러냈고 겨울철을 버틸 수 있도록 충분한 양을 저장했다. 버터, 치즈, 빵, 양초, 비누를 만들었고 가족의 양말을 떴다.[4]

그러므로 전 산업시대 북미의 농업경제에서 가사노동을 수행하는 여성은 방적공이자 방직공이자 재단사이자 제빵사, 버터 제조인, 양초 제작자, 비누 제작자였다. 그리고 그 외 온갖 직함을 붙일 수 있다. 사실,

가내생산의 부담 때문에 여성들이 오늘날 가사노동이라고 인식하는 일을 할 시간이 거의 남지 않았다. 뭘로 봐도 산업 시대 이전의 여성들은 오늘날의 기준에 따르면 엉성한 살림 꾼이었다. 매일 또는 주 단위의 청소 대신 **봄철** 청소가 있었 다. 끼니는 단순하고 반복적이었다. 옷은 자주 갈아입지 않 았고, 설거짓거리가 쌓여도 상관없었다. 빨래는 한 달에 한 번, 또는 어떤 집에서는 석 달에 한 번 정도 했다. 그리고 당 연히 빨래를 한 번 할 때마다 물을 여러 양동이 나르고 데워 야 했기 때문에 높은 수준의 깨끗함은 기대하기 힘들었다.[5]

식민지 시대 여성들은 '집안 청소부'나 '살림꾼'이 아니라 가정 기반 경제의 완전하고 뛰어난 노동자였다. 가정에서 필 요한 대다수 물건을 제작했을 뿐만 아니라 가족과 공동체의 건강까지 보살폈다.

약으로 사용하는 야생 허브를 채집하고 말리는 것도 (식민 지시대 여성의) 책임이었다. 여성들은 자신의 가정과 공동 체 안에서 의사, 간호사, 산파 역할도 했다.[6]

식민지 시대에 인기 있는 요리책이었던 『합중국 실용요 리책』에는 음식뿐만 아니라 가정용 약물, 의약품의 제조법 이 담겨 있다. 가령 백선을 치료하려면 "혈근초를 구해다 (…) 썰어서 식초에 담가두었다가 그 액체로 상처 부위를 씻어낸 다".[7]

식민지시대 미국에서 여성이 가정에서 수행하는 기능의 경제적 중요성은 그들이 집 밖의 경제활동에서 수행했던 가시적인 역할에 의해 더 보강되었다. 가령 여성이 여인숙 주인이 되는 것은 전혀 문제 될 게 없었다.

여성은 제재소와 제분소를 운영하고 의자와 가구를 만들었으며, 정육점을 운영하고, 면과 그 외 직물에 날염을 하고, 레이스를 만들고, 포목과 옷가게를 소유하고 운영하기도 했다. 담배가게, 약가게(여기서는 직접 만든 혼합물을 판매했다), 그리고 핀에서부터 육류용 저울까지 모든 걸 판매하는 잡화점에서 일했다. 여성들은 안경을 제작했고, 그물과 밧줄을 만들었고, 가죽 제품을 재단하고 바느질했고, 양모 정돈 도구를 만들었고, 심지어는 주택에 페인트칠을 했다. 종종 마을 장의사를 맡았다.[8]

독립혁명 이후 산업화가 밀어닥치면서 이 새로운 국가의 북동부 지역에 공장이 우후죽순처럼 들어섰다. 뉴잉글랜드 직물공장은 공장제도의 성공적인 개척자들이었다. 방적과 방직은 전통적으로 여성들이 집 안에서 수행하던 작업이었기 때문에 공장주들은 새 전동방직기를 돌리기 위해 맨 먼저 여성을 노동자로 모집했다. 이후 산업생산 일반에서 여성이 배제된 것을 고려하면 최초의 산업노동자가 여성이었다는 사실은 미국 경제사에서 엄청난 아이러니 중 하나이다.

산업화가 진행되고 경제 생산이 가정에서 공장으로 넘어

가면서 여성이 가정에서 수행하던 노동의 의미는 시스템 차원에서 쇠락을 면치 못했다. 여성은 이중의 의미에서 패자였다. 급부상하는 공장들이 이들의 전통적인 업무를 빼앗으면서 경제 전반이 가정과는 멀어졌고, 많은 여성들이 중요한 경제적 역할을 대체로 박탈당했다. 19세기 중반에 이르자 공장은 직물, 양초, 비누를 제공했다. 버터, 빵, 그 외 식료품마저도 대량생산되기 시작했다.

19세기 말에 이르자 세탁용 풀을 직접 만들거나 주전자에 빨래를 삶는 사람이 거의 사라졌다. 도시에서는 여성들이 빵 그리고 최소한 자신들의 기성 속옷을 샀고 아이들을 학교에 보냈으며 아마 어느 정도의 옷가지는 세탁을 맡겼고 통조림 식품의 장점에 대해 토론을 벌였다. (…) 산업의 흐름이 이어지면서 베틀은 다락에서, 비누용 주전자는 창고에서 먼지만 뒤집어쓰게 되었다.[9]

산업자본주의가 날로 공고해짐에 따라 새로운 경제 영역과 오래된 가정경제 사이의 균열이 훨씬 심해졌다. 공장제도가 확산하면서 경제 생산의 장소가 물리적으로 변한 것은 분명 급격한 탈바꿈이었다. 하지만 새로운 경제시스템이 필연적으로 동반한 생산에 대한 재평가는 훨씬 근본적인 변화였다. 가내제조 상품이 가치를 가지는 것은 주로 기본적인 가족의 필요를 충족시키기 때문이었지만 공장에서 생산된 상품의 가치는 절대적으로 그 교환가치, 즉 고용주의 이윤을 충족시킬 수 있는 능력에 있었다. 경제 생산에 대한 이런 재평가는 가정과 공장의 물리적 분리를 넘어서서, 가내경제와 자본주의의 이윤지향경제 사이에 근본적이고 **구조적인** 단절이 일어났음을 보여주었다. 가사노동은 이윤을 만들어내지 않으므로 당연히 자본주의 임금노동에 비해 열등한 노동 형태로 규정되었다.

이런 급진적인 경제적 변화의 중요한 이데올로기적 산물이 바로 '가정주부'의 탄생이었다. 이데올로기적으로 여성들은 평가절하된 가정생활의 수호자로 재규정되기 시작했다. 하지만 북동부 노동계급 가운데 넘쳐나는 숱한 이주 여성들의 상황을 고려하면 이데올로기로서 여성의 위치에 대한 이 재규정은 터무니없었다. 이 백인 이주 여성들은 일차적으로 임금소득자였고 오직 이차적으로만 가정주부였다. 그리고 남부에는 집에서 떨어져 노예경제의 본의 아닌 생산자로서 노역에 시달리는 수백만 여성들도 있었다. 19세기 미국 사회에서 여성의 현실적인 자리는 얼마 안 되는 임금을 위해 공장 기계를 돌리는 백인 여성들과, 억압적인 노예제하에서 뼈 빠지게 일하는 흑인 여성들과 관련이 있었다. '가정주부'는 사실상 신흥중간계급이 만끽하는 경제적 번영의 상징이었으므로 반쪽짜리 현실이었다.

'가정주부'가 부르주아와 중간계급의 사회 조건에 뿌리를 두고 있었음에도 19세기의 이데올로기는 가정주부와 어머니를 여성성의 보편적인 모델로 확립했다. 대중 선전이 가정에서의 여성의 역할 중 하나를 **모든** 여성의 소명으로 재현하면서 임금을 벌기 위해 일할 수밖에 없는 여성들은 남성중심적인 공적경제 안에서 이질적인 방문자 취급을 받게 되었다.

'본성에 맞는' 영역에서 벗어난 여성들은 완전한 임금노동자로 취급받지도 못했다. 이들은 장시간 노동, 수준 미달의 노동환경, 터무니없이 낮은 임금을 비용으로 치러야 했다. 이들이 당하는 착취는 남성 노동자들이 겪는 것보다 훨씬 극심했다. 성차별주의가 자본가들에게 비정상적인 초과이윤의 근원으로 부상하게 된 것은 말할 것도 없었다.

자본주의라는 공적경제와 가정이라는 사적 경제의 구조적 분리는 가사노동의 완고한 낙후성 때문에 꾸준히 강화되었다. 가정용 도구가 확산되긴 했지만 가사노동은 산업자본주의가 초래한 기술 진보의 혜택을 질적으로 거의 받지 못했다. 가사노동은 여전히 매년 평균적인 가정주부의 수천 시간을 잡아먹었다. 1903년 샬럿 퍼킨스 길먼(Charlotte Perkins Gilman)은 미국에서 가사노동의 구조와 내용을 바꾼 대격변을 반영하는 가사노동의 정의를 제안했다.

'가사노동'이라는 표현은 특정 종류의 노동이 아니라, 특정 등급의 노동, 모든 종류의 노동이 거치는 어떤 발달의 상태에 적용된다. 모든 산업이 한때는 '가사일'이었다. 그러니까 가정에서, 그리고 가족의 이익을 위해 수행되었다. 그 아득한 시절 이후로 모든 산업이 더 높은 단계로 발달했다. 원시적인 단계에 그대로 머물러 있는 한두 가지를 제외하고는.[10]

길먼은 "가정은 다른 제도와 같은 속도로 성장하지 않았다"라고 주장한다.

가정경제는 현대 산업공동체 안에 원시적인 산업이 아직 유지되고 있음을, 그리고 이 산업, 그리고 그 제한된 표현의 영역에 여성들이 갇혀 있음을 폭로한다.[11]

길먼은 가사노동이 여성의 인간성을 훼손한다고 주장한다.

남자가 더할 나위 없이 남성적이듯, 여성은 더할 나위 없이 여성적이다. 하지만 남성은 인간이지만 여성은 인간이 아니다. 가정생활은 우리의 인간성을 이끌어내지 않는다. 인간 진보의 모든 특별한 경로는 집 밖에 있기 때문이다.[12]

길먼의 진술이 참임은 미국 흑인 여성들의 역사적 경험이 입증한다. 이 나라의 역사에서 대다수 흑인 여성들은 줄곧 집 밖에서 일해왔다. 노예제 시절 흑인 여성들은 목화밭과 담배밭에서 남자들과 나란히 진땀을 흘렸고, 산업이 남부로 진입했을 때는 담배공장, 제당공장, 심지어는 제재소에서, 그리고 철도용 철강을 두드리는 직원들 속에서도 눈에 띄었다. 노동 속에서 노예 여성은 노예 남성들과 동등했다. 이들은 일터에서 지독한 성평등에 시달렸기 때문에 노예 거주 지역에 있는 집 안에서 '가정주부'인 백인 자매들보다 더 큰 성평등을 누렸다.

흑인 여성들은 노예 시절 못지않게 '자유로운' 여성으로서 집 밖에서 노동을 수행했기 때문에 그들 삶에서 가사노동

이 중심인 적은 단 한 번도 없었다. 이들은 산업자본주의가 백
인 중간계급 주부들에게 가한 심리적 피해를 대체로 면했다.
산업자본주의는 백인 중간계급 주부의 미덕이 여성적인 연약
함과 아내로서의 복종이라고 설파했기 때문이다. 흑인 여성
들은 연약해지기 위해 애쓸 수가 없었다. 가족과 공동체를 먹
여 살리려면 강해져야 했기 때문이다. 흑인 여성들이 일과 일,
더 많은 일을 통해 축적한 강인함의 근거는 흑인 공동체 안에
서 등장한 숱한 걸출한 여성 지도자들의 기여 속에서 발견할
수 있다. 해리엇 터브먼, 소저너 트루스, 아이다 B. 웰스, 로자
파크스는 예외적인 흑인 여성들이 아니라 흑인 여성의 전형
이다.

하지만 흑인 여성들은 강인함과 상대적인 독립성을 획득
하고 만끽하기 위해 혹독한 대가를 치렀다. 흑인 여성이 '그냥
가정주부'였던 적은 거의 없었지만 이들은 항상 가사노동을
해왔다. 그러므로 이들은 임금노동과 가사노동이라는 이중
부담을, 늘 시시포스의 불굴의 힘을 가질 것을 요구하는 이중
부담을 짊어져왔다. W. E. B. 듀보이스가 1920년에 말했듯,

> 몇 안 되는 여성만이 태어날 때부터 자유의 몸이고, 모욕과
> 주홍글씨에 에워싸인 일부만이 자유를 획득한다. 하지만 우
> 리 흑인 여성들에게는 자유가 경멸을 담아 던져졌다. 이 자
> 유를 가지고 그들은 속박되지 않은 독립을 구매하고 있다.
> 그리고 거기에 얼마나 비싼 대가를 치르든 결국 그것은 모
> 든 조롱과 신음을 견딜 가치를 빛내게 될 것이다.[13]

흑인 여성들은 흑인 남자들처럼 더 이상 일할 수 없을 때까지 일했다. 남자들처럼 가족 부양자의 책임을 짊어졌다. 단호함과 독립성이라는 비정통적인 여성적 자질—이에 대해 흑인 여성을 칭송할 때도 많지만 힐난할 때는 더 많다—은 집 밖에서 이들이 벌인 투쟁과 노동을 비춘다. '가정주부'라고 불리는 백인 자매들처럼 이들은 음식을 만들고 청소를 하고 엄청난 수의 아이들을 낳아서 길렀다. 하지만 경제적 안정을 위해 남편에게 의지하는 법을 학습한 백인 주부들과는 달리 흑인 아내와 어머니 들은, 통상 노동자이기도 한 이들은 가정에서 전문가가 될 에너지와 시간을 거의 얻지 못했다. 생계를 위해 노동하고 남편과 아이들을 보살피는 이중 부담을 수행하는 백인 노동계급 자매들처럼 흑인 여성들은 아주 오랫동안 이 억압적인 궁지에서 벗어나야 했다.

오늘날의 흑인 여성들에게, 그리고 모든 노동계급 자매들에게, 가사노동과 육아의 부담이 자신의 어깨에서 사회로 넘어갈 수 있다는 생각은 여성해방의 급진적 비밀 중 하나를 담고 있다. 육아와 식사 준비는 사회화되어야 하고 가사노동은 산업화되어야 한다. 그리고 이 모든 서비스는 노동계급이 충분히 접근할 수 있어야 한다.

가사노동을 사회적인 일로 전환할 가능성에 대한 공적인 논의가 부재까지는 아니라도 부족한 것은 부르주아 이데올로기의 맹목적인 힘을 증명한다. 가정에서 여성의 역할이 아무런 주목도 받지 못했다는 말은 사실이 아니다. 오히려 현대의 여성운동은 가사노동을 여성 억압의 본질적인 요소로 표현해 왔다. 여러 자본주의국가에서는 주로 주부의 곤경에 관심을 갖는 여성운동이 벌어지기도 한다. 이 운동은 가사노동은 무급노동이므로 인간을 억압하고 비천하게 만든다는 결론을 내리고는 임금을 요구한다. 운동가들은 주부의 지위, 그리고 여성 일반의 사회적 지위를 향상하는 데의 핵심은 정부에서 주는 주급이라고 주장한다.

가사노동에 대한 임금운동은 이탈리아에서 출발했고, 공식적인 첫 시위는 1974년 3월에 있었다. 한 연사는 메스트레 시에 운집한 군중을 향해 이렇게 주장했다.

이 세상 인구의 절반이 임금을 받지 못합니다. 이건 무엇보다 제일 심각한 계급 모순입니다. 그리고 이것은 가사노동에 대한 임금을 쟁취하기 위한 우리의 투쟁입니다. 그것이 **유일한** 전략적 요구입니다. 이 순간 그것은 노동계급 전체에게 가장 혁명적인 요구입니다. 우리가 승리하면 노동계급이 승리하는 거고, 우리가 지면 노동계급이 패배하는 겁니다.[14]

이 운동의 전략에 따르면 임금에는 가정주부 해방의 열쇠가 들어 있고, 임금 요구 그 자체는 여성해방 캠페인의 중추를 상징한다. 게다가 주부의 임금 투쟁은 노동계급 운동 전체의 핵심 사안으로 표현된다.

가사노동에 대한 임금운동의 이론적 기원은 마리아로사 달라 코스타(Mariarosa Dalla Costa)의 에세이 「여성과 공동체의 전복(Women and the Subversion of the Community)」
에서 찾을 수 있다.[15] 이 글에서 달라 코스타는 가사서비스가
사적이라는 생각이 사실은 환상이라는 자신의 이론을 근거로
가사노동을 재정의해야 한다고 주장한다. 달라 코스타는 가
정주부가 남편과 아이들의 사적인 요구를 보살피는 것처럼
보여도 가사서비스의 진정한 수혜자는 남편의 현 고용주와
자식들의 미래의 고용주들이라고 주장한다.

> (여성은) 집 안에 고립되어 별 기술이 필요하지 않다고 평가
> 받는 노동, 생산을 위해 노동자를 출산하고 양육하고 훈육
> 하고 시중을 드는 노동을 어쩔 수 없이 수행한다. 생산 사이
> 클에서 여성의 역할이 여전히 눈에 보이지 않는 것은 그녀
> 의 노동의 산물인 **노동자**만 눈에 보였기 때문이다.[16]

가정주부에게 임금을 지불해야 한다는 주장은 주부가 남
편이 직장에서 생산하는 상품만큼 중요하고 값진 상품을 생
산한다는 가정을 발판으로 삼는다. 달라 코스타의 논리에 따
라 가사노동에 대한 임금운동은 주부를 가족 구성원들이 자
본주의 시장에 상품으로 판매하는 노동력을 만들어내는 사람
으로 정의한다.

여성에 대한 억압을 이런 식으로 분석한 이론가는 달라 코
스타가 처음이 아니었다. 메리 인만(Mary Inman)의 『여성을
옹호하며(In Women's Defense)』[17]와 마거릿 벤스턴(Marga-
ret Benston)의 「여성해방의 정치경제(The Political Economy

of Women's Liberation)」[18] 모두 여성을 자본주의에 착취당하는 '주부'라고 하는 특수한 노동자계급으로 자리매김하는 방식으로 가사노동을 정의한다. 출산, 양육, 집안일을 맡아서 하는 여성의 역할 덕분에 그들의 가족 구성원들이 일을 하여 노동력을 임금과 맞바꿀 수 있게 된다는 사실은 부정하기 힘들다. 하지만 그렇다고 해서 자동적으로 여성 일반을 계급이나 인종과 무관하게 가정에서의 기능에 따라 근본적으로 규정해도 되는 걸까? 자동적으로 주부가 사실상 자본주의 생산 과정 내부의 숨은 노동자가 되는 걸까?

산업혁명으로 가정경제가 공적경제와 구조적으로 분리되었다면, 가사노동을 자본주의 생산의 핵심 요소로 정의할 수는 없다. 가사노동은 그보다는 전제 조건으로서 생산과 관계를 맺는다. 고용주는 노동력이 어떻게 생산되고 유지되는지 조금도 관심을 갖지 않는다. 오직 노동력의 이윤 발생 능력과 그 이용 가능성에만 관심을 갖는다. 달리 말해서 자본주의 생산 과정은 착취 가능한 노동자의 신체가 존재한다고 전제한다.

> (노동자의) 노동력 보충은 사회적 생산 과정의 일부가 아니라 그 전제 조건이다. 그것은 노동과정 **바깥에서** 일어난다. 그 기능은 전 사회에서 생산의 궁극적인 목적인 인간 존재를 유지하는 것이다.[19]

인종주의 때문에 경제적 착취가 가장 야만적인 극단까지

치닫게 된 남아프리카공화국에서 자본주의경제는 가정생활과의 구조적 분리를 특히 폭력적인 방식으로 감행한다. 아파르트헤이트의 사회적 설계자들은 가정생활을 거의 완전히 파괴할 때 흑인 노동력이 더 높은 이윤을 낸다는 결론에 도달했다. 흑인 남성들은 자본가계급에게는 생산 잠재력 때문에 소중한 노동 단위로 비춰진다. 하지만 그의 아내와 자식은,

거추장스러운 부속이다. 비생산적인 여성은 흑인 남성 노동 단위의 생식 능력에 딸린 들러리 같은 존재일 뿐이다.[20]

아프리카 여성이 '거추장스러운 부속'이라는 이런 성격 규정은 은유가 아니다. 남아프리카공화국 법에 따르면 무직인 흑인 여성은 백인 구역(이 나라의 87%에 달한다!)에, 대부분의 경우 남편이 거주하고 일하는 도시에마저 출입하지 못한다.

아파르트헤이트 지지자들은 남아프리카공화국의 산업 중심지에서 흑인의 가정생활을 거추장스럽고 수익을 내지 못하는 일로 바라본다. 하지만 그것은 위협으로도 인식된다.

정부 관료들은 가정을 돌보는 여성의 역할을 인지하고, 도시 안에 여성이 있으면 안정된 흑인 인구 집단이 자리를 잡게 될 거라며 두려워한다.[21]

가정생활은 아파르트헤이트에 대한 수위 높은 저항의 근

원이 될 수 있으므로 산업화된 도시 안에 아프리카인 가정들이 터를 잡는 것은 위협으로 인식된다. 당연히 이 때문에 백인 구역 거주 허가증을 가진 숱한 여성들이 성별이 분리된 호스텔에서 살도록 배정받는다. 싱글 여성뿐만 아니라 기혼 여성도 이런 주택단지에서 거주한다. 이런 호스텔에서는 가정생활이 엄격하게 금지된다. 남편과 아내는 서로를 찾아갈 수도, 어머니나 아버지가 자녀의 방문을 받을 수도 없다.[22]

남아프리카공화국에서 일어나고 있는 흑인 여성에 대한 이런 강력한 공격은 이미 악영향을 미치고 있어서 결혼을 택하는 인구가 28.2%뿐이다.[23] 경제적 편의와 정치적 안정을 이유로, 아파르트헤이트는 흑인의 기본적인 가정생활을—파괴한다는 명백한 목표하에—잠식하고 있다. 그러므로 남아프리카공화국 자본주의는 자본주의경제가 가정의 노동에 의존하고 있는 정도를 분명하게 보여준다.

여성이 가정에서 수행하는 서비스가 자본주의하에서 임금노동의 필수불가결한 구성 요소라는 주장이 옳다면 남아프리카공화국에서 정부가 흑인들의 가정생활을 의도적으로 해체하지는 못했을 것이다. 남아프리카공화국식의 자본주의가 가정생활이 없이도 가능한 것은 자본주의사회 일반의 특징인, 공적인 생산 과정과 사적인 가정경제의 분리에 따른 결과이다. 자본주의의 내부 논리를 근거로 여성에게 가사노동에 대한 임금을 지불해야 한다는 주장은 무력해 보인다.

임금 요구의 바탕에 딸린 이론에 끔찍한 오류가 있다고 할 때, 그럼에도 불구하고 주부에게 임금을 지불해야 한다고

주장한다면 정치적으로 바람직하지 않을 것이다. 여성이 가사
노동에 쏟은 시간에 대해 임금을 받을 권리를 도덕적으로 밀
어붙이는 게 가능할까? 주부에게 급여를 준다는 생각은 아마
많은 여성에게 상당히 매력적으로 들릴 것이다. 하지만 이 매
력은 명이 길지 않을 수 있다. 임금을 받기 위해서 감각을 마
비시키는 끝없는 집안일을 기꺼이 받아들일 여성이 실제로 얼
마나 될까? 임금이 레닌이 말한 다음 사실을 바꿀 수 있을까?

> 좀스러운 집안일은 여성을 으스러뜨리고, 목 조르고, 우롱하
> 고, 품위를 떨어뜨리고, 그녀를 주방과 아기방에 매어놓고,
> 난폭할 정도로 비생산적이고 하찮고 신경을 거스르고 멍청
> 하게 만들고 참담한 노역에 노동력을 소진하게 만든다.[24]

주부에게 지불되는 정부의 급여는 이런 가내 노예제를
더욱 정당화할 것이다.

복지수당을 받는 여성들이 살림에 대한 보상금을 요구하
지 않는다는 말은 가사노동에 대한 임금운동을 덮어놓고 비
판하려는 소리가 아니다. 인간성을 말살하는 복지 시스템에
가장 자주 제안되는 즉각적인 대안을 표현하는 구호는 '가사
노동에 대한 임금'이 아니라 '모두에게 보장된 연 소득'이다.
하지만 그들이 장기적으로 원하는 것은 일자리와 주머니 형
편에 맞는 공공보육이다. 그러므로 보장된 연 소득은 보조금
이 지급되는 돌봄시스템과 함께 적절한 임금으로 더 많은 일
자리의 창출을 유예하는 실업보험으로 기능한다.

또 다른 여성 집단의 경험은 '가사노동에 대한 임금' 전략의 문제적인 본질을 드러낸다. 여성 청소원, 가사 노동자, 메이드 같은 여성들은 가사노동에 대해 임금을 받는다는 것이 무엇을 의미하는지 다른 누구보다 잘 안다. 우스만 상벤(Ousmane Sembene)의 영화 〈흑인 소녀(La Noire de)〉는 이들의 비극적인 곤경을 빼어나게 포착한다.[25] 이 영화의 주인공은 일자리를 구하다가 세네갈의 수도 다카르에 살고 있는 프랑스인 가정에서 가정교사 자리를 구하게 된 젊은 세네갈 여성이다. 이 가족이 프랑스로 돌아갈 때 주인공은 열정을 품고 이들을 따라간다. 하지만 프랑스에 온 주인공은 자신이 아이들뿐만 아니라 요리, 청소, 빨래, 그 외 온갖 집안일을 맡게 되었음을 알게 된다. 얼마 안 가 처음에 품었던 열정은 우울로 바뀌고, 우울증이 너무 깊어져서 고용주들이 건네는 급료마저 거부한다. 임금은 주인공의 노예 같은 상황을 보상해주지 못한다. 세네갈로 돌아갈 방법이 없는 주인공은 절망에 크게 압도당해서 끝없는 요리와 청소와 먼지 털기와 솔질의 운명보다 차라리 자살을 선택한다.

미국에서 유색인종 여성, 그중에서도 특히 흑인 여성들은 엄청나게 오랜 세월 동안 가사노동에 대해 임금을 받아왔다. 1910년 전체 흑인 여성의 절반 이상이 집 밖에서 일했을 때 이 중 3분의 1이 유급 가사 노동자였다. 1920년에 이르자 절반 이상이 가정부였고, 1930년에는 이 비중이 5분의 3으로 증가했다.[26] 제2차 세계대전 중에는 여성 고용이 막대하게 증가하면서 대단히 반갑게도 흑인 가사 노동자의 수가 감소하는 결과가 빚어졌다. 하지만 1960년에 직업을 보유한 전체 흑인 여성 가운데 3분의 1이 여전히 전통적인 일자리에서 헤어나지 못한 상태였다.[27] 흑인 여성들이 단순사무직에 전보다 더 많이 진출할 수 있게 된 뒤에야 흑인 여성 가정부의 비율이 확연한 감소세를 보였다. 오늘날에는 이 수치가 13% 정도를 맴돈다.[28]

여성 일반의 진을 빼놓는 가사노동 의무는 성차별주의의 위세를 분명하게 보여주는 근거를 제시한다. 여기에 인종주의가 추가되면서 허다한 흑인 여성들이 자신의 집안일뿐만 아니라 다른 여성들의 집안일을 해야 했다. 그리고 가사 노동자들은 백인 여성의 집안일을 하느라 어쩔 수 없이 자신의 가정과 심지어는 아이들에게마저 소홀하게 되기 일쑤였다. 유급 가정부로서 이들은 수백만 백인 가정에서 대리 아내이자 어머니 역할을 해달라는 요구를 받아왔다.

가사 노동자들은 50여 년간 조직 결성을 위해 노력하는 동안 대리 주부 역할을 거부함으로써 자신의 노동을 재정의하고자 했다. 주부의 잡일은 끝이 없고 경계가 없다. 가사 노동자들은 처음부터 자신이 수행할 업무의 분명한 범위를 요구했다. 오늘날 주요 가사 노동자 노조 중 하나의 이름—미국가사기술자협회(Household Technicians of America)—은 그 자체로 '그냥 집안일'이 업무인 대리 주부 역할을 거부하겠다는 의지를 강하게 뿜어낸다. 가사 노동자들이 가정주부의 영향권 안에 있는 한, 노동자의 급료보다는 주부의 '용돈'에 더 가까운 임금을 받게 될 것이다. 전미가사노동자취업위원회

(National Committee on Household Employment)에 따르면 평균적인 전일제 가사 기술자는 1976년에 겨우 2,732달러를 벌었고, 이 가운데 3분의 2는 2,000달러 이하를 벌었다.[29] 이미 몇 년 전에 최저임금법을 가사 노동자에게 확대했음에도 1976년에는 무려 40%가 아직도 터무니없을 정도로 적은 임금을 받았다. 가사노동에 대한 임금운동은 여성이 가정주부로 지내는 데 대해 급료를 받을 경우 그에 맞춰 더 높은 사회적 지위를 누릴 수 있으리라고 상정한다. 하지만 유급 가사 노동자들의 유구한 투쟁은 이와는 사뭇 다른 이야기를 들려준다. 이들의 조건은 자본주의하에서 다른 어떤 노동자 집단보다 처참하기 때문이다.

오늘날 전체 미국 여성의 50% 이상이 생계를 위해 일을 하고, 이들은 미국 노동력의 41%를 구성한다. 하지만 셀 수 없이 많은 여성들이 변변한 일자리를 찾지 못하고 있다. 인종주의처럼 성차별주의는 여성의 높은 실업률을 정당화하는 큰 빌미 중 하나이다. 많은 여성들이 '그냥 주부'인 이유는 사실 실업 상태의 노동자이기 때문이다. 그렇다면 더 많은 여성들이 집 밖에서 일할 수 있게 해주는 (공공보육 같은) 사회서비스와 (육아휴직 같은) 취업 혜택을 요구하고, 여성이 남성과 동등하게 할 수 있는 일자리를 요구하는 것이 '그냥 주부' 역할에 가장 효과적으로 맞서는 방법 아닐까?

가사노동에 대한 임금운동은 "조립라인의 노예가 되는 것은 주방 싱크대로부터 해방되는 게 아니다"라고 주장하면서 여성이 집 밖에서의 일자리를 구하려는 의지를 꺾는다.[30]

그러면서도 이 운동의 대변인들은 그들이 여성이 가정이라는 고립된 환경에 계속 갇혀 지내야 한다고 말하는 게 아니라고 우긴다. 이들은 자본주의 시장 그 자체에서 일하는 것에는 반대하지만 여성에게 가사노동에 대한 영구적인 책임을 떠넘기고 싶지도 않다고 주장한다. 이 운동의 한 미국 대변인은 이렇게 말한다.

> 우리는 자본을 위해 더 효율적으로 또는 더 생산적으로 일하는 데는 관심이 없다. 우리는 노동을 줄이는 데, 궁극적으로는 노동을 완전히 거부하는 데 관심이 있다. 하지만 아무런 대가도 없이 집에서 일하는 한 그 누구도 우리가 얼마나 오래 또는 얼마나 힘들게 일하는지 진정으로 신경 쓰지 않는다. 자본은 노동계급에 의해 임금이 인상된 뒤에야 생산비용 절감을 위해 고급 기술을 도입할 것이기 때문이다. 우리가 우리의 노동을 비용으로 만들 경우에만 (그러니까 우리의 노동을 비경제적으로 만들 경우에만) 자본은 그것을 감축할 기술을 '발견'할 것이다. 지금은 가사노동을 줄여줄 식기세척기 비용을 벌기 위해 두 번째 교대근무를 하러 나가야 할 때가 많다.[31]

여성들이 가사노동에 임금을 지급받을 권리를 획득하고 나면 임금인상을 요구할 수 있고, 그러면 자본가들은 가사노동의 산업화를 추진할 수밖에 없다는 것이다. 이것이 여성해방의 구체적인 전략일까, 아니면 실현 불가능한 꿈일까?

여성들은 최초의 임금 요구 투쟁을 어떤 식으로 수행할까? 달라 코스타는 주부 파업을 주장한다.

> 우리는 가정을 거부해야 한다. 다른 여성들과의 단결을, 여성의 자리는 집에 있다고 가정하는 모든 상황에 맞서는 투쟁을 원하기 때문이다. (…) 가정을 버리는 것은 이미 투쟁의 한 형태다. 그러면 우리가 가정에서 수행하는 사회서비스들이 더 이상 수행되지 않을 것이기 때문이다.[32]

하지만 여성이 집을 떠나면 어디로 가게 될까? 어떻게 다른 여성들과 힘을 모을까? 오로지 가사노동에 저항하겠다는 의지만으로 진짜 가정을 떠날 수 있을까? 집 밖에서 일자리를 찾기 위해, 또는 최소한 여성을 위한 적절한 일자리를 요구하는 대대적인 운동에 참여하기 위해 "집을 떠나라"라고 요구하는 게 훨씬 현실적이지 않을까? 자본주의하에서 노동이 인간을 짐승으로 만든다는 건 인정한다. 창조적이지 못하고 소외를 유발한다는 것도 인정한다. 하지만 그럼에도 불구하고 일터에서 여성이 다른 자매들과, 그리고 실제로 형제들과 연대하여 생산 시점에 자본가들에게 맞설 수 있는 것 역시 사실이다. 노동자로서, 노동운동의 호전적인 운동가로서, 여성들은 성차별주의의 중추이자 수혜자인 독점자본주의 시스템에 맞서 싸울 진짜 힘을 생성할 수 있다.

가사노동에 대한 임금 전략은 여성 억압에 대한 장기적인 해법을 제시하지 못할 뿐만 아니라 오늘날 가정주부들의

심각한 불만을 크게 해소하지도 못한다. 최근의 사회학 연구
에 따르면 오늘날 주부들은 그 어느 때보다 자신의 삶에 불
만을 느낀다. 『가사노동의 사회학(The Sociology of House-
work)』[33]의 저자 앤 오클리(Ann Oakley)는 인터뷰를 진행하
면서 처음에는 집안일을 별로 힘들다고 여기지 않던 주부들
조차도 결국은 아주 깊은 불만을 표출한다는 사실을 알게 되
었다. 공장에서 일했던 한 여성은 이런 말을 했다.

> (집안일을 좋아하나요?) 신경 안 써요. (…) 집안일에 신경
> 을 안 쓰는 건 하루 종일 그걸 하는 건 아니라서 그런 거 같
> 아요. 저는 출근을 하고 하루에 절반 정도만 집안일을 해요.
> 하루 종일 집안일을 했더라면 좋아하지 않겠죠. 여자들이 하
> 는 일은 절대 끝이 없어요. 계속 끝없이 바빠요. 잠자리에 들
> 기 전에도 아직 할 일이 있다니까요. 재떨이 비우기, 컵 씻어
> 두기 뭐 그런 거요. 계속 일만 해요. 매일 같은 일이죠. "이
> 젠 그거 안 할 거야"라고 말도 못해요. 식사 준비 같은 건 해
> 야 되니까요. 그걸 안 하면 애들이 먹을 게 없으니까 계속해
> 야 된다고요. (…) 거기에 익숙해지면 그냥 자동으로 하게
> 되는 거 같아요. (…) 난 집에 있을 때보단 직장에서 더 행복
> 해요.

> (주부로서 제일 나쁜 게 뭐라고 생각해요?) 매일 아침 눈을
> 뜨면 맨날 하던 일을 똑같이 해야 한다는 거 같아요. 지루하
> 고, 같은 루틴에서 벗어나지 못하는 거요. 어느 주부한테 물

어보든 그 사람들이 솔직하다면 주위를 둘러보고서 대개는 몸종이 된 것 같다고 말할걸요. 다들 아침에 눈을 뜨면 "아, 안 돼. 오늘도 또 잠자리에 들기 전까지 맨날 하던 똑같은 일을 해야 한다니"라고 생각해요. 맨날 같은 일을 하는 건 너무 따분해요.[34]

임금이 이 따분함을 줄여줄까? 이 여성은 분명 아니라고 말할 것이다. 한 전업주부는 오클리에게 가사노동의 강제성에 대해 털어놓았다.

내가 생각하기에 최악은 집에 있으니까 그 일을 해야 한다는 거 같아요. 그걸 하지 않는 쪽을 선택할 수 있더라도 그걸 **해야만 한다**고 느끼다 보니까 그걸 **할 수 없다**고 생각하지는 못하는 거예요.[35]

아마 이 일을 하면서 임금을 받게 되면 이 여성의 강박이 더 악화될 것이다.

오클리는 가사노동은 특히 그것이 전일제 일인 경우에는 여성의 인격을 너무 철저하게 침범해서 주부는 자신의 일과 구분되지 않는 존재가 된다는 결론에 도달했다.

주부는 의미심장하게도 자신의 일과 한 몸이 된다. 그러므로 이 상황에서 주관적인 요소와 객관적인 요소를 분리하기는 본질적으로 더 어렵다.[36]

　이로 인해 주부들은 자신이 심리적으로 열등하다는 느낌에 짓눌려 성장이 중단된 인격에 머무는 비극이 종종 일어난다. 이들에게 단순히 임금을 지불하는 것만으로는 가정주부의 심리적인 해방을 달성하기 힘들다.

　그 외의 사회학 연구들은 오늘날의 주부들이 격렬한 환멸에 시달리고 있음을 확인해준다. 마이라 페리(Myra Ferree)[37]가 보스턴 인근의 한 노동공동체에서 여성 100여 명을 인터뷰했더니 "직장이 있는 아내보다 두 배 가까이 많은 주부들이 자신의 삶에 만족하지 못하는" 것으로 나타났다. 당연히 일하는 여성은 대부분 태생적으로 성취감이 높은 직장에 다니지도 않았다. 이들은 웨이트리스, 공장 노동자, 타이피스트, 슈퍼마켓과 백화점 점원 등이었다. 하지만 고립된 가정에서 벗어나 '밖에 나가서 다른 사람들을 만날' 수 있는 능력은 이들의 소득만큼이나 중요했다. "집에서 미쳐가고 있다"라고 느끼는 주부들이 자신을 미치도록 몰아가는 상황에 대해 돈을 받는다는 생각을 환영할까? 한 여성은 "하루 종일 집에 있는 게 감옥에 있는 것 같다"라고 불평했다. 임금이 이 여성이 갇혀 있는 감옥의 담을 헐어낼까? 이 감옥에서 벗어나는 유일한 현실적인 탈출구는 집 밖에서 일자리를 구하는 것이다.

　오늘날 전체 미국 여성의 절반 이상이 직장에 다닌다는 사실은 가사노동 부담을 줄여야 한다는 주장의 강력한 논거이다. 실제로 진취적인 자본가들은 이미 주부로서의 역할에서 해방될 여성들의 새로운 역사적 필요를 이용하기 시작했다. 맥도날드와 켄터키프라이드치킨처럼 끝없이 이윤을 추구하는 패스트푸드 체인들은 직장에 다니는 여성이 늘어날수록 집에서 준비할 수 있는 끼니가 줄어든다는 사실을 입증한다. 음식이 아무리 맛도, 영양가도 없어도, 노동자들이 아무리 착취를 당해도, 이런 패스트푸드 업체들은 가정주부의 진부화가 다가오고 있다는 사실에 주목한다. 물론 주부의 오래된 의무를 많은 부분 짊어질 새로운 사회 기관들이 필요하다. 이는 여성노동자의 비중이 점점 늘고 있는 상황에서 파생된 숙제이다. 보조금이 지급되는 보편적인 공공보육에 대한 요구는 일하는 어머니가 늘고 있는 데에 따른 직접적인 결과이다. 그리고 더 많은 일자리, 남성과 완전히 동등한 일자리에 대한 요구를 중심으로 더 많은 여성들이 조직됨에 따라, 과연 미래에 여성의 주부로서의 의무가 살아남게 될지에 대한 진지한 질문이 갈수록 많이 제기될 것이다. '조립라인의 노예'가 그 자체로 '주방 싱크대로부터의 해방'이 아닌 것은 사실일 수 있지만, 여성들이 해묵은 가내 노예 상태에서 벗어나는 데 있어서 조립라인이 가장 강력한 유인책인 것은 의심의 여지가 없다.

　　개별 여성의 사적인 책임으로서 가사노동을 폐기하는 것은 분명 여성해방의 전략적 목표이다. 하지만 식사 준비와 육아를 비롯한 가사노동의 사회화는 이윤 동기가 경제를 지배하는 상태의 종식을 전제한다. 사실 기존 사회주의 국가에서는 가내 노예제를 종식시키는 데서 유일한 의미 있는 조치들을 이미 취했다. 그러므로 노동하는 여성들은 사회주의 투쟁에 특수하고 필수적인 이해관계가 있다. 게다가 자본주의하에서 남성과 동등한 일자리에 대한 요구는 보조금이 제공되는 공공보육 같은 제도들을 위한 움직임과 함께 폭발력 있는 혁명의 잠재력을 가지고 있다. 이 전략은 독점자본주의의 타당성에 의문을 제시하고 궁극적으로는 사회주의를 지향해야 할 것이다.

주

1장

1. Ulrich Bonnell Phillips, *American Negro Slavery: A Survey of the Supply, Employment, and Control of Negro Labor as Determined by the Plantation Regime* (New York and London: D. Appleton, 1918). 다음도 보라. Phillips 의 논문, "The Plantation as a Civilizing Factor", *Sewanee Review*, XII (July, 1904), reprinted in Ulrich Bonnell Phillips, *The Slave Economy of the Old South: Selected Essays in Economic and Social History*, edited by Eugene D. Genovese (Baton Rouge: Louisiana State University Press, 1968). 다음 단락이 이 논문에 들어 있다. "우리 문제의 전제는 다음과 같다. 1. 한두 세기 전 니그로들은 아프리카 야생에 살던 미개인들이었다. 2. 미국에 끌려온 이들과 그 후손들은 일정량의 문명을 획득했고, 이제는 근대문명사회의 삶에 어느 정도 적응했다. 3. 니그로들의 이런 진보는 문명화된 백인들과 어울린 결과였다. 4. 막대한 수의 니그로들이 문명화된 백인 국가에 오랫동안 남아 있을 것이 분명하다. 문제는, 이 백인 남성들의 나라에서 어떻게 이들의 평화로운 체류와 더 향상된 진보에 가장 잘 대비할 것인가, 그리고 이들이 다시 야만주의로 퇴보하지 않도록 가장 잘 막아낼 것인가이다. 나는 이 문제의 많은 부분에 대한 해결책으로 플랜테이션 시스템을 제안한다." (p. 83)

2. 허버트 앱시커가 저술하고 편집한 여러 책과 논문과 선집에서 흑인 여성 노예들이 처한 특수한 곤경에 대한 고찰을 발견할 수 있다. 여기에는 *American Negro Slave Revolts* (New York: International Publishers, 1970. First edition: 1948); *To Be Free: Studies in American Negro History* (New York:

International Publishers, 1969. First edition: 1948); *A Documentary History of the Negro People in the United States*, Vol. 1 (New York: The Citadel Press, 1969. First edition: 1951) 등이 있다. 1948년 2월, 앱시커는 *Masses and Mainstream*, Vol. 11, No. 2에 '니그로 여자(The Negro Woman)'라는 제목의 논문을 발표하기도 했다.

3. Eugene D. Genovese, *Roll, Jordan, Roll: The World the Slaves Made* (New York: Pantheon Books, 1974).

4. John W. Blassingame, *The Slave Community: Plantation Life in the Antebellum South* (London and New York: Oxford University Press, 1972).

5. Robert W. Fogel and Stanley Engerman, *Time on the Cross: The Economics of Slavery in the Antebellum South*, 2 volumes (Boston: Little, Brown & Co., 1974).

6. Herbert Gutman, *The Black Family in Slavery and Freedom, 1750–1925* (New York: Pantheon Books, 1976).

7. Stanley Elkins, *Slavery: A Problem in American Institutional and Intellectual Life*, third edition, revised (Chicago and London: University of Chicago Press, 1976).

8. 다음을 보라. Daniel P. Moynihan, *The Negro Family: The Case for National Action*, Washington, D.C.: U.S. Department of Labor, 1965. Lee Rainwater and William L. Yancey, *The Moynihan Report and the Politics of Controversy* (Cambridge, Mass.: MIT Press, 1967)로 재출간됨.

9. 다음을 보라. W. E. B. DuBois, "The Damnation of Women", Chapter VII of *Darkwater* (New York: Harcourt, Brace and Howe, 1920).

10. Kenneth M. Stampp, *The Peculiar Institution: Slavery in the Antebellum South* (New York: Vintage Books, 1956), p. 343.

11. 위의 책, p. 31; p. 49; p. 50; p. 60.

12. Mel Watkins and Jay David, editors, *To Be a Black Woman: Portraits in Fact and Fiction* (New York: William Morrow and Co., Inc., 1970), p. 16. Benjamin A. Botkin, editor, *Lay My Burden Down: A Folk History of Slavery* (Chicago: University of Chicago Press, 1945)에서 인용.

13. Barbara Wertheimer, *We Were There: The Story of Working Women in America* (New York: Pantheon Books, 1977), p. 109.

14. 위의 책, p. 111. Lewis Clarke, *Narrative of the Sufferings of Lewis and Milton Clarke, Sons of a Soldier of the Revolution* (Boston: 1846), p. 127에서 인용.

15. Stampp, 앞의 책, p. 57.

16. Charles Ball, *Slavery in the United States: A Narrative of the Life and Adventures of Charles Ball, a Black Man* (Lewistown, Pa.: J. W. Shugert, 1836), pp. 150–151. Gerda Lerner, editor, *Black Women in White America: A Documentary History* (New York: Pantheon Books, 1972), p. 48에서 인용.

17. Moses Grandy, *Narrative of the Life of Moses Grandy: Late a Slave in the United States of America* (Boston: 1844), p. 18. E. Franklin Frazier, *The Negro Family in the United States* (Chicago: University of Chicago Press, 1969. First edition: 1939)에서 인용.

18. 위의 책.

19. Robert S. Starobin, *Industrial Slavery in the Old South* (London, Oxford, New York: Oxford University Press, 1970), pp. 165ff.

20. 위의 책, pp. 164–165.

21. 위의 책, p. 165.

22. 위의 책, pp. 165–166.

23. "철공소와 광산에선 노예 여성과 아이 들에게 광차를 끌고 원광 덩어리를 분쇄기와 용광로 속에 밀어 넣으라는 명령을 내리기도 했다." 위의 책, p. 166.

24. Karl Marx, *Das Kapital, Kritik der politischen Ökonomie*, Erster Band (Berlin, D.D.R.: Dietz Verlag, 1965), pp. 415–416: "In England werden gelegentlich statt der Pferde immer noch Weiber zum Ziehn usw. bei den Kanalbooten verwandt, weil die zur Produktion von Pferden und Maschinen erheischte Arbeit ein mathematisch gegebenes Quantum, die zur Erhaltung von Weibern der Surplus-population dagegen unter aller Berechnung steht." Translation: *Capital*, Vol. 1 (New York: International Publishers, 1968), p. 391.

25. Starobin, 앞의 책, p. 166: "노예 소유주들은 남부 제품의 경쟁력을 높이기 위해 여성과 아이 들을 몇 가지 방식으로 이용했다. 첫째, 노예 여성과 아이 들은 활용하고 유지하는 비용이 팔팔한 남자들보다 적게 든다. 사우스캐롤

라이나 직물 제조업자인 존 어윙 칼훈(John Ewing Calhoun)은 노예 아이
는 유지 비용이 성인 노예 방적사의 3분의 2 정도라고 추정했다. 또 다른
캐롤라이나인은 여자 노예 노동과 남자 노예 노동의 비용 차이는 노예 노
동과 자유로운 노동 간의 차이보다 훨씬 크다고 추정했다. 노예 여성과 아
이를 활용하는 기업에서 얻은 증거들은 이들이 노동 비용을 상당히 줄일
수 있다는 결론을 뒷받침한다."

26. Frederick Law Olmsted, *A Journey in the Back Country* (New York: 1860),
    pp. 14–15. Stampp, 앞의 책, p. 34에 인용.

27. Karl Marx, *Grundrisse der Kritik der politischen Ökonomie* (Berlin, D.D.R.:
    Dietz Verlag, 1953), p. 266. "Die Arbeit ist das lebendige, gestaltende
    Feuer; die Vergänglichkeit der Dinge, ihre Zeitlichkeit, als ihre Formung
    durch die lebendige Zeit."

28. Robert Staples, editor, *The Black Family: Essays and Studies* (Belmont,
    Cal.: Wadsworth Publishing Company, Inc., 1971), p. 37에서 인용. 다음도
    보라. John Bracey, Jr., August Meier, Elliott Rudwick, editors, *Black Ma-
    triarchy: Myth or Reality* (Belmont, Cal.: Wadsworth Publishing Company,
    Inc., 1971), p. 140.

29. Bracey et al., 앞의 책, p. 81. 리 레인워터의 논문 "Crucible of Identity:
    The Negro Lower-Class Family"는 원래 *Daedalus*, Vol. XCV (Winter,
    1966), pp. 172–216에 발표되었다.

30. 위의 책, p. 98.

31. 위의 책.

32. Frazier, 앞의 책.

33. 위의 책, p. 102.

34. Gutman, 앞의 책.

35. 그의 책의 첫 장에는 '내게 아이들의 머리카락을 좀 보내줘'라는 제목이 붙
    어 있는데, 이는 노예 남편이 매매로 강제 이별을 하게 된 아내에게 보낸 편
    지에 나오는 부탁이다. "아이들의 이름을 적은 종이로 감싸서 내게 아이들
    의 머리카락을 좀 보내줘. (…) 당신만큼 나에게 가깝게 느껴지는 여자는
    이 세상에 없어. 오늘 당신은 마치 나 자신처럼 느껴져. 아이들한테 너희에
    게는 좋은 아버지가, 자기들을 아끼고, 매일 자기들을 생각하는 사람이 있
    다는 걸 기억해야 한다고 말해줘. (…) 로라, 난 당신을 똑같이 사랑해. 당

신을 향한 내 사랑은 절대 꺾이지 않았어. 로라, 사실 난 또 다른 아내를 얻
었어. 정말 미안해. 정말. 나한테 당신은 마치 내 사랑하는 아내처럼 느껴
져. 예전에 항상 그랬던 것처럼, 로라. 당신은 내가 아내를 어떻게 대하는지
알고 내가 아이들을 어떻게 생각하는지도 알잖아. 당신은 내가 내 아이를
사랑하는 한 남자라는 걸 알잖아." (pp. 6-7)

36. 위의 책 3장과 4장을 보라.
37. 위의 책, pp. 356-357.
38. Elkins, 앞의 책, p. 130.
39. Stampp, 앞의 책, p. 344.
40. Angela Y. Davis, "The Black Woman's Role in the Community of Slaves",
    Black Scholar, Vol. Ill, No. 4 (December, 1971).
41. Genovese, *Roll, Jordan, Roll.* 2부, 특히 "Husbands and Fathers" 절과
    "Wives and Mothers" 절을 보라.
42. 위의 책, p. 500.
43. 위의 책.
44. 위의 책.
45. Aptheker, 앞의 책 145, 169, 173, 181, 182, 201, 207, 215, 239, 241-242,
    251, 259, 277, 281, 287쪽을 보라.
46. Frederick Douglass, *The Life and Times of Frederick Douglass* (New York:
    Collier; London: Collier-Macmillan Ltd., 1962). Reprinted from the re-
    vised edition of 1892. 특히 5장과 6장을 보라.
47. 위의 책, p. 46. "노예제의 잔혹함과 악마성 그리고 그 담금질 효과에 눈이
    뜨이게 된 첫 번째 순간 중 하나는, 내 노주인이 나의 어린 여자 사촌을 지
    키고 감싸줄 수 있는 자신의 권위를 개입하지 않았을 때였다. 내 사촌이 터
    커호에서 주인의 감독관에게 가장 잔혹하게 학대당하고 구타를 당했는데
    도 말이다. 이 감독관인 플러머 씨라는 사람은 자기 계급 대부분이 그렇듯
    인면수심이나 다를 바 없었고, 전반적으로 방탕하고 욕지기가 치밀 정도로
    상스러울 뿐만 아니라 구제불능의 술꾼이어서 나귀 떼를 관리할 수준도 안
    되는 인간이었다. 술에 취해 광기를 부리던 어느 순간 그는 잔혹한 일을 저
    질렀고, 이 문제의 젊은 여성은 이를 피해 나의 노주인에게 보호해달라며
    도망쳐왔다. (…) 그녀의 목과 어깨는 생긴 지 얼마 안 된 흉터로 가득했는
    데, 이 비열한 악마는 그녀의 목과 어깨를 소가죽 채찍으로 망가뜨리는 것

도 모자라서 히코리 나무 곤봉으로 그녀의 머리를 내리쳤다. 그녀의 머리
에는 끔찍한 상처가 깊게 파였고 얼굴은 말 그대로 피범벅이 되었다."

48. 위의 책, pp. 48-49.

49. 위의 책, p. 52.

50. Wertheimer, 앞의 책, pp. 113-114. 이 도주에 대한 거다 러너의 설명은 조
금 다르다. "1855년 크리스마스 이브, 여섯 명의 젊은 노예들이 명절을 틈
타 주인의 말과 마차를 가지고 버지니아의 라우든카운티로 떠났다. 눈과
추위를 헤치고 밤낮으로 달린 그들은 이틀 뒤 콜롬비아에 도착했다. 바나
비 그릭비(Barnaby Grigby)는 26세 흑백혼혈이었다. 그의 아내 엘리자베
스는 남편과 주인이 달랐고 24세였다. 엘리자베스의 여동생 앤 우드는 이
집단의 우두머리인 프랑크 완저(Frank Wanzer)와 약혼한 사이였다. 22세
앤은 외모가 수려하고 똑똑했다. 프랑크는 특히 질 나쁜 주인에게서 도망
치는 중이었다. 이 집단에는 젊은 남자가 두 명 더 있었다." Lerner, 앞의
책, p. 57.

51. Sarah M. Grimke's testimony in Theodore D. Weld, *American Slavery As
It Is: Testimony of a Thousand Witnesses* (New York: American Anti-Slav-
ery Society, 1839). Lerner, 앞의 책, p. 19에 인용.

52. 위의 책.

53. Aptheker, "The Negro Woman", p. 11.

54. 위의 글, pp. 11-12.

55. Aptheker, "Slave Guerilla Warfare", *To Be Free*, p. 11.

56. Aptheker, *American Negro Slave Revolts*, p. 259.

57. 위의 책, p. 280.

58. Lerner, 앞의 책, pp. 32-33: "(루이지애나 나체즈에는) 유색인종 교사가
가르치는 학교가 둘이었다. 교사 중 한 명은 일 년간 야학에서 학생들을 가
르친 여성 노예였다. 이 학교는 밤 11시나 12시에 문을 열고 새벽 2시에 문
을 닫았다. (…) 이 교사, 밀라 그랜슨(Milla Granson)은 옛 켄터키의 집에
서 관대한 주인의 자녀들로부터 읽고 쓰는 법을 배웠다. 그녀가 한 번에 받
는 학생의 수는 열두 명이었고, 이들에게 읽고 쓰기를 다 가르치면 이들을
해산시킨 다음 다시 똑같이 열두 명을 받아서 자기만큼 할 수 있게 가르치
는 식으로 해서 수백 명을 졸업시켰다. 이 중 많은 수가 자기 통행증을 직
접 작성해서 캐나다를 향해 떠났다." Laura S. Haviland, *A Woman's Life-*

Work, Labors and Experiences (Chicago: Publishing Association of Friends, 1889), pp. 300–301에서 인용.

59. Alex Haley, *Roots: The Saga of an American Family* (Garden City, New York: Doubleday and Co., 1976). 66장과 67장을 보라.

60. Sarah Bradford, *Harriet Tubman: The Moses of Her People* (New York: Corinth Books, 1961. Reprinted from the 1886 edition) Ann Petry, *Harriet Tubman, Conductor on the Underground Railroad* (New York: Pocket Books, 1971. First edition: 1955).

61. Arlene Eisen-Bergman, *Women in Vietnam* (San Francisco: People's Press, 1975), p. 63.

62. 위의 책, p. 62. "우리가 마을을 돌아다니면서 사람들을 수색할 때 여자들은 모두 옷을 벗었고, 남자들은 그들이 아무것도 숨긴 게 없는지 확인하기 위해 페니스로 그들을 수색했다. 이것은 강간이었지만 수색의 일환으로 행해졌다." Sgt. Scott Camil, First Marine Division, in VVAW, *Winter Soldier Investigation* (Boston: Beacon Press, 1972), p. 13에서 인용.

63. 위의 책, p. 71. *Winter Soldier Investigation*, p. 14에서 인용.

64. Blassingame, 앞의 책, p. 83.

65. Genovese, *Roll, Jordan, Roll*, p. 415.

66. 위의 책, p. 419.

67. Gayl Jones, *Corregidora* (New York: Random House, 1975).

68. Frazier, 앞의 책, p. 69.

69. 위의 책, p. 53.

70. 위의 책, p. 70.

71. Harriet Beecher Stowe, *Uncle Tom's Cabin* (New York: New American Library, Signet Books, 1968), p. 27.

72. 위의 책, p. 61.

73. 위의 책, p. 72.

2장

1. Douglass, 앞의 책, p. 469.

2. 위의 책, p. 472.

3. 위의 책.

4. 위의 책.

5. Stowe, 앞의 책. 프레더릭 더글러스는 자신의 자서전에 이런 논평을 남겼다. "이 도망 노예라는 골칫거리 한가운데에 『톰 아저씨의 오두막』이라고 하는, 경이로운 깊이와 힘이 느껴지는 작품이 등장했다. 그 어떤 작품도 지금의 도덕적, 인간적 요구에 이보다 더 걸맞을 수 없을 것이다. 이 책의 영향력은 놀랍고, 즉각적이고, 보편적이다. 노예제를 다룬 그 어떤 책도 이렇게 포괄적으로, 그리고 우호적으로 미국인들의 심장을 건드리지 못했다. 이 책은 앞서 출간된 이런 종류의 책들이 담고 있던 모든 힘과 페이소스를 합쳐 놓았고, 많은 이들에게 영감이 빛나는 작품이라고 칭송받았다. 스토 부인은 단박에 관심과 존경의 대상이 되었다." (Douglass, 앞의 책, p. 282)

6. Stowe, 앞의 책, p. 107.

7. 다음을 보라. Barbara Ehrenreich and Deirdre English, "Microbes and the Manufacture of Housework", Chapter 5 of *For Her Own Good: 150 Years of the Experts' Advice to Women* (Garden City, N.Y.: Anchor Press/Doubleday, 1978). 다음도 보라. Ann Oakley, *Woman's Work: The Housewife Past and Present* (New York: Vintage Books, 1976).

8. 다음을 보라. Eleanor Flexner, *Century of Struggle: The Women's Rights Movement in the U.S.* (New York: Atheneum, 1973). 다음도 보라. Mary P. Ryan, *Womanhood in America* (New York: New Viewpoints, 1975).

9. 다음을 보라. Aptheker, *Nat Turner's Slave Rebellion* (New York: Humanities Press, 1966); Harriet H. Robinson, *Loom and Spindle or Life Among the Early Mill Girls* (Kailua, Hawaii: Press Pacifica, 1976). 다음도 보라. Wertheimer, 앞의 책; Flexner, 앞의 책.

10. Robinson, 앞의 책, p. 51.

11. 결혼 제도와 노예제를 동일시하는 이런 경향에 대한 논의는 다음을 보라. Pamela Allen, "Woman Suffrage: Feminism and White Supremacy", Chapter V of Robert Allen, *Reluctant Reformers* (Washington, D.C.: Howard University Press, 1974), p. 1368.

12. Wertheimer, 앞의 책, p. 106.

13. 다음을 보라. Flexner, 앞의 책, pp. 38-40. 다음도 보라. Samuel Sillen, *Women Against Slavery* (New York: Masses and Mainstream, Inc., 1955), pp. 11-16.

14. Sillen, 앞의 책, p. 13.

15. 위의 책.

16. 위의 책, p. 14.

17. Liberator, January 1, 1831. William Z. Foster, *The Negro People in American History* (New York: International Publishers, 1970), p. 108에서 인용됨.

18. Sillen, 앞의 책, p. 17.

19. 위의 책.

20. 미국에서 공개연설을 한 최초의 여성은 스코틀랜드 태생의 강사이자 작가 인 프랜시스 라이트였다(Flexner, 앞의 책, pp. 27-28을 보라). 흑인 여성 마리아 W. 스튜어트는 1832년 보스턴에서 네 차례 강연을 하고 난 뒤 공개 연설을 한 최초의 미국 본토 출신 여성이 되었다(Lerner, 앞의 책, p. 83을 보라).

21. Flexner, 앞의 책, p. 42. Judith Papachristou, editor, Women Together: *A History in Documents of the Women's Movement in the United States* (New York: Alfred A. Knopf, Inc., A Ms. Book, 1976), pp. 4-5에 실린 필라델피 아노예제반대여성협회 정관을 보라.

22. Sillen, 앞의 책, p. 20.

23. 위의 책, pp. 21-22.

24. 위의 책, p. 25.

25. Flexner, 앞의 책, p. 51.

26. 위의 책.

27. Elizabeth Cady Stanton, Susan B. Anthony and Matilda Joslyn Gage, *History of Woman Suffrage*, Vol. 1 (1848-1861) (New York: Fowler and Wells, 1881), p. 52.

28. Quoted in Papachristou, 앞의 책, p. 12. 이 교서에 대한 거다 러너의 분석 은 *The Grimke Sisters from South Carolina: Pioneers for Women's Rights and Abolition* (New York: Schocken Books, 1971), p. 189를 보라.

29. Quoted in Papachristou, 앞의 책, p. 12.

30. 위의 책.

31. 사라 그림케는 1837년에 「성평등에 대한 서한」을 공개했다. 이 서한들은 「뉴잉글랜드 스펙테이터」에 실렸고 「리버레이터」에 재수록되었다. 다음 을 보라. Lerner, *The Grimke Sisters*, p. 187.

32. Alice Rossi, editor, *The Feminist Papers* (New York: Bantam Books, 1974), p. 308에 인용.

33. 위의 책.

34. Flexner, 앞의 책, p. 48에 인용. Lerner, *The Grimke Sisters*, p. 201에도 인용과 관련 논의가 있음.

35. Angelina Grimke, *Appeal to the Women of the Nominally Free States. Issued by an Anti- Slavery Convention of American Women and Held by Adjournment from the 9th to the 12th of May, 1837* (New York: W. S. Dorr, 1838), pp. 13–14.

36. 위의 책, p. 21.

37. Flexner, 앞의 책, p. 47.

38. Lerner, *The Grimke Sisters*, p. 353.

3장

1. Stanton et al., *History of Woman Suffrage*, Vol. 1, p. 62.

2. 위의 책, p. 60(주).

3. Judith Hole and Ellen Levine, "The First Feminists", Anne Koedt, Ellen Levine and Anita Rapone, editors, *Radical Feminism* (New York: Quadrangle, 1973), p. 6.

4. Elizabeth Cady Stanton, *Eighty Years and More: Reminiscences 1815–1897* (New York: Schocken Books, 1917). 5장을 보라.

5. Stanton et al., *History of Woman Suffrage*, Vol. 1, p. 62.

6. 위의 책, p. 61.

7. 위의 책.

8. 위의 책.

9. Charles Remond, "The World Anti-Slavery Conference, 1840", *Liberator*, (October 16, 1840). Reprinted in Aptheker, *A Documentary History,* Vol. 1, p. 196.

10. 위의 글.

11. 위의 글.

12. Stanton et al., *History of Woman Suffrage*, Vol. 1, p. 53.

13. Stanton, *Eighty Years and More*, p. 33.

14. 위의 책, pp. 147–148.

15. Douglass, 앞의 책, p. 473.

16. Flexner, 앞의 책, p. 76. 다음도 보라. Allen, 앞의 책, p. 133.

17. North Star, July 28, 1848. Reprinted in Philip Foner, editor, *The Life and Writings of Frederick Douglass*, Vol. 1 (New York: International Publishers, 1950), p. 321.

18. S. Jay Walker, "Frederick Douglass and Woman Suffrage", *Black Scholar*, Vol. IV, Nos. 6–7 (March–April, 1973), p. 26.

19. Stanton, *Eighty Years and More*, p. 149.

20. 위의 책.

21. Miriam Gurko, *The Ladies of Seneca Falls: The Birth of the Women's Rights Movement* (New York: Schocken Books, 1976), p. 105.

22. 다음을 보라. "Declaration of Sentiments" in Papachristou, 앞의 책, pp. 24–25.

23. 위의 책, p. 25.

24. 위의 책.

25. Rosalyn Baxandall, Linda Gordon, Susan Reverby, editors, *America's Working Women: A Documentary History — 1600 to the Present* (New York: Random House, 1976), p. 46.

26. Wertheimer, 앞의 책, p. 66.

27. 위의 책, p. 67.

28. Baxandall et al., 앞의 책, p. 66.

29. Wertheimer, 앞의 책, p. 74.

30. 위의 책, p. 103.

31. 위의 책, p. 104.

32. Papachristou, 앞의 책, p. 26.

33. Lerner, *The Grimke Sisters*, p. 335.

34. Wertheimer, 앞의 책, p. 104.

35. Lerner, *The Grimke Sisters*, p. 159.

36. 위의 책, p. 158.

37. 마리아 스튜어트의 1833년 연설문은 Lerner, *Black Women in White America*, pp. 563 ff를 보라.

38. Lerner, *Black Women in White America*, p. 83. 다음도 보라. Flexner, 앞의 책, pp. 44–45.

39. Aptheker, *A Documentary History*, Vol. 1, p. 89.

40. Douglass, 앞의 책, p. 268.

41. Walker, 앞의 책, p. 26.

42. Foner, *The Life and Writings of Frederick Douglass*, Vol. 2, p. 19.

43. Stanton et al., *History of Woman Suffrage*, Vol. 1, pp. 115–117.

44. 위의 책.

45. 위의 책.

46. 위의 책.

47. 위의 책.

48. 위의 책.

49. 위의 책.

50. 위의 책.

51. 위의 책.

52. 위의 책.

53. 위의 책.

54. 위의 책.

55. 위의 책, pp. 567–568 (연설 전문). 다음도 보라. Lerner, *Black Women in White America*, pp. 566ff.

56. John Hope Franklin, *From Slavery to Freedom* (New York: Vintage Books, 1969), p. 253.

57. Sillen, 앞의 책, p. 86. 다음도 보라. section on Harper.

58. Foster, 앞의 책, pp. 115–116.

59. Flexner, 앞의 책, p. 108.

60. 위의 책.

61. Foster, 앞의 책, p. 261.

62. Gurko, 앞의 책, p. 211.

63. Lerner, *The Grimke Sisters*, p. 353.

64. 위의 책, p. 354.

65. 위의 책.

66. 위의 책.

4장

1. Elizabeth Cady Stanton, Susan B. Anthony and Matilda Joslyn Gage, editors, *History of Woman Suffrage*, Vol. 2 (1861–1876) (Rochester, N.Y.: Charles Mann, 1887), pp. 94–95 (주).

2. 위의 책, p. 172.

3. 위의 책, p. 159.

4. 위의 책, p. 188.

5. 위의 책, p. 216.

6. Stanton, *Eighty Years and More*, p. 240.

7. 위의 책, pp. 240–241.

8. 위의 책, p. 241.

9. Gurko, 앞의 책, p. 213.

10. 위의 책.

11. Stanton et al., *History of Woman Suffrage*, Vol. 2, p. 214.

12. Flexner, 앞의 책, p. 144.

13. Allen, 앞의 책, p. 143.

14. Foner, *The Life and Writings of Frederick Douglass*, Vol. 4, p. 167. 이 단락은 더글러스가 1865년 5월 9일에 열린 미국노예제반대협회 제32차 연례 회의에서 했던 '노예제 철폐 노력을 지속해야 할 필요(The Need for Continuing Anti-Slavery Work)'라는 제목의 연설에서 가져온 것이다. 원래는 1865년 5월 26일에 「리버레이터」에 발표되었다.

15. 위의 책, p. 17.

16. 위의 책, p. 41.

17. Aptheker, *A Documentary History*, Vol. 2, pp. 553–554. "Memphis Riots and Massacres." Report No. 101, House of Representatives, 39th Cong., 1st Sess. (Serial #1274), pp. 160–161, 222–223.

18. Foster, 앞의 책, p. 261.

19. W. E. B. DuBois, *Black Reconstruction in America* (Cleveland and New York: Meridian Books, 1964), p. 670.

20. 위의 책, p. 671.

21. 위의 책, p. 672.

22. 필립 포너에 따르면 "더글러스는 그건 '흑인 남성들의 권리를 공격하고 위

험에 빠뜨리려는 적들의 계략'일 뿐이라고 지적하면서 의회에서 제임스 브
룩스가 여성참정권을 지지한 데 대해 수전 앤서니가 찬사를 보낸 것에 이
견을 표했다. 포악할 정도로 니그로에 적개심을 품고 노예제에 찬성하는
신문인 「뉴욕익스프레스」의 전직 편집장인 브룩스는 니그로 참정권 반대
입장에 대한 지지를 모으기 위해 여성운동 지도자들의 비위를 맞추고 있
었다. 더글러스는 여성들이 옛 노예 소유주들과 북부에 있는 그들의 동맹
이 부리는 이런 계책을 꿰뚫어 보지 못하면 '우리 가족 내에서 말썽이 있을
것'이라고 경고했다". (Foner, *The Life and Writings of Frederick Douglass*,
Vol. 4, pp. 41–42)

23. Stanton et al., *History of Woman Suffrage*, Vol. 2, p. 245.
24. Stanton, *Eighty Years and More*, p. 256.
25. Gurko, 앞의 책, p. 223.
26. 위의 책, pp. 223–224.
27. 위의 책, p. 221. 다음도 보라. Stanton, *Eighty Years and More*, p. 256.
28. Stanton et al., *History of Woman Suffrage*, Vol. 2, p. 382.
29. Foner, *The Life and Writings of Frederick Douglass*, Vol. 4, p. 44.
30. 위의 책.
31. 위의 책.
32. Stanton et al., *History of Woman Suffrage*, Vol. 2, p. 222. 다음도 보라. Le-
rner, *Black Women in White America*, p. 569.
33. Foner, *The Life and Writings of Frederick Douglass*, Vol. 4, p. 212 (letter to
Josephine Sophie White Griffin, Rochester, September 27, 1968).
34. Stanton et al., *History of Woman Suffrage,* Vol. 2, p. 928. 소저너 트루스는
참정권 문제에 대한 헨리 워드 비처의 접근법을 비판했다. 알렌의 분석을
보라. 앞의 책, p. 148.
35. Stanton et al., *History of Woman Suffrage*, Vol. 2, p. 391. 프랜시스 E. W.
하퍼는 흑인 여성 한 명을 고용한 데 항의하려고 백인 여성 60명이 작업을
그만둔 보스턴의 상황을 묘사하면서 인종주의의 위험이 누적되고 있다고
경고했다. (p. 392)
36. Allen, 앞의 책, p. 145.
37. Stanton et al., *History of Woman Suffrage*, Vol. 2, p. 214. 다음도 보라. Al-
len, 앞의 책, p. 146.

주

5장

1. DuBois, *Darkwater*, p. 113.
2. Wertheimer, 앞의 책, p. 228.
3. Aptheker, *A Documentary History,* Vol. 2, p. 747. "Tenant Farming in Alabama, 1889" from *The Journal of Negro Education XVII* (1948), pp. 46ff.
4. Aptheker, *A Documentary History*, Vol. 2, p. 689. Texas State Convention of Negroes, 1883.
5. 위의 책, p. 690.
6. Aptheker, *A Documentary History*, Vol. 2, p. 704. Founding Convention of Afro-American League, 1890.
7. DuBois, *Black Reconstruction in America*, p. 698.
8. 위의 책.
9. 위의 책, p. 699.
10. 위의 책, p. 698.
11. Aptheker, *A Documentary History of the Negro People in the United States*, Vol. 1 (Secaucus, N.J.: The Citadel Press, 1973), p. 46. "A Southern Domestic Worker Speaks", *The Independent*, Vol. LXXII (January 25, 1912).
12. 위의 책, p. 46.
13. 위의 책, p. 47.
14. 위의 책, p. 50.
15. 위의 책.
16. 위의 책, p. 49.
17. 위의 책.
18. 위의 책.
19. 위의 책.
20. Lerner, *Black Women in White America*, p. 462. "The Colored Women's Statement to the Women's Missionary Council, American Missionary Association."
21. Aptheker, *A Documentary History*, Vol. 1, p. 49.
22. DuBois, *Darkwater*, p. 116.
23. 위의 책, p. 115.
24. Isabel Eaton, "Special Report on Negro Domestic Service" in W. E. B.

375

DuBois, *The Philadelphia Negro* (New York: Schocken Books, 1967. First edition: 1899), p. 427.

25. 위의 책.

26. 위의 책, p. 428.

27. 위의 책.

28. 위의 책, p. 465.

29. 위의 책, p. 484.

30. 위의 책, p. 485.

31. 위의 책.

32. 위의 책, p. 484.

33. 위의 책, p. 449. 이턴은 "적어도 가사서비스에 종사하는 여성들 사이에는 '백인 급여와 흑인 급여' 간의 차이가 전혀 없을 가능성을 가리키는" 증거를 제시한다.

34. Lerner, *Black Women in White America*, pp. 229–231. Louise Mitchell, "Slave Markets Typify Exploitation of Domestics," *The Daily Worker*, May 5, 1940.

35. Gerda Lerner, *The Female Experience: An American Documentary* (Indianapolis: Bobbs-Merrill, 1977), p. 269.

36. 위의 책, p. 268.

37. Wertheimer, 앞의 책, pp. 182–183.

38. Lerner, *Black Women in White America*, p. 232.

39. Inez Goodman, "A Nine-Hour Day for Domestic Servants", *The Independent*, Vol. LIX (February 13, 1902). Quoted in Baxandall et al., 앞의 책, pp. 213–214.

40. Lerner, *The Female Experience*, p. 268.

41. Jacquelyne Johnson Jackson, "Black Women in a Racist Society", in Charles Willie et al., editors, *Racism and Mental Health* (Pittsburgh: University of Pittsburgh Press, 1973), p. 236.

42. 위의 책.

43. DuBois, *Darkwater*, p. 115.

6장

1. DuBois, *Black Reconstruction in America*, Chapter V.

2. 위의 책, p. 122.

3. 위의 책, p. 124.

4. 위의 책.

5. 위의 책.

6. 위의 책, p. 123.

7. Douglass, 앞의 책, p. 79.

8. 위의 책.

9. Watkins and David, 앞의 책, p. 18.

10. Aptheker, *A Documentary History*, Vol. 1, p. 493.

11. 위의 책, p. 19.

12. 위의 책.

13. Wertheimer, 앞의 책, pp. 35–36.

14. Lerner, *Black Women in White America*, p. 76.

15. 2장을 보라.

16. Foner, *The Life and Writings of Frederick Douglass*, Vol. 4, p. 553 (주 16).

17. 위의 책, pp. 371ff.

18. 위의 책, p. 372.

19. 위의 책.

20. 위의 책, p. 371.

21. 위의 책.

22. Flexner, 앞의 책, p. 99.

23. 위의 책, pp. 99–101.

24. Foner, 앞의 책, Vol. 4, p. 373.

25. Aptheker, *A Documentary History*, Vol. 1, pp. 157–158.

26. 위의 책.

27. William Goodell, *The American Slave Code* (New York: American and Foreign Anti-Slavery Society, 1853), p. 321. Quoted in Elkins, 앞의 책, p. 60.

28. 위의 책.

29. Genovese, *Roll, Jordan, Roll*, p. 565.

30. Lerner, *Black Women in White America*, pp. 27ff. and pp. 99ff.

31. 위의 책, pp. 32ff.

32. DuBois, *Black Reconstruction in America*, p. 123.

33. Lerone Bennett, *Before the Mayflower* (Baltimore: Penguin Books, 1969), p. 181.

34. Foster, 앞의 책, p. 321.

35. DuBois, *Black Reconstruction in America*, p. 638.

36. Lerner, *Black Women in White America*, p. 102.

37. 위의 책, p. 103.

38. 위의 책.

39. 위의 책, pp. 104–105.

40. Franklin, 앞의 책, p. 308.

41. DuBois, *Black Reconstruction in America*, p. 667.

7장

1. Ida B. Wells, *Crusade for Justice: The Auto-Biography of Ida B. Wells*, edited by Alfreda M. Duster (Chicago and London: University of Chicago Press, 1970), pp. 228–229.

2. 위의 책.

3. 위의 책, p. 230.

4. 위의 책.

5. 다음을 보라. Aileen Kraditor, editor, *Up From the Pedestal: Selected Writings in the History of American Feminism* (Chicago: Quadrangle, 1968), '편의 주장' 관련 기록은 2부 5장과 6장에 제시되어 있다.

6. Herbert Aptheker, *Afro-American History: The Modern Era* (New York: The Citadel Press, 1971), p. 100.

7. 위의 책.

8. Wells, 앞의 책, p. 100.

9. 위의 책, p. 229.

10. Susan B. Anthony and Ida Husted Harper, editors, *History of Woman Suffrage*, Vol. 4 (Rochester: 1902), p. 246.

11. 위의 책.

12. Stanton et al., *History of Woman Suffrage*, Vol. 2, p. 930.

13. 위의 책, p. 931.

14. 위의 책.

15. 위의 책, p. 248.

16. Anthony and Harper, *History of Woman Suffrage*, Vol. 4, p. 216(주).

17. Aptheker, *A Documentary History*, Vol. 2, p. 813.

18. Anthony and Harper, History of Woman Suffrage, Vol. 4, p. 328.

19. 위의 책, p. 333.

20. 위의 책.

21. 위의 책, p. 343.

22. Aileen S. Kraditor, *The Ideas of the Woman Suffrage Movement* (New York: Doubleday/Anchor, 1971), p. 143.

23. Wells, 앞의 책, p. 100.

24. Aptheker, *A Documentary History*, Vol. 2, pp. 796–797; p. 798.

25. 위의 책, p. 789.

26. 위의 책, pp. 789–790.

27. 위의 책, p. 790.

28. 위의 책, p. 799.

29. Ida Husted Harper, editor, *History of Woman Suffrage*, Vol. 5 (New York: J. J. Little and Ives Co., 1902), p. 5.

30. 위의 책.

31. 위의 책.

32. 위의 책, p. 6.

33. 위의 책, p. 80.

34. 위의 책, p. 81.

35. Papachristou, 앞의 책, p. 144.

36. 위의 책.

37. 위의 책.

38. 위의 책.

39. John Hope Franklin and Isidore Starr, editors, *The Negro in Twentieth Century America* (New York: Vintage Books, 1967), pp. 68–69.

40. 위의 책, p. 40.

41. Papachristou, 앞의 책, p. 144.
42. Harper, *History of Woman Suffrage*, Vol. 5, p. 83.
43. 위의 책.
44. 위의 책.

8장

1. Lerner, *Black Women in White America*, pp. 447–450.
2. Wells, 앞의 책, p. 271.
3. 위의 책.
4. William L. O'Neill, *The Woman Movement: Feminism in the United States and England* (Chicago: Quadrangle, 1969), pp. 47ff.
5. 위의 책, p. 48.
6. 위의 책.
7. 위의 책, pp. 48–49.
8. Wertheimer, 앞의 책, p. 195.
9. Wells, 앞의 책, p. 78.
10. 위의 책.
11. 위의 책, pp. 78–79.
12. 위의 책, p. 81.
13. 위의 책.
14. 위의 책.
15. 위의 책.
16. 위의 책, p. 83.
17. 위의 책, p. 117.
18. 위의 책, p. 121.
19. 위의 책, pp. 121–122.
20. 위의 책.
21. 위의 책.
22. 위의 책.
23. 위의 책.
24. 위의 책, p. 242.
25. 위의 책.

26. Lerner, *Black Women in White America*, pp. 575–576.

27. 위의 책, p. 576.

28. 위의 책, pp. 575–576.

29. 위의 책, p. 444.

30. Wells, 앞의 책, p. 78.

31. 위의 책.

32. Lerner, *Black Women in White America*, pp. 206ff.

33. Wells, 앞의 책, p. 260.

9장

1. Baxandall et al., 앞의 책, p. 83.

2. 위의 책.

3. Wertheimer, 앞의 책, p. 161.

4. 위의 책.

5. Philip S. Foner, *Organized Labor and the Black Worker 1619–1973* (New York: International Publishers, 1973), p. 34 (주).

6. 위의 책.

7. "The Ballot-Bread, Virtue, Power", *Revolution*, January 8, 1868. Quoted in William L. O'Neill, *Everyone Was Brave: The Rise and Fall of Feminism in America* (Chicago: Quadrangle, 1971), p. 19.

8. Wertheimer, 앞의 책, p. 166; p. 167.

9. "Proceedings, National Labor Union, August 1869", *Workingman's Advocate* Vol. VI, No. 5 (September 4, 1869). Quoted in Baxandall et al., 앞의 책, pp. 109–114.

10. 위의 책, p. 113.

11. O'Neill, *Everyone was Brave*, p. 20.

12. Ida Husted Harper, *The Life and Work of Susan B. Anthony*, Vol. 2 (Indianapolis, 1898). Quoted in Miriam Schneir, *Feminism: The Essential Historical Writings* (New York: Vintage Books, 1972), pp. 139–140.

13. Schneir, 앞의 책, pp. 138–142.

14. "Proceedings, National Labor Union, …" Quoted in Baxandall et al., 앞의 책, p. 111.

15. "Susan B. Anthony's Constitutional Argument" (1873). Quoted in Kraditor, *Up From the Pedestal*, 앞의 책, p. 249.

16. 위의 책.

17. Harper, *History of Woman Suffrage*, Vol. 5, p. 352.

18. Lerner, *Black Women in White America*, p. 446.

19. 위의 책.

20. 위의 책.

21. Kraditor, *The Ideas of the Woman Suffrage Movement*, p. 169.

22. W. E. B. DuBois, *A.B.C. of Color* (New York: International Publishers, 1963), p. 56.

23. 위의 책, p. 57.

24. 위의 책, p. 58.

25. Kraditor, *The Ideas of the Woman Suffrage Movement*, p. 168.

26. Editorial, *The Crisis*, IV (September, 1912), 234. Quoted in Aptheker, *A Documentary History*, Vol. 1, p. 56.

27. 위의 책, pp. 56–57.

28. *The Crisis*, X (August, 1915), 178–192. Quoted in Aptheker, *A Documentary History*, Vol. 1, pp. 94–116.

29. 위의 책, pp. 108ff.

30. 위의 책, p. 104.

31. 위의 책, pp. 314–315.

10장

1. William Z. Foster, *History of the Communist Party of the United States* (New York: International Publishers, 1952), pp. 28ff.

2. 위의 책, Chapter 5.

3. Bruce Dancis, "Socialism and Women in the United States, 1900–1912", *Socialist Revolution*, No. 27, Vol. VI, No. 1 (January–March, 1976), p. 85.

4. Wertheimer, 앞의 책, pp. 281–284.

5. Foster, *History of the Communist Party*, p. 113.

6. 위의 책, p. 125.

7. Foster, *The Negro People*, p. 403.

8. Foner, *Organized Labor and the Black Worker*, p. 107.

9. Foster, *History of the Communist Party*, p. 264.

10. Carolyn Asbaugh, *Lucy Parsons: American Revolutionary* (Chicago: Charles H. Kerr Publishing Co., 1976. Published for the Illinois Labor History Society).

11. 위의 책, pp. 30–33.

12. 위의 책, p. 112.

13. 위의 책, p. 117.

14. 위의 책, p. 136.

15. 위의 책, pp. 65–66.

16. 위의 책, p. 66.

17. 위의 책, p. 217.

18. 위의 책.

19. 톰 무니 사건에 대한 간략한 설명은 다음에 나와 있다. Foster, *History of the Communist Party*, p. 131과 p. 380. 스코츠보로 사건에 대해서는 다음을 보라. Foster, *History of the Communist Party*, p. 286, 그리고 Foster, *The Negro People*, pp. 482–483; 앤절로 헌든 사건은 다음을 보라. *History of the Communist Party*, p. 288, 그리고 *The Negro People*, p. 461과 p. 483.

20. Asbaugh, 앞의 책, p. 261.

21. 위의 책, p. 267.

22. Joseph North, "Communist Women." *Political Affairs* Vol. LI, No. 3 (March, 1971), p. 31.

23. Ella Reeve Bloor, *We Are Many: An Autobiography* (New York: International Publishers, 1940), p. 224.

24. 위의 책, p. 250.

25. 위의 책.

26. 위의 책, p. 254.

27. 위의 책.

28. 위의 책, p. 255.

29. 위의 책.

30. 위의 책.

31. 위의 책, p. 256.

32. 위의 책.

33. Al Richmond, *Native Daughter: The Story of Anita Whitney* (San Francisco: Anita Whitney 75th Anniversary Committee, 1942). 4장을 보라.

34. 위의 책, p. 70.

35. 위의 책, p. 78.

36. 위의 책, p. 94.

37. 위의 책, p. 95.

38. 위의 책, pp. 95–96.

39. 위의 책, p. 139.

40. 위의 책, p. 198.

41. Elizabeth Gurley Flynn, *The Rebel Girl: An Autobiography* (New York: International Publishers, 1973). p. 53.

42. 위의 책, p. 62.

43. Richard O. Boyer, "Elizabeth Gurley Flynn", *Masses and Mainstream* (May, 1952) p. 7.

44. 위의 책, p. 12.

45. Mary Heaton Vorse, *A Footnote to Folly: Reminiscences* (New York: Farrar & Rinehart, Inc., 1935), pp. 3–4.

46. 위의 책, p. 9.

47. Flynn, 앞의 책, p. 232.

48. 위의 책, p. 233.

49. 위의 책, 다음도 보라. Foster, *History of the Communist Party*, p. 116.

50. Foner, *Organized Labor and the Black Worker*, p. 198.

51. Flynn, *The Rebel Girl*, p. 10. 편집자 주를 보라.

52. Elizabeth Gurley Flynn, "1948 — A Year of Inspiring Anniversaries for Women", *Political Affairs*, Vol. XXVII, No. 3 (March, 1948), p. 264.

53. 위의 책, p. 262.

54. Elizabeth Gurley Flynn, *The Alderson Story: My Life As a Political Prisoner* (New York: International Publishers, 1972), p. 9.

55. 위의 책, p. 17.

56. 위의 책, pp. 17–18.

57. 위의 책, p. 32.

58. 위의 책, p. 176.

59. 위의 책, p. 180.

60. 위의 책.

61. North, 앞의 책, p. 29.

62. 이 글은 다음에 재수록되었다. *Political Affairs*, Vol. LIII, No. 3 (March, 1974).

63. 위의 책, p. 33.

64. 위의 책.

65. 위의 책, p. 35.

66. 위의 책.

67. 위의 책.

68. 위의 책, p. 41.

69. 위의 책, p. 35.

70. Flynn, *The Alderson Story*, p. 118.

71. 위의 책, p. 211.

11장

1. Nancy Gager and Cathleen Schurr, *Sexual Assault: Confronting Rape in America* (New York: Grosset & Dunlap, 1976), p. 1.

2. Michael Meltsner, *Cruel and Unusual: The Supreme Court and Capital Punishment* (New York: Random House, 1973), p. 75.

3. "The Racist Use of Rape and the Rape Charge." A Statement to the Women's Movement From a Group of Socialist Women (Louisville, Ky: Socialist Women's Caucus, 1974), pp. 5–6.

4. Lerner, *Black Women in White America*, p. 193.

5. 다음을 보라. Angela Davis, "JoAnne Little—The Dialectics of Rape." *Ms. Magazine*, Vol. Ill, No. 12 (June, 1975).

6. 1장을 보라.

7. Aptheker, *A Documentary History*, Vol. 2, pp. 552ff.

8. Lerner, *Black Women in White America*, pp. 185–186.

9. Gertrude Stein, *Three Lives* (New York: Vintage Books, 1970. First edition: 1909), p. 86.

10. Eisen-Bergman, 앞의 책, Part I, Chapter 5.

11. Susan Brownmiller, *Against Our Will: Men, Women and Rape* (New York: Simon and Schuster, 1975), p. 194.

12. "A Dozen Who Made a Difference", *Time*, Vol. 107, No. 1 (January 5, 1976), p. 20.

13. Brownmiller, 앞의 책, p. 247.

14. 위의 책.

15. Jean MacKellar, *Rape: The Bait and the Trap* (New York: Crown Publishers, 1975), p. 72.

16. 위의 책. "요컨대, 범인이 백인 남자라는 강간 신고가 한 건이면 흑인 남자의 강간 사건은 아홉 건이다. 미국 남성 인구의 10분의 1 정도를 구성하는 흑인 남자는 강간 신고의 90%에 연루되어 있다."

17. Brownmiller, 앞의 책, p. 213.

18. 위의 책, p. 175.

19. Noreen Connell and Cassandra Wilson, editors, *Rape: The First Sourcebook for Women* by New York Radical Feminists (New York: New American Library, 1974), p. 151.

20. Diana Russell, *The Politics of Rape: The Victim's Perspective* (New York: Stein & Day, 1975).

21. 위의 책, p. 163.

22. Winfield H. Collins, *The Truth About Lynching and the Negro in the South* (In Which the Author Pleads that the South Be Made Safe for the White Race (New York: Neale Publishing Co., 1918), pp. 94–95.

23. Shulamith Firestone, *The Dialectic of Sex: The Case for Feminist Revolution* (New York: Bantam Books, 1971), p. 108.

24. 위의 책, p. 108ff.

25. 위의 책, p. 110.

26. Walter White, *Rope and Faggot: A Biography of Judge Lynch* (New York: Alfred A. Knopf, Inc., 1929), p. 66.

27. 위의 책.

28. Calvin Hernton, *Sex and Racism in America* (New York: Grove Press, 1965), p. 125.

29. 위의 책, p. 124.

30. White, 앞의 책, p. 91.

31. 위의 책, p. 92.

32. 위의 책, p. 86.

33. 위의 책, p. 94.

34. Ida B. Wells-Barnett, *On Lynching* (New York: Arno Press & New York Times, 1969), p. 8.

35. Frederick Douglass, "The Lesson of the Hour" (pamphlet published in 1894). Foner, *The Life and Writings of Frederick Douglass*, Vol. 4, pp. 498–499에서 'Why is the Negro Lynched'라는 제목으로 재출간됨.

36. 위의 책, p. 501.

37. 위의 책.

38. 위의 책.

39. 위의 책, p. 502.

40. Collins, 앞의 책, p. 58.

41. Gager and Schurr, 앞의 책, p. 163.

42. 위의 책.

43. Wells-Barnett, On Lynching, p. 59.

44. Foner, *The Life and Writings of Frederick Douglass*, Vol. 4, p. 503.

45. 위의 책, p. 499.

46. *Lynchings and What They Mean*, General Findings of the Southern Commission on the Study of Lynching (Atlanta: 1931), p. 19.

47. Quoted in Lerner, *Black Women in White America*, pp. 205–206.

48. Franklin and Starr, 앞의 책, p. 67.

49. Wells-Barnett, *On Lynching*, p. 57.

50. 위의 책, p. 8.

51. Wells, *Crusade for Justice*, p. 149.

52. Ralph Ginzburg, *One Hundred Years of Lynchings* (New York: Lancer Books, 1969), p.96.

53. Wells, *Crusade for Justice*, p. 63.

54. 8장을 보라.

55. Wells, *Crusade for Justice*, p. 218.

56. Lerner, *Black Women in White America*, pp. 205–211.

57. 위의 책, p. 215.

58. 다음을 보라. Jessie Daniel Ames, *The Changing Character of Lynching, 1931–1941* (New York: AMS Press, 1973).

59. 위의 책, p. 19.

60. White, 앞의 책, p. 3.

61. Ames, 앞의 책, p. 64.

62. White, 앞의 책, p. 159.

63. Foner, *Life and Writings of Frederick Douglass*, Vol. 4, p. 496.

64. Brownmiller, 앞의 책, p. 255.

65. 위의 책, pp. 248–249.

66. 위의 책, p. 237.

67. 위의 책, p. 233.

12장

1. Edwin M. Gold et al., "Therapeutic Abortions in New York City: A Twenty-Year Review" in *American Journal of Public Health*, Vol. LV (July, 1965), pp. 964–972. 다음에 인용됨. Lucinda Cisla, "Unfinished Business: Birth Control and Women's Liberation", in Robin Morgan, editor, *Sisterhood is Powerful: An Anthology of Writings From the Women's Liberation Movement* (New York: Vintage Books, 1970), p. 261. 다음에도 인용됨. Robert Staples, *The Black Woman in America* (Chicago: Nelson Hall, 1974), p. 146.

2. Gutman, 앞의 책, pp. 80–81(주).

3. 위의 책.

4. Aptheker, "The Negro Woman", p. 12.

5. Baxandall et al., 앞의 책, p. 17에 인용됨.

6. 위의 책.

7. Lerner, *The Female Experience*, 앞의 책, p. 91.

8. 위의 책.

9. 위의 책.

10. "Marriage of Lucy Stone under Protest", appeared in *History of Woman Suffrage*, Vol. 1. Schneir, 앞의 책, p. 104에 인용됨.

11. Speech by Victoria Woodhull, "The Elixir of Life." Schneir, 앞의 책, p. 153 에 인용됨.

12. Mary P. Ryan, *Womanhood in America from Colonial Times to the Present* (New York: Franklin Watts, Inc., 1975), p. 162.

13. Melvin Steinfeld, *Our Racist Presidents* (San Ramon, California: Consensus Publishers, 1972), p. 212.

14. Bonnie Mass, *Population Target: The Political Economy of Population Control in Latin America* (Toronto, Canada: Women's Educational Press, 1977), p. 20.

15. Linda Gordon, *Woman's Body, Woman's Right: Birth Control in America* (New York: Penguin Books, 1976), p. 157.

16. 위의 책, p. 158.

17. 위의 책.

18. Margaret Sanger, *An Autobiography* (New York: Dover Press, 1971), p. 75.

19. 위의 책, p. 90.

20. 위의 책, p. 91.

21. 위의 책, p. 92.

22. 위의 책, p. 106.

23. Mass, 앞의 책, p. 27.

24. Dancis, 앞의 책, p. 96.

25. David M. Kennedy, *Birth Control in America: The Career of Margaret Sanger* (New Haven and London: Yale University Press, 1976), pp. 21–22.

26. Mass, 앞의 책, p. 20.

27. Gordon, 앞의 책, p. 281.

28. Mass, 앞의 책, p. 20.

29. Gordon, 앞의 책, p. 283.

30. Herbert Aptheker, "Sterilization, Experimentation and Imperialism", *Political Affairs*, Vol. LIII, No. 1 (January, 1974), p. 44.

31. Gena Corea, *The Hidden Malpractice* (New York: A Jove/HBJ Book, 1977). p. 149.

32. Gordon, 앞의 책, p. 332.

33. 위의 책, pp. 332–333.

34. Aptheker, "Sterilization", p. 38. 다음도 보라. Anne Braden, "Forced Sterilization: Now Women Can Fight Back", *Southern Patriot*, September, 1973.

35. 위의 책.

36. Jack Slater, "Sterilization, Newest Threat to the Poor", *Ebony*, Vol. XXVIII, No. 12 (October, 1973), p. 150.

37. Braden, 앞의 책.

38. Les Payne, "Forced Sterilization for the Poor?", *San Francisco Chronicle*, February 26, 1974.

39. Harold X., "Forced Sterilization Pervades South", *Muhammed Speaks*, October 10, 1975.

40. Slater, 앞의 책.

41. Payne, 앞의 책.

42. 위의 책.

43. 위의 책.

44. Aptheker, "Sterilization", p. 40.

45. Payne, 앞의 책.

46. Aptheker, "Sterilization", p. 48.

47. Arlene Eisen, "They're Trying to Take Our Future — Native American Women and Sterilization", *The Guardian*, March 23, 1972.

48. 위의 책.

49. 위의 책.

50. Committee to End Sterilization Abuse, Box A244, Cooper Station, New York 10003에서 발행한 팸플릿에 인용됨.

51. 위의 책.

52. 위의 책.

53. Gordon, 앞의 책, p. 338.

54. 위의 책.

55. Mass, 앞의 책, p. 92.

56. 위의 책, p. 91.

57. Gordon, 앞의 책, p. 401. CESA에서 발행한 팸플릿도 보라.

58. Mass, 앞의 책, p. 108.

59. Rahemah Aman, "Forced Sterilization", *Union Wage*, March 4, 1978.

60. 위의 책.

13장

1. Oakley, 앞의 책, p. 6.

2. Barbara Ehrenreich and Deirdre English, "The Manufacture of House-work", in *Socialist Revolution*, No. 26, Vol. 5, No. 4 (October–December 1975), p. 6.

3. Frederick Engels, *Origin of the Family, Private Property and the State*, edited, with an introduction, by Eleanor Burke Leacock (New York: International Publishers, 1973). 2장을 보라. 이 판본의 서문을 쓴 엘리너 리콕 (Eleanor Leacock)은 남성우월주의의 역사적 출현에 대한 엥겔스의 이론에 대해 시야를 밝혀주는 숱한 논평을 제시한다.

4. Wertheimer, 앞의 책, p. 12.

5. Ehrenreich and English, "The Manufacture of Housework", p. 9.

6. Wertheimer, 앞의 책, p. 12.

7. Baxandall et al., 앞의 책, p. 17에서 인용됨.

8. Wertheimer, 앞의 책, p. 13.

9. Ehrenreich and English, "The Manufacture of Housework", p. 10.

10. Charlotte Perkins Gilman, *The Home: Its Work and Its Influence* (Urbana, Chicago, London: University of Illinois Press, 1972. Reprint of the 1903 edition), pp. 30–31.

11. 위의 책, p. 10.

12. 위의 책, p. 217.

13. DuBois, *Darkwater*, p. 185.

14. Polga Fortunata의 연설. Wendy Edmond and Suzie Fleming, editors, *All Work and No Pay: Women, Housework and the Wages Due!* (Bristol, England: Falling Wall Press, 1975), p. 18에서 인용됨.

15. Mariarosa Dalla Costa and Selma James, *The Power of Women and the Subversion of the Community* (Bristol, England: Falling Wall Press, 1973).

16. 위의 책, p. 28.

17. Mary Inman, *In Woman's Defense* (Los Angeles: Committee to Organize the Advancement of Women, 1940). 다음도 보라. Inman, *The Two Forms of Production Under Capitalism* (Long Beach, Cal.: Published by the Author, 1964).

18. Margaret Benston, "The Political Economy of Women's Liberation", *Monthly Review*, Vol. XXI, No. 4 (September, 1969).

19. "On the Economic Status of the Housewife." *Political Affairs*, Vol. LIII, No. 3 (March, 1974), p. 4. (편집자 주).

20. Hilda Bernstein, *For Their Triumphs and For Their Tears: Women in Apartheid South Africa* (London: International Defence and Aid Fund, 1975), p. 13.

21. Elizabeth Landis, "Apartheid and the Disabilities of Black Women in South Africa", *Objective: Justice*, Vol. VII, No. 1 (January–March, 1975), p. 6. 이 논문의 발췌문이 *Freedomways*, Vol. XV, No. 4, 1975에 발표되었다.

22. Bernstein, 앞의 책, p. 33.

23. Landis, 앞의 책, p. 6.

24. V. I. Lenin, "A Great Beginning", pamphlet published in July, 1919. Collected Works, Vol. 29 (Moscow: Progress Publishers, 1966), p. 429에서 인용.

25. 미국에서는 'Black Girl'이라는 제목으로 출간됨.

26. Jackson, 앞의 책, pp. 236–237.

27. Victor Perlo, *Economics of Racism U.S.A.*, Roots of Black Inequality (New York: International Publishers, 1975), p. 24.

28. Staples, *The Black Woman in America*, p. 27.

29. *Daily World*, July 26, 1977, p. 9.

30. Dalla Costa and James, 앞의 책, p. 40.

31. Pat Sweeney, "Wages for Housework: The Strategy for Women's Liberation", *Heresies*, January, 1977, p. 104.

32. Dalla Costa and James, 앞의 책, p. 41.

33. Ann Oakley, *The Sociology of Housework* (New York: Pantheon Books, 1974).

34. 위의 책, p. 65.

35. 위의 책, p. 44.

36. 위의 책, p. 53.

37. *Psychology Today*, Vol. X, No. 4 (September, 1976), p. 76.

찾아보기

지은이 앤절라 Y. 데이비스

미국의 정치활동가이자 학자, 작가, 캘리포니아 산타크루즈대학 명예교수.
1944년 앨라배마 버밍햄에서 태어나 인종주의 테러가 횡행해 '다이너마이트
언덕'이라 불리는 동네에서 성장했다. 이후 브랜다이스대학과 프랑스
소르본대학에서 공부하며 신좌파의 아버지 허버트 마르쿠제와 연을 맺었고,
독일에서 2년간 유학하다 미국으로 돌아왔다.
귀국 후 공산당과 블랙팬서당 등에서 활동하며 본격적인 운동에 뛰어든
데이비스는 젠더·인종·계급 차별이 교차되어 작동하는 방식을 포착하는
거침없는 이론가이자 전투적 운동가로서 당대 인권 투쟁의 상징으로 부상한다.
데이비스가 공산당원이라는 이유로 UCLA 교수직에서 해임됐을 때,
학생 약 1,500명이 데이비스의 강의에 수강 신청하며 연대를 표했다.
1970년 법정 인질극에 연루된 앤절라 데이비스는 'FBI 긴급수배 명단'에
오르며 수감된다. 이에 존 레넌과 오노 요코, 롤링스톤스가 곡을 헌정하는 등
대대적인 앤절라 구명운동이 벌어졌다. 1972년 무혐의로 풀려난 데이비스는
급진적인 감옥산업복합체 폐지 운동 단체를 설립하고, 1980년과 1984년
두 차례 미국공산당 부통령 후보로 출마하는 등 투쟁을 계속해나갔다.
2020년 『타임』에서 '가장 영향력 있는 100인'으로 선정된 앤절라
데이비스는 여전히 인종차별과 성차별 철폐 운동, 퀴어 인권운동, 반전운동,
감옥산업복합체 폐지 운동, 노동운동, 월가 점령 운동 등의 기수로 참여하며
소외되고 주변화된 이들을 위한 투쟁을 이어가고 있다.

옮긴이 황성원

대학에서 영문학과 지리학을 공부했다. 책을 통해 사람을 만나고 세상을
배우는 게 좋아서 시작한 번역이 어느덧 업이 되었다. 옮긴 책으로 『빈 일기』
『살릴 수 있었던 여자들』『유리천장 아래 여자들』『디어 마이 네임』
『쫓겨난 사람들』『캘리번과 마녀』『혁명의 영점』『백래시』 등이 있다.

해제 정희진

여성학 연구자이며 문학박사이다. 탈식민주의, 다학제적 관점에서 공부와
글쓰기에 관심을 가지고 있다. 『페미니즘의 도전』『아주 친밀한 폭력』
『정희진처럼 읽기』'정희진의 글쓰기' 시리즈(전 5권) 등의 저서와 『미투의
정치학』『한국 여성인권운동사』 등의 편저서, 공저서 70여 권이 있다.

Philos Feminism 2

여성, 인종, 계급

1판 1쇄 발행 2022년 9월 1일
1판 2쇄 발행 2023년 1월 18일

지은이 앤절라 Y. 데이비스
옮긴이 황성원
해제 정희진
펴낸이 김영곤
펴낸곳 (주)북이십일 아르테

책임편집 최윤지 편집 김지영
디자인 전용완
기획위원 장미희
출판마케팅영업본부 본부장 민안기
마케팅 배상현 한경화 김신우 강효원
영업 최명열 김다운
해외기획 최연순 이윤경
제작 이영민 권경민

출판등록 2000년 5월 6일 제406-2003-061호
주소 (10881) 경기도 파주시 회동길 201(문발동)
대표전화 031-955-2100 팩스 031-955-2151 이메일 book21@book21.co.kr

ISBN 978-89-509-1140-9 (03300)

— 책값은 뒤표지에 있습니다.
— 이 책 내용의 일부 또는 전부를 재사용하려면 반드시 (주)북이십일의
  동의를 얻어야 합니다.
— 잘못 만들어진 책은 구입하신 서점에서 교환해드립니다.

적극적인 반인종주의자가 되는 법을 배우려 하는
모든 이들에게 필수적인 읽을거리.
— 『가디언』

여성운동이 마주한 딜레마에 대한, 우리가 바라던 유용한 설명.
— 『로스앤젤레스타임스』

앤절라 데이비스는 부정할 수 없는 용기를 가진 여성이다.
모두가 그의 말을 들어야 한다.
— 『뉴욕타임스』

앤절라는 1970년대 민권운동의 아이콘이자
살아 있는 전설이다.
— 에이미 굿맨(Amy Goodman), 〈데모크라시나우〉

우리는 늘 먼 곳에서 앤절라 데이비스를 존경했다.
— 롤링스톤스, 『하퍼스바자』

"Free Angela"라는 시민들의 외침은 곧
"Free America"라는 외침과 다름없었다.
— 이브람 X. 켄디(Ibram X. Kendi), 『타임』

우리 중에서 마르크스를 제대로 이해하고
원전을 읽을 줄 아는 건 앤절라 데이비스뿐이었다.
— 마이크 데이비스(Mike Davis)